다석 씨알 강의

다석 씨알 강의

1959~1961년 강의록 45편

류영모 강의 | 주규식 기록 | 박영호 풀이

교양인
GYOYANGIN

| 일러두기 |

1. 이 책은 다석 류영모의 YMCA 연경반 강의를 수강했던 대학생 주규식이 1959년 11월
   6일부터 1961년 11월 7일까지 강의 내용을 기록한 노트를 저본으로 삼았다. 매주 금요
   일마다 열린 종로 YMCA 강의 외에 주규식이 다석의 자택을 찾아가 들은 강의와 다석
   이 다른 곳에서 한 강의 내용도 담겨 있다. 주규식은 다석의 말투까지 살려서 적을 정
   도로 꼼꼼하게 강의를 기록했으나, 속기가 아니었기에 전체 강의 내용을 온전히 담지는
   못했다.

2. 다석은 자신이 지은 시조나 한시, 성경 구절 풀이, 사서삼경 풀이를 한지에 직접 적어
   와서 칠판에 붙여놓고 강의했다고 한다. 이 책은 주규식의 노트를 바탕으로 하여 당시
   강의 내용을 가능한 한 그대로 재현하고자 했다. 노트에 기록된 내용 외에 추가로 배경
   설명이 필요한 부분은 그때 함께 강의를 들었던 박영호가 풀이 글을 따로 썼다.

"한늘(우주, 허공)이신 아버지께서 온전하심과 같이 너희 스스로 온전하라."(마태 5:48, 박영호 의역) 예수의 이 말씀을 읽을 때면 마음이 설레면서도 두려웠다. 하느님같이 온전해질 수 있다니 마음이 설레이나 짐승인 몸을 지니고서는 온전함을 이룰 수 없기에 두려웠다. 하느님처럼 온전해지려면 예수가 죽음에 있어서도 "내 뜻대로 마옵시고 아버지의 뜻대로 하소서."(마가 14:36)라고 하였듯이 내 뜻은 꺾고 아버지 하느님의 뜻을 내 뜻으로 바꿀 때만이 하느님처럼 온전해진다. 수성(獸性)을 좇아 살던 것을 깨끗이 버리고 영성(靈性)을 좇아 사는 새 사람이 되어야 한다. 이를 예수는 메타노이아(μετανόια)라고 하였는데, 회개라기보다는 생각을 바꾸라는 뜻이요, 참나를 깨달으라는 뜻이다.

석가가 깨달은 진리도 다른 것이 아니라 바로 이것이다. 하느님께서 보내주시는 얼(뜻)이 영원한 생명인 참나(Dharma)이다. 제나를 꺾고(克己) 집을 나오고(出家) 나라를 넘고(超國) 누리를 버린(絶世)다.

그러고는 오로지 하느님(니르바나님)의 뜻(얼)을 받아 이웃을 깨우친다. 예수와 석가의 공생애가 바로 이러하였다. 공자와 맹자 그리고 노자와 장자의 사상도 이것이다. 聖(성) 자가 바로 바른 말을 귀로 듣고 바른 말을 입으로 한다는 회의(會意) 문자이다.

예수가 빌라도에게 "내가 이를 위하여 났으며 이를 위하여 세상에 왔나니 곧 진리에 대하여 증거하려 함이라."(요한 18:37)라고 한 것은 하느님으로부터 얼(뜻)을 받아 사람들을 깨우치는 일이 내 삶의 목적이란 뜻이다. 예수가 가르친 기도 말에 "나라이 임하옵시며"는 얼의 나라 곧 하느님의 뜻이 내게 내려온다는 뜻이지 유토피아가 온다는 말이 아니다.

류영모도 "예수, 석가는 상대 세계를 철저히 부정했다. 철저한 부정을 하지 않으려면 예수, 석가 믿지 말아야 한다."고 하였다. 극기(克己), 출가(出家), 초국(超國), 절세(絶世)함이 현상 세계를 부정(否定)함이다. 있(有)의 현상 세계를 부정하고 없이 계시는 하느님께로 돌아가야 한다. 류영모도 하느님의 얼(뜻)을 받아 사람들의 세상 잠을 깨웠다. 류영모의 유일한 저서라 할 수 있는 일기(《다석일지》)를 읽어보면 오로지 하느님의 뜻으로 일이관지(一以貫之)한 것이 드러나 있다. 그런데 뜻밖에도 1960년 학생 혁명 때의 일기에는 의거에 나선 학생들의 거룩한 희생에 대한 경의와 칭송이 이어진다. 이것이 서울 종로 YMCA 연경반에서 말씀으로 쏟아져 나왔다. 류영모는 4·19 날 서울 하늘에 성령이 바람처럼 운동을 하였다고 거침없이 말하였다. 도산 안창호의 생애와 사상을 읽을 때는 진리 사랑보다 나라 사랑이 앞서는 데 아쉬움이 컸다. 거인인 안창호가 마하트마 간디처럼 국제적인 각광을 못 받고 있는 까닭이 거기에 있기 때문이다. 류영모에게서 이제까지 진리 사랑에 가려 있던 나라 사랑의 정신이 4·19혁명을 기해 그대로 드러난 것이다. 류영모는 말하였다.

"나는 이 세상은 안 된다고 생각합니다. 그러나 아무리 안 되는 이 세상이지만 혹 되는 듯하면 참 기뻐요. 하룻밤 자고 갈지라도 뭐가 좀 되는 듯하면 나도 퍽 복을 느낍니다. 흙으로 된 세상 이 땅 위에서는 아무것도 바로 되는 게 없어요. 그러나 8·15 때는 나도 참 복이 있다고 느꼈어요. 그런데 또 4·19가 툭 터졌어요. 내가 무슨 복이 있어 통쾌한 꼴을 두 번이나 보게 되나 하고 퍽 기뻤습니다. 민중이 민주주의의 시민이 된 것을 감격스러이 생각해야만 참 민주주의가 되지요."

4·19혁명에 대해 류영모 스승님이 하신 이 말씀을 이 책에서 듣게 된다. 자못 감개무량한 일이다. 하긴 내 나라는 이 땅 위에는 없다고 한 예수도 참된 평화의 길인 진리에 대해 알지 못하는 예루살렘 성을 보고 눈물을 흘리며 울었다.(누가 19:41)

4·19혁명을 전후해 류영모 스승님이 YMCA 연경반에서 하신 강의는 강물이 흘러가듯이 한때의 일로 지나가버렸다. 녹음도 속기도 된 것이 없었다. 다만 류영모 스승님의 말씀에 담긴 하느님의 뜻이 수강자의 마음속에 살아 있었다. 류영모 스승님의 바람도 그것이었다. 그래서 내가 하는 말을 받아 적으려고 애쓸 필요가 없다고 말하기까지 하였다. 1963년에 현동완 총무님께서 돌아가시자 류영모 스승님

의 연경반 모임도 끝이 났다. 1981년 2월 3일 다석 스승님께서 돌아가셨을 때 장례식에서 연경반 강의를 들었던 주규식 님을 오랜만에 만나게 되었다. 그때 주규식 님이 4·19혁명 전후 시기 스승님의 강의 일부를 기록해 두었다는 것을 일러주어 알게 되었다. 그 노트가 바로 이 책이 나오게 된 밑바탕이 되었다. 어떤 값비싼 보물 보시도 필사한 불경의 법보시엔 비길 수 없다는 말이 《금강경》에 있다. 주규식 님의 뜻 깊은 법보시에 경의와 감사를 드린다.

아버님(성천아카데미 창설자이신 성천 류달영 선생님)의 뜻을 이어 다석사상연구회를 지원해주시는 류인걸 이사장님, 정양모 다석학회장님, 구자홍 LS 회장님, 오연호 오마이뉴스 대표, 오도석 문화원장님의 격려에 감사를 드린다. 다석 사상을 함께 연구하고 공부하는 길벗님들, 김성섭 님, 신왕식 님, 김병규 님, 이주성 님, 구교성 님, 허순중 님, 한총구 님, 박재환 님, 박우행 님, 민원식 님, 민항식 님, 송용선 님, 박영찬 님, 조영행 님, 정수복 님, 최삼영 님, 김성언 님, 원용강 님, 김경희 님, 조승자 님, 나성자 님, 이기순 님, 한규숙 님이시다. 마지막으로 이 책을 출간해주신 교양인 출판사에 감사를 드린다.

2015년 3월

박영호

머리를 번쩍 들고 두 발로 곧이 섬,
이것으로 충분합니다.

길
사름도 짐승 어둔짓 태나 잡어먹고 살럼
만 쏘한 얼 몸속알 밝혀 든 머리서 솟나럼
두 가지 럼은 새넘길 제나란가.

> **참삶의 길**
> 사람도 짐승이라 암수가 얼려서 태어나 먹거리를 잡아먹고 산다./ 그러
> 나 또한 하느님의 얼을 받아 속알 밝혀 머리를 들고 얼나로 솟난다./ 이
> 두 가지 길을 가는 것이 멸망에서 영생으로 솟나 하늘나라 들어가는 길.
> (박영호 새김)

돌아볼 수 없이 근
맛을 그렇게 못 잊고야 마지 마질(맞을) 수 잇나?
마지막을 그토록 모르고야 마침을 마틀가?
맛마자 마침 길 근듸 도라보단 말 아니!
(1959. 11. 5. 《다석일지》)

> **뒤돌아보지 말고 나아가자**
>
> 몸의 감각인 식색의 맛을 못 잊고서야 얼을 맞을 수 있을까?/ 죽음을 그
> 토록 생각하기 두려워해서야 때맞춰 솟날 수 있으랴?/ 맛의 몸삶을 떠나
> 참나인 하느님께로 가는 데 뒤돌아봄은 없다.
>
> (박영호 새김)

분명 인간은 동물입니다. 그 이유는 첫째, '태어났다'는 것입니다.
인간은 어둔 이 세상에 태어났으니 어두운 지(知)를 타고난 짐승입니
다. 둘째, 자손을 낳아 계속되는 목숨이 있습니다. 셋째는 먹고산다
는 것입니다. 다른 생을 잡아먹고 자기 소유로 하여 살지요.

구원(救援, 빠진 자를 건짐)이란 짐승의 욕망에 빠지지 않은 자라야
할 수 있습니다. 성경에 예수가 동정녀의 몸에서 어둔 지(知)를 갖지
않고 태어났다 함은 이 때문입니다. 이것을 갖고 시비(是非)하는 자
는 어둔 지(知)의 사람이에요. 자기가 아는 것에 꿰맞추려 하는 것이
어둔 짓입니다. 몸나로는 분명 짐승인데 짐승의 생각을 하지 않음이
우리의 길입니다. 인간이란 태어나서 다른 것을 직접, 간접으로 잡아
먹고 살지만 얼이 있어 마음속을 밝혀 위로 한없이 솟아나려 함이 인
생의 길입니다.

'새남'이란 말은 사이 통로(通路)로 전송(專送)함의 의미로 지로귀
(指路歸)라 합니다. 길을 가르쳐주어 돌아가게 한다는 뜻도 있어요.
옛 미신 시대에 죽은 자를 위한 무당굿, 송경(誦經) 기도 등을 새남이
라 불렀어요. 이 모두가 인간의 생각(순)입니다. 우리들의 염불, 기도,

참선 등은 자기 길을 스스로 닦는 분명 새남입니다. 자기 스스로를 잘 보내야 해요. 돌아볼 수 없이 앞으로 가는 것, 이것이 지극한 정성입니다.

'맛'이란 그쪽을 향하라고 사탕을 조금 칠해놓은 것을 그렇게 못 잊고야 맛이 맛일 수 있습니까? 맛이란 조금만 보고 잊어야지, 맛을 뗄 수 없으면 맛이 아니라 독이에요. 사실 이 세상은 맛만 보란 것이지 거기 들어붙어버리란 것은 아니에요. 그런데 사람들은 이 세상 맛을 찾아 얼마나 많은 정력으로 헤매나 몰라요. 맛볼 때 맛보고 그만두어야 해요. 사람이란 맛을 보고는 이를 잊고 하느님이 보내신 얼님을 맞고(迎接), 마치자고 하는 것이 인생입니다. 이것이 내 주장이에요. 또 땅에 님 맞이가 중하지만 마지막(終了, 하느님 맞이를 막는 것)을 알아야 합니다. 마지막을 그토록 모르고야 마침을 맡을까요? 맡은 일을 마치자 함이 우리 인생의 사명이요 책임이요 길입니다. '맛마자 마침 길 근듸 도라보단 말 아니!'가 내가 늘 좋아하는 것입니다. 앞만 보지 돌아보면 안 됩니다. 돌아보면 옹근 삶이 깨어집니다.

頭頭足足 知至至之(두두족족 지지지지)
舉頭立地足 足以求知頭(거두입지족 족이구지두)
低頭不知足 知而至元頭(저두부지족 지이지원두)

머리는 머리이고 발은 발이다, 이를 데 알면 거기 이르러야 한다
머리를 들고서 땅에 서면 만족스러우나/ 머리를 숙이면 만족을 모르게

15

된다./ 발로써 머리 알기를 찾아야 하리니/ 알고서 하느님(元頭)에게 다 다라야 해. (박영호 새김)

사람은 머리를 들고 발로 땅에 섭니다. 아, 머리를 들고 땅에 섬이 족(足)합니다. 든 머리요 땅에 대고 선 발입니다. 이 선 자리, 바로 이 자리, 그 자리예요. 곧 그 자리가 즉시(卽時)요 산 자리입니다. 여기 이 내가 섰지만 이 선 자리가 기가 막히게 묘한 자리예요. 머리를 번쩍 들고 이 두 발로 곧이 섬, 이것으로 충분히 만족합니다. 이 두 발로 딱 서서 염불하면 성불(成佛)할 것이고 예수 믿으면 구원 얻을 것입니다. 발이 아래 있다고 무시함은 머리가 머리 안 돼요. 머리는 머리대로 발은 발대로 제 노릇 잘해야 해요. 과거사는 현재사를 위한 참고 정도지 과거나 미래사를 알 필요 없어요. 문제는 이 현재에 이루도록 해야 합니다. 지종종지(知終終之)는 끄트머리죠. 마칠 줄을 알아야 해요. 마칠 때를 알았으면 마쳐야 합니다. '원두'란 구경(究竟), 으뜸머리예요. 구원이란 얼나를 깨달아(成佛) 원두인 하느님에게 이르는 것입니다.

풀이

다석은 〈길〉에서 사람은 분명 짐승(동물)이라고 선언한다. 보통 사람들은 "짐승 같은 놈"이라고 하면 가장 큰 모욕으로 받아들여 언짢게 생각한다. 짐승들보다 몸에 털이 좀 덜 나서, 짐승과 달리 옷을 걸친다고 짐승과 다르다는 건가. 날마다 무엇을 잡아먹고 오줌똥을 누

16

는 것도 같고 암수가 짝을 지어 새끼 낳아 핏줄을 잇는 것도 같다. 서로 싸우면 남에게 안 지려 하는 것도 같다. 사람도 종족 보존을 목적으로 하여 살고 있는 것이 여느 짐승과 다를 것이 없다. 이를 불교에서는 짐승 성질(獸性)인 탐·진·치(貪瞋痴)라 하여 삼독(三毒)이라 한다. 석가와 예수는 짐승이요 멸망의 생명인 제나(몸)는 거짓나이니 버리고, 하느님(니르바나님)이 주시는 영원한 생명이요 하느님 아들인 얼나로 솟나라고 가르친 것이다.

다석은 사람은 분명 짐승인데 짐승의 생각을 하지 않음이 얼나로 솟나는 길이라고 말한다. 다시 말하면 사람이란 다른 생물을 직접, 간접으로 잡아먹고 살지만 얼나를 깨달아 마음속을 밝혀 위로 한없이 솟아나려 할 때 여느 짐승과는 다른 삶의 길을 갈 수 있다는 것이다.

그런데 많은 사람들이 괴롭고 비천하고 허망하기 그지없는 몸나의 삶에 푹 빠져 일생 동안 허우적이고 있으니 참으로 어이없고 기막힌 일이다.

짐승들은 머리를 숙이고 다닌다. 사람만이 머리를 하늘로 둔다. 그것은 위에 계시는 하느님이 그리워서다. 그러나 넘어지면 뇌진탕을 일으키는 우리의 머리는 참 머리가 아니다. 없이 계시는 하느님이 참으로 내 머리이시다. 헌 신발 같은 제나는 벗어 던져버리고 참 머리, 곧 영원한 생명인 참나(얼나)를 깨달아 참나로 돌아가야 한다. 짐승이요 멸망의 생명인 제나에서 영원한 생명이요 하느님 아들인 얼나로 솟나(부활)는 것이 구원이다.

보내신 이를 아는 것이 영원한 생명입니다.

보내신 이 앎이 늘삶
한님 계서 계시기에 올님 계서 오시기에
나도 너도 그도 저도 아름답아 알마지지
보내신 그리스도를 앎이 늘삶이란 움.
(1959. 11. 11. 《다석일지》)

하느님께서 내 맘속으로 보내신 얼나를 깨달아 앎이 영원한 생명
빔이요 얼로 온통이신 하느님이 계시어 하느님의 생명이신 얼님이 내 맘
속으로 오신다. / 우리 모두가 하느님이 보내시는 얼나를 깨달아 알아야
하고 맞이해야 한다. / 보내신 영원한 생명인 얼나를 깨달아 알아 참나로
맞이함이 하느님 아들 됨. (박영호 새김)

위에 쓴 이 말만 완전히 알면 다음부터 내 말을 더 들을 필요 없어
요. 내 말의 전부는 이것뿐입니다. 이외에는 다른 말 없습니다.

이 지상에서의 영생은 미신이에요. 욕심이에요. 불교에서는 우리가
난 것부터가 고(苦)라고 해요. 그러나 우리의 성(性)은 불생불멸(不生

不滅)한다고 합니다. 이 말의 의미는 불교를 믿지 않으면 모릅니다. 죽음은 왜 싫어하나요? 살고 싶어서지요. 이 세상 일반(一般)의 최대의 흥미와 관심은 색(色)과 식(食)입니다. 우리가 살아가는 데 모든 노력의 초점은 이 두 가지 큰 욕구를 완전히 충족시키는 데 있는 것 같습니다. 정말 이것이 목적이라면 고개를 들고 하늘을 쳐다볼 필요가 없어요. 이것은 도대체 말이 안 돼요. 이것이 목적이라면 다른 동물보다 못하지요. 다른 동물은 고뇌도 없이 이 두 가지를 자유로이 취하고 또 그 일생의 목적이 그것입니다.

무엇을 가지려면 도둑질을 해야 해요. 농사는 땅의 자연력을 도둑질한 것입니다. 우리 몸은 어머니, 아버지의 음양의 기(氣)를 도둑질한 것이지요. 성(性)은 생심(生心)입니다. 속알이 생긴다는 말입니다. 오늘날은 실성(失性)한 시대예요. 사람들이 모두 그 본성을 잃어버렸어요. 사람은 맛을 좋아하는데 제일 맛있는 것은 삶입니다. 사는 뜻같이 우리가 떠날 수 없는 것은 없고 사는 맛같이 우리가 뗄 수 없는 것은 없습니다. 사는 맛은 절대로 잊을 수 없어요. 신앙이란 믿어보는 맛입니다. 믿음이란 참으로 맛 좋은 것입니다. 맛이 있으니까 신앙하는 것입니다. 신앙같이 미리 보는 맛이 없어요. 잠의 맛은 자보고 나서 깬 후에야 아는데 고생하는 사람이 더 잘 자요. 잠과 죽음은 같은 것이에요. 조금만 잠자도 맛있는데 영 잠들면 좀 맛있겠어요. 맛과 뜻을 아는 데 삶이 있어요. 믿는 것과 아는 것은 둘이 아닙니다. 신앙을 해야 더 잘 알게 되고 더 잘 알아야 더 잘 신앙하게 돼요. 이렇게 믿음이란 자꾸 자라는 것입니다. 자라는 것은 생명이에요. 신

(新)과 친(親)은 다르지 않아요. 새롭게 함(新)이 곧 친함(親)이지요. 연애도 이성이 새로우니까 서로 친하고 싶은 거지요. 예수의 영생의 정의는 "영생은 곧 유일하신 참 하느님과 그의 보내신 자 예수 그리스도를 아는 것이니이다."(요한 17:3) 이것입니다. 기도할 때는 이를 언제나 외어야 합니다. 절대 유일을 앎, 절대 유일에 붙들리는 것, 이 것이 영생(永生)이며 여기에 참 생명의 맛이 있습니다. 예수 믿는다는 것은 십자가를 믿는다는 말이 아니에요. 성서에 내 말 믿겠느냐는 말은 내 말을 알아듣겠니 하는 말입니다.

계명이란 실행하라고 이른 것입니다. 곧 말의 임자 되시는 하느님께서 하라고 이르는 것이에요. 예수의 영생의 정의는 요한복음 17장 3절과 12장 50절*에 있습니다. 아버지께서 하신 그대로를 이르는 것이 예수가 하는 일이었습니다. 말의 근원은 하느님인데 우리말은 그 전갈이에요. 꼭 해야 하는 그 길을 말함이 영생입니다. 전갈을 전함이 영생입니다. 내 말은 내가 내 마음대로 지껄이는 게 아니라 아버지께서 하신 대로 하는 것입니다.

기독교와 불교의 차이는 말씀과 법(法)이에요. 로고스와 다르마가 다를 게 없어요. 진리(法)는 그 이상 더 없으니 이를 믿습니다. 하느님은 진리의 근원입니다. 이것을 아니까 삶(生)의 맛을 참으로 알고 삶의 맛을 참으로 아니까 영생합니다. 나라고 하는 것이 말씀의 수신기(受信機)예요. 하늘 방송을 듣는 수신기. 우리는 작지만 작다고 큰

---

* 나는 그 명령이 영생인 줄 아노라. 그러므로 나의 이르는 것은 내 아버지께서 내게 말씀하신 그대로 이르노라 하시니라.(요한 12:50)

것과 다른 게 아닙니다.

예수 전에도 보내신 이가 있었어요. 보내신 이는 아담 시대 전부터 있었습니다. 예수의 독특한 점은 씨가 싹터 완성됐다는 것입니다. 불교에서 믿는다는 것은 불성(다르마)이 자기에게 있음을 믿는 것입니다. 절대로 큰 것(하느님)은 우리가 못 보는 거예요. 아주 더할 수 없이 온전한 것, 큰 것을 무(無)라고 합니다. 나는 없는 것을 믿어요. 없는 것은 모르니까 믿어요. 있는 것은 아니까 안 믿습니다.

'올님'은 우리가 기다리는 님입니다. 예수 재강림은 올님을 기다리는 것입니다. 구약에서는 올님을 기다리고 기다렸습니다. 이리하여 출현한 예수를 그 올님이라고 보았습니다. 이래 기독교가 생겼어요. '그리스도'란 기름 붓는다는 의미입니다. 기름은 인정하는 것입니다. 기름이란 성령을 뜻합니다. 생명은 근(영원히 가고 영원히 옴)입니다. 근이 참이에요. 우리는 끄트머리 한 점입니다. 기도할 때 하느님이 여기 오시는 게 아니에요. 우리가 그 품속으로 들어가는 거지요. 안 들어가지면 들어가려 힘써야 합니다. 갈 때는 이 세상 모든 것을 잊고 가야 합니다. 석가, 예수를 바라지 말아요. 모든 것은 오면 가는 것입니다. 다 모두 다녀가는 거예요. 우리가 여기 온 것도 한번 다녀갈 일이 있어 온 것입니다. 나도, 석가, 예수도 아니 올 수 없어 온 것입니다. 한번 오면 반드시 가는 것입니다. 이 의미에서 누구나 평등합니다. 성경대로 하면 예수는 좀 억울해요.

오는 것은 가는 것입니다. 자꾸 기다리라 함은 우리가 감이에요. 저쪽은 움직이지 않고 우리가 잡아당기면 우리가 그쪽으로 딸려가게 된다는 뜻입니다. 예수나 미륵불을 기다리지 말아요. 그것은 헛일입니다. 그리스도(얼나)는 영원히 오시는 얼입니다. 구경은 생명 전체(절대 큰 것)를 이루는 것입니다. 우리의 시공간과 다른 어떤 곳에 오는 것이 가는 것이고 가는 것이 오는 것입니다.

"한님 계서 계시기에 올님 계서 오시기에" 이것, 턱 믿어 두어요. 이는 믿지 않을 수 없습니다. 이것밖에 또 믿을 게 없어요. 계시기에 우리가 가야 하고 우리가 가니까 오십니다. 예수, 석가도 이를 꽉 믿었어요. 이를 믿었기에 영원한 생명의 맛을 잘 알아요. 이 세상 모든 것을 잊어버렸습니다.

'아름답아'란 알고 싶어, 더 친하고 싶어라는 말입니다. '아름답아'에는 친해지고 싶도록 알게 됐다는 뜻이 있어요. '알마지', 우리 공부하는 것이 다 알마지하는 것입니다. 철학은 우리말로 '알마지'라고 할 수 있습니다. 철학이란 다른 게 아니고 생각하고 말하는 게 철학이에요. 우리 모두 알마지 안 하면 안 돼요. 가고 오는 것이 둘이 아니에요. 가는 것도, 오는 것도, 있는 것도 없어요. 그래서 얼이요 빔이신 하느님은 영원하십니다.

맨 꼭대기(한님, 無極)를 인정하지 않을 수 없습니다. 우리가 머리를 하늘로 둔 것도 이 때문입니다. 맨 꼭대기에 매어지지 않는 것이 이 세상에 아무것도 없습니다. 우리가 거기 가니깐 오는 거예요. 가는 것, 오는 것, 있는 것이란 죄다 없어요. 이 작은 생명이 가니까 큰 생명이 오는 것입니다. 우리는 모두 그리스도를 만나보았어요. 보내신 이가 그리스도(얼나)입니다. 그리스도는 줄곧 오는 얼입니다. '옴'

은 절대 진실이라는 의미예요. 즉 아멘입니다. 참으로 그렇게 소원한다는 뜻입니다.

오늘 내가 얘기한 것, 이것만 가지면 다 돼요. 다른 것은 더 필요 없습니다. 내 입에서는 오늘 한 말과 다른 것은 암만해도 안 나와요.

풀이

〈보내신 이 앎이 늘삶〉은 요한복음 17장 3절에 나오는 예수의 앙탁(결별)의 기도 말씀이다. '늘삶'은 영생인데 헬라어 성경에는 '영원한 생명'이라는 뜻을 지닌 아이오니오스 조에(αιωνιος ξωη)로 나와 있다. 영생은 영원한 생명의 줄임말이다. 우리말로는 영생과 영원한 생명을 다르게 볼 수도 있다. 영생은 오래 산다는 뜻이고 영원한 생명은 생사를 초월한 생명, 곧 얼나이다. 얼생명은 영원히 오고 영원히 간다고 한 것은 얼생명은 시간과 공간을 초월하여 없는 곳이 없다는 말이다. 무소부재(無所不在)라는 뜻이다. "보내신 이를 아는 것이 영원한 생명"은, 하느님께서 주신 얼을 참나로 깨달음이 영원한 생명인 얼나라는 말이다. 다석은 설명하는 첫 소리에 "위에서 쓴 이 말만 완전히 알면 다음부터 내 말을 더 들을 필요 없어요. 내 말의 전부는 이것뿐입니다."라고 말하였다. 다석만 그런 것이 아니라, 예수, 석가, 공자, 맹자, 노자, 장자의 말의 알맹이도 이것이다. '보내신 이'는 불교의 여래(如來, Tathagata)와 같은 뜻이다.

이 인생에서 진리는 얼크러진 실입니다.

실실이
뭄 절로 씨알님 니려고 가치(같이) 살려고 들면
님올이라 다구질(다그칠) 게 업시 올올 다실일데
실실흔 실 다 석글고 무슨 經綸(경륜) 잘 흰가?
(1959. 11. 14. 《다석일지》)

'실'이란 모든 개체의 생명줄이란 뜻입니다. 실은 가늘지만 끊임 없이 이어져 나오는 것입니다. 시간, 공간, 생명이 이 모두 실과 같이 끝없는 것입니다. 진리는 실이에요. 이 인생에서 진리는 얼크러진 실입니다. 인생의 괴로움은 그 얼크러진 실을 풀려는 데서 발하는 것이 에요. 우리의 생명이란 끊이는 것 같지만 끊기지 않아요.

'뭄 절로'란 마음이 저절로 빈 마음으로 너그럽게 하늘이 낸 대로 된다는 것이고, '님 니려고'는 님을 머리 위에 이려고 한다는 뜻입니 다. 좋은 것은 머리에 이어야 합니다. 우리 머리가 위로 들린 것은 하 느님을 모시려 함입니다. 하느님 소리가 싫으면 진리라 해요. 예수는

24

하느님을 얼(성령)이라 참(진리)이라 했습니다. '씨알님 니려고'에서, 민주(民主)가 씨알님입니다. 이 씨알을 위함이 하느님 위함입니다. "이 소자 중에 가장 작은 자에게 한 것이 내게 한 것이다."라고 예수가 말했습니다. 백성을 모른다 하면서 하느님만 섬긴다 함도, 하느님은 모른다 하면서 백성만 위한다 함도 다 거짓입니다.

이제는 민주주의 시대가 되었습니다. 저절로 처음부터 마음이 민주가 되어야 합니다. 민(民)이 주(主)인 것은 천의(天意)·천도(天道)라 자연적으로 그렇게 되는 것입니다. 모든 게 백성 위하는 게 되어야 합니다.

'가치(같이) 살려고'는 전체가 다 같이 잘 산다는 대동의식 평등사상(大同意識 平等思想)입니다. '님올이라'에서 님은 주(主), 올은 의(義)입니다. 곧 님올입니다. '다구질 게 업시'는 이렇다 저렇다 함(是非)이 없어야 한다는 것입니다. 왜 그 주의대로 안 했나, 왜 그 주의에 어긋나게 했나 하는 등의 시비함이 없어야 합니다. 자유니 평등이니 아무리 그래도 주의가 있으면 전제가 됩니다. 위의 제일 첫 줄은 자유민주주의, 대동주의입니다. 정말 민주주의라면 주의가 없어야 합니다. 배타가 없어야 합니다.

'실 다 석글고'는 현실에 실이 석글린다, 그러니까 실이 다 섞이고 얼킨다는 것입니다. 기독교에서는 이를 마귀의 짓이라 하고 불교에서는 미명(迷明)이라고 합니다.

경륜이란 별소리가 아니고 실입니다. 동서고금 모든 사람이 한 일은 모두 경륜입니다. 정치·학문·경제·문화 등등 모든 사회 활동이 모두 실 이야기입니다. '잘 흰가?'는 '잘했는가?'입니다. 혹은 '잘'을 만(萬), '흰'을 년(年)으로 보아, '무슨 경륜을 만 년이나 했는가'라는 뜻으로 볼 수도 있습니다. 여태껏 한 것 모두 잘못했고 지금 내가 잘 경륜하겠다 하고 나서지만 조금 지나면 그놈이 그놈입니다. 역사는 비망록으로 적어놓은 거예요. 이 역사를 자세히 본 사람은 내가 잘 경륜하겠다고 나서는 현재의 공산주의, 민주주의 다 믿지 못해요. 예수를 정말 믿고 염불을 정말 하는 사람은 씨올님을 머리 위에 받든 사람입니다. 거죽은 거짓이에요. 참이 없습니다. 참은 속에 있어요. 참은 마음이 비어야 있습니다. 참은 하나에 있습니다.

자기가 참이거니 하는 것처럼 거짓이 없고 자기가 선하거니 하는 것처럼 악한 것이 없고 자기가 아름답거니 하는 것처럼 추한 것이 없습니다. 자랑하고 싶어 하지 않는 덕이 최양덕(最良德)이에요. 내가 제법 무던하거니 생각하는 것이 병입니다.

애당초에 공산 유토피아, 예수 재림, 미륵불 지상천국이 오리라고 생각함이 잘못이에요. 오리라고 생각하는 데서 주의가 나옵니다. 오긴 뭐가 와요? 진화니 발전이니 하는 데서 속아요. 진화하고 발전하면 무슨 좋은 게 있을 것이다 하는 미신은 죄다 하고 있거든요. 인류 역사나 물질적인 것은 죄다 본 것 아니요? 그밖에는 별다른 게 없어요. 우리가 본 것밖에는 없습니다. 무엇을 차차 개선해보려고 함이 잘못이에요. 지난날에 운동으로 전 인류가 모두 담배와 술을 하지 않게 해보겠다 애쓴 자도 있었습니다. 지금까지도 술을 더 많이 마시고 담배를 더 많이 피우지 않아요?

기욕난량(器欲難量)이란 마음 그릇을 가지려고 한다면 측량할 수 없이 크게 가지라는 것입니다. 우리 마음은 지극히 큰 것으로 우리 마음을 비워놓으면 천국도 그 속에 들어옵니다. 그 마음에 하늘나라가 들어오지 못하면 마음의 가난은 면치 못해요.

이 세상에서 가장 좋은 것은 석가, 예수, 간디같이 얼나를 깨달은 인물입니다.

풀은 마르지
물 불 알마져 풀 삶의 물 마르면 다시 불남
풀 먹다 살이 지고 고기 씹다 거름 되건만
물 불 풀 거름 거른데 남게 열매 둥글둥
(1959. 11. 17. 《다석일지》)

이 세상 모두가 물과 불의 장난입니다. 사는 것의 시작은 풀입니다. 풀의 삶은 물과 불이 알맞아서 있는 것입니다. 풀은 물과 불이 어울려서 된 것입니다. 즉 물과 불에서 꾸어 온 것입니다. 이 세상 모든 것은 가짜예요. 모든 것은 꾸어 왔으니까 가짜입니다. 꾸어 온 것은 도로 돌려주어야 합니다. '풀 먹다 살이 지고'란 초식 동물이 풀 먹고 살이 찐다는 것이고, '고기 씹다'란 인간이 육식을 한다는 말입니다. 인간의 몸뚱이는 아끼고 아끼다가 거름이 될 뿐입니다. '남게'는 '나오는 장소' 혹은 '나무에'라는 뜻입니다. 생명은 자유로워야지요. 속에 속에 절로 절로 나와야 하는 것입니다. 생명은 불이에요. 생명과

불은 다르지 않습니다. 하느님은 소멸하지 않는 영원한 불이라고 합니다. 그런데 그 아들인 우리가 못 될 게 뭣입니까? 죽음을 생각하여 언제 떠나도 미련이 없도록 준비와 각오를 하면 좀 더 생각을 깊이 하게 됩니다. 아프면 죽음을 생각하게 됩니다. 아픔이 없으면 죽음 생각이 안 나옵니다.

풀이

다석은 목숨을 실로 보았다. 몸 목숨도 실낱 같은 목숨이요, 얼 목숨도 실낱 같은 목숨이다. 몸 목숨이 거미줄처럼 연약한 목숨이라면 얼 목숨은 빛살과 같은 불멸의 목숨이다. 마하트마 간디는 이런 말을 하였다. "사람은 하느님이 아니다. 사람을 하느님이라 부르지 말라. 그러나 사람은 빛이신 하느님의 빛 한 오리를 지니고 있다."(마하트마 간디,《날마다 한 명상》) 문제는 얼빛이 문제가 아니라 몸의 실이다. 다석은 '다스리다(治)'를 '다실이다'로 말하기도 하였다. 베를 나는 것도 경륜(經綸)이라고 할 수 있다. 민주(民主)를 머리에 받들어 이고 가자는 민주주의라면 씨알(民)을 다그칠 게 없다. 올올이 다 실 노릇을 하게 하면 된다. 실실한(착실한) 실을 다 흐트러지게 하고서 무슨 경륜을 잘했다고 할 게 있는가? 다석은 이 세상에서 치국평천하가 그렇게 쉽게 호락호락 되는 게 아니라고 말하였다.

두 번째 실은 시조 〈풀은 마르지〉는 이사야 40장 6~8절에서 생각을 얻은 것이다. "모든 육체는 풀이요 그 모든 아름다움은 들의 꽃 같으니 풀은 마르고 꽃은 시듦은 하느님의 기운이 그 위에 붊이라 이 백성은 실로 풀이로다. 풀은 마르고 꽃은 시드나 우리 하느님의 말씀은 영영히 서리다 하라."(이사야 40:6~8) 수많은 사람이 나서는 사라지지만 그들이 남긴 말씀만은 영원히 빛난다는 것이다. 사람은 짐승인데 다만 다른 짐승들과 다른 점은 하느님의 말씀을 받아 내어놓을 줄 안다는 것에 있다는 것이다. 사람들이 이 땅 위에서 소중히 여기는 것은 아주 많다. 그러나 참으로 소중한 것을 가리려면 죽음이란 저울에 달아보아야 한다. 죽음 저울에 달아도 가치의 무게가 나가야 참으로 소중한 것이다. 죽어 없어지면 아무것도 아닌 것은 가치 있는 것이 아니다. 죽음을 이기는 하느님의 말씀만이 참된 가치가 있다.

삶은 사형수의 집행 유예 기간입니다.

創造始末(창조시말)

衆生無他死刑囚(중생무타사형수)

終身有待執行日(종신유대집행일)

判決宣告虛誕初(판결선고허탄초)

猶豫期間壽夭一(유예기간수요일)

(1959. 12. 1.《다석일지》)

창조의 시작과 끝

뭇생명이란 다른 게 없다. 사형수이다./ 죽을 때까지 집행일을 기다림이 있다./ 선고된 판결은 애초부터 헛된 태어남이라/ 집행 유예 기간인 오래 살고 일찍 죽음은 하나이다. (박영호 새김)

未提保釋請願(미제보석청원)

宇宙法廷民事訟(우주법정민사송)

男子女人原被告(남자여인원피고)

判決成婚産兒定(판결성혼산아정)

死刑囚在家邦獄(사형수재가방옥)

(1959. 12. 1.《다석일지》)

미제 보석청원
우주란 법정에 민사소송이 벌어졌다./ 남자와 여자는 원고와 피고였느니
라./ 판결은 성혼을 하여 아이를 낳는 것으로 정해졌다./ 사형수는 집이
나 나라라는 감옥에 갇혀 있는 것이다. (박영호 새김)

'중생'은 원래 죽이기로 작정하고 낸 사형수입니다. 사형 판결 받
은 것이 허탄(허망)한 일의 처음입니다. 우리가 태어났다는 것이 큰일
입니다. 우리의 삶이란 사형수의 집행 유예 기간입니다. 사형수가 향
락을 한다니 참 요절할 일입니다. '수(壽)'는 장수(長壽)를 뜻하고 '요
(夭)'는 단명(短命)을 뜻합니다. 하느님이 창조주이기 때문에 믿는다
든지 안 믿는다든지 하는 것은 나와는 상관없습니다. 생명의 근본이
요, 참의 근본이요, 진리의 근본이라고 하여 믿는 것이지, 창조주로
서 믿는다든지 그것을 부정한다든지 하는 것은 대단한 것이 아닙니
다. 하느님에게 창조에 대한 시말서를 받아 본 것이 창세기지요. 이
건 그때에 그렇게 해서 되었거니 하고 생각해본 거예요. 그러나 이건
그때 사람의 생각이고 요새는 이걸 누가 믿어요. 이것 갖고는 통하지
않습니다.

요새는 창작(創作)이란 말을 많이 쓰지요. 그런 게 창작 아닙니다.
창작이란 이 몸생명은 필요 없으니 새로운 얼생명을 만들자 함입니
다. 그것이 각(覺)이에요.

제출(提出)하지 못했다는 것이 '미제(未提)'입니다. 혼인 운운하는 게 소송입니다. 여러 해를 끌고 오다가 혼인하게(判決) 됩니다. 애초에 탈이 남녀 관계에서 나와요. 혼인해서 새로운 생명이 나옵니다. 이 생명은 종당 죽음이 결정된 것이에요. 사형수들이 있는 곳이 가정이요, 국가(지역 사회)지요. 사형수들이 못 나가게 얽매는 곳이 국가요, 가정이에요. 처옥자쇄(妻獄子鎖)란 말이 있어요.

'온(溫)'이란 죄수(囚)에게 쟁반(皿)에 무엇을 담아주는 일을 한다는 뜻입니다. 그러면 따뜻하단 말입니다. 곧 이 세상에서는 우리 모두가 다 사형수의 처지로서 서로 위로해주는 것이 따뜻한 일이지요.

보석을 청원한 것 같은 게 종교 신앙이지요. 이런 신앙에 귀의하여 죽지만 희망이 있다는 것이 구원이요 해탈(깨달으면 벗어난다)이지요. 인생에 이것을 부정하고서 무슨 생각을 함은 잘못입니다.

못 깨날가?

다 처진데 높이 앉어, 다 말른데 많이 모고
다 안 된데 나는 됐다, 다 못나도 저만 낫다
하늘로 높·많·돼 날 걸 땅을 파서 꿈이 잠.
(1959. 12. 4. 《다석일지》)

얼생명은 위로 올라가는 것입니다. 나는 이것을 믿어요. 모두 '다 처진데 높이 앉어' 내가 높거니 하고 있습니다. '다 말른데 많이 모고' 그러니까 모두 다 말라붙었는데 나만 많이 모아놓았다고, 나는 됐다,

저만 낫다며 으스댄다는 말입니다. 부귀공명(富貴功名)이란 이 병든 세상의 한 증세입니다. 누구나 사형수의 몸으로 서로 잘났다고 다투다니 요놈의 인간의 혼이 무슨 도깨비 같은 존재인지 모르겠어요.

'하늘로 높·많·돼 날' 이것이 생명의 본성이요 우리가 갈 길입니다. 날은 '나다'의 미래입니다. (아직 나지 않았으니까) 원 고동이 하늘에 있어요. 그런데 하늘을 모르고 중간에서 내가, 나는, 무엇이 어쨌다 하는 것은 못난 것입니다. '땅을 파서 꿈이 잠'이란 뭔가요? 하늘을 모르고 나는 됐다, 높다 하고 땅을 파서 모양(外飾)만 내는 게 이 세상 모두가 하는 짓입니다. '꿈이 잠(外飾)'이란 세상은 꾸미는(虛僞) 잠이라는 것입니다. 이 세상이 죄다 이렇게 못 깨어났습니다. 왜 이렇게 되어버렸나요? 우리의 성품이 하늘로 갈 건데 하늘을 모르고 땅만 파니 이렇지요. 생명의 본성이 높·많·돼 날 것인데 그걸 잘 모르고 하니 모두 이렇지요.

하늘을 모르면서도 이 세상에서 높아지고는 싶으니까 그 방법으로 깊은 구멍 옆에 서서 자기가 높거니 하고 생각합니다. 요새 자기 차가 지나갈 때 박수를 치라고 해놓고 그 소리 듣고 내가 높거니 하고 생각하는 그런 얼빠진 짓이 어디 있어요? 이렇게 되는 게 믿지 않아서입니다. 참(眞理)을 믿지 않으니까 이 꼴이지요. 남은 다 형편없는데 나만 무엇이 됐지 하고 생각하는 자는 양심이 없는 자입니다. 참을 믿는 마음이 없으니 그 따위로 생각하는 거지요. 우리가 다 모두 왜 이리 못났을까 하고 한탄하는 것은 하늘 양심이에요. 하늘 양심으로 무엇을 하는 것이 찬송이요, 염불이지요. 이렇게 정말로 하느님, 부처님을 사랑하는 자는 참 드물어요.

사람 둘렌 거짓테
깨끗해도 흙 입버도 낮짝 다슴대도 핏골
속 못 드니 참은 아냐! 얼 못 보고 님 닌가?
못 보고 안 뵈는 사이 알음 알단 괜흔 짓
(1959. 12. 1. 《다석일지》)

'둘레'는 두레, 사회(社會)란 뜻이고 '거짓테'는 거짓(허위) 테두리입
니다. '짝'은 반쪽, 불완전이며, '다슴'은 온(溫)입니다. '핏골'은 육체
입니다. '속 못 드니'란 내 속을 남에게 보이지 못하고 남의 속에 못
들어가니 남의 속을 모른다는 겁니다. '님 닌가'는 님을 이는 자입니
다. 속(얼, 정신)을 보지 못하고 어떻게 님으로 머리 위에 이나? 안 되
지요. 결혼을 해도 상대를 몰라요. 정말 남의 속을 안다면 얼을 알 거
예요. 얼의 성질이 멸하는가 불멸하는가를 알 거예요. 우리의 얼은
위하고는 통하지만 옆(사람 사이)으로는 통하지 못합니다. '알음 알
단'은 친한 것을 뜻합니다. 정말 알면 보고 싶지 않지요. 잘 모르니까
자꾸 보고 싶은 거예요.
　다 모두들 잘 안 되니까 보지도 못한 하느님, 나르바나님을 사모
하지요. 이게 다들 안 될 거예요. 끝끝내 싸움하고 송사할 겁니다.

用煉炭吟(용연탄음)

調氣節食修煉炭(조기절식수연탄)

仙在身經俗營竈(선재신경속영조)

悔吝吉凶嗇治事(회인길흉색치사)

惕厲利鈍酷似肖(척려이둔혹사초)

(1959. 12. 1.《다석일지》)

연탄을 쓰는 것을 두고 읊은 글입니다. 사람이 연탄을 쓰는 것처럼 숨을 쉬고 밥을 먹으면(調節) 몸에 병 없이 잘되겠다는 생각에서 읊어본 겁니다.

수련이라 함은 단련하는 것을 닦는다는 뜻입니다. 신선이 되려고도 닦는 것을 수련이라 하지요. 우리의 삶(육체적 생활)은 연탄과 같습니다. 신선이란 사람은 제 몸뚱이에서 그것을 경영합니다. 연탄처럼 조절한다는 거예요. 육체적인 장생불사는 미신입니다. 우리 몸을 조절하여 건강케 하려는 것은 연탄 쓰는 것과 같이 트여도 안 되고 막혀도 안 되고 때를 잊어도 안 되고 자세히 살펴야 합니다. '조(竈)'는 부엌이라는 뜻입니다. '회(悔)'는 반성이란 뜻이지요. 마음은 자꾸 변화해야 합니다. 우리 마음에 무엇을 담아두면 못 써요. 그건 곧 썩어버려요. 언제나 마음을 비워 두어야 합니다. 반성하는 돌아봄은 늘 있어야 됩니다. '인(吝)'은 억제한다는 뜻입니다. 나아가는 데서도 조금 억제하여야 합니다. 정진하기 위해 조금 쉬어 생각해봐야 해요. 이럴까 저럴까 하고 조심조심 해야 합니다.《주역》은 '회인길흉(悔吝

吉凶)'을 하자는 겁니다. '색(嗇)'은 조심주의를 말하는데, 조심조심 주의해서, 과불급(過不及) 등을 주의해서 일을 해 나가는 것입니다.

과거에 실패한 걸 회한(悔恨)할 필요는 없어요. 다음부터는 안 하리라 결심하면 됐지요. '척(惕)'은 조심, '려(厲)'는 주의를 뜻합니다. 이 세상일은 모든 것이 쉽지 않습니다. 어렵고 어렵다고 생각합니다. '이둔(利鈍)' 즉 이롭고 해로운 것이 '혹사초(酷似肖)', 너무도 같다란 뜻입니다(酷=甚). 연탄을 쓰는 것과 우리 몸을 다스리는 것은 몹시도 같다고 생각해서 이렇게 썼습니다. 난 요새 연탄을 잘 주의해 보다가 건강을 잘 보전하는 법을 배웠습니다.

풀이

다석은 〈창조시말〉이란 한시에서 하느님의 창조로 태어난 사람이란 생명의 존엄에 대해서 시작과 끝을 따져보았다.

공자는 자신에 대해서 이렇게 말하였다. "하느님도 원망치 않고 사람 탓도 않는다. 아래(세상) 것을 배워 위에(하늘)까지 다다랐다. 나를 알아주는 이 하느님뿐이다.(不怨天不尤人 下學而上達 知我者其天乎)" 이를 뒤집어 말하면 공자가 하느님을 알아준 것이다. 공자가 예수, 석가와 더불어 인류의 스승이 된 까닭이 여기에 있다. 하느님을 알아서 하느님을 가르치자는 인생인 것이다. 그런데 내남없이 사람들이 부질없는 일에만 힘쓴다. 세상 사람은 몰라주어도 그만이다, 하느님 한 분이 알아주면 된다는 다석의 말도 공자의 생각과 같다. 우리가 이 세상에 온 것은 하느님 알아주려고 온 것이다. 하느님이 참나임을 아는 것이 하느님을 알아줌이다. 예수가 "아버지와 나(얼나)는 하나이다."(요한 10:30)라고 말한 것은 바로 하느님이 참나라고 말한 것이다.

다석의 시조 〈못 깨날가?〉와 〈사람 둘렌 거짓테〉는 뜻이 비슷하다. 제나의 거짓됨과 잘못됨을 지적한 글이다. 왜 참나인 얼나로 깨어나지 못하는가? 거짓나인 제나가 하는 짓은 아무리 설쳐대도 부질없는 짓이라고 하였다. 노자(老子)는 "내게 세 가지 소중한 것이 있다. 그 세 가지를 귀중하게 지닌다.(我有三寶 持而保之)"(《도덕경》 67장)고 하였다. 세 가지 소중한 것(三寶)은 첫째가 자비의 사랑(慈), 둘째가 검약의 절제(儉), 셋째가 세상에서 스스로 잘났다 아니함(不敢爲天下先)이라고 하였다. 자신을 드러내려고 하고 으스대려 하는 것이 바로 짐승들이 하는 짓이다. 하마가 자기 입을 벌리고 자신을 과시하는 그 모습이다. 내 입이 이렇게 크니 나에게 함부로 굴지 말라고 자기 과시를 하는 것이다. 좋은 옷을 입고 좋은 차를 몰고 큰 집에 살고 명함을 돌리는 것이 그것이다. 얼나를 깨달아 하느님 아버지께로 가자는 게 우리 삶의 목적인데, 거꾸로 땅에 구덩이를 파놓고 그 옆에 서서 "나 높지." 하고 으스대다가 자기가 판 구덩이에 제가 빠져 멸망한다. 예수는 이렇게 말하였다. "사람들에게 떠받들리는 것이 하느님께는 가증스럽게 보이는 것이다."(누가 16:15) '하늘로 높·많·돼·날걸'은 생각할 말이다. 하느님을 바로 알고자 나왔으니 하느님을 바로 생각해야 한다. 하느님은 온통이라 높이 계신다. 그러므로 '높'이 생각해야 한다. '많'은 많이 생각해야 한다는 말이다. 생각을 하면 관념으로는 하느님이 그려지지만 실상에는 멀다. 그래도 됫박질을 하듯 내가 한 생각을 되넘겨야 한다. 그러면 생각이 하느님께 가깝게 솟나게 된다. 이것이 '하늘로 높·많·돼·날 걸'이다. 내가 그린 우상을 계속 깨뜨려 나아가면 언젠가는 실상에 다다른다.

한시 〈용연탄음〉의 배경은 이렇다. 맏이 류의상 가족이 미국으로 이민을 떠나고 둘째 자상의 가족은 강원도 평창으로 귀농하여 다석이 직접 부엌 연탄불을 관리하면서 산 적이 있었다. 그때의 소감과 지혜를 읊은 것이다. 우리 몸의 기를 조절하는 것도 연탄불 조절하듯 해야 한다는 말씀이다.

우리는 뾰족한 바늘 끝에서 살고 있습니다.

固固不固(고고불고)

心爲身役頑固心(심위신역완고심)

身率心帥貞固身(신솔심수정고신)

恭宜遠辱克已禮(공의원욕극기례)

信可復言由義人(신가복언유의인)

(1960. 6. 20.《다석일지》)

참으로 굳센 것은 굳지 않다
마음이 몸을 위해서만 일하면 마음이 완고하고/ 몸이 마음의 거느림을
좇으면 몸이 올곧아져/ 기뻐 공경하여 욕됨을 멀리하면 제나 버린 예요/
믿을 만하게 말을 지키면 올바름을 좇는 사람이라. (박영호 새김)

'고고불고(固固不固)', 참으로 딱딱한 것은 딱딱한 것이 아니라는
말입니다. 사람의 마음같이 싱거운 것 없습니다. 마음은 없어요. 아
무것도 없는 것 같은데 이 인심(人心)이 참으로 무서운 것입니다. 마
음은 허공과 같은 것이에요. 굳은 게 있다면 마음이야말로 굳은 것이

지요. 불교에서는 마음을 금강심(金剛心)이라고 해요. 이런 마음을 싱 겁게 가지니까 굳은 마음 가진 사람이 없어요. 마음이 몸뚱이 시키는 대로 하면 완고심(頑固心)이 됩니다. 완고한 마음이란 마음이 몸뚱이 를 위해 할 때 그런 마음이 됩니다. 몸뚱이를 위하는 마음은 완고한 마음이에요.

어떠한 일이든 우선 고디(정조)를 지켜야만 됩니다. 정고(貞固)를 잃어서는 안 돼요. 완고해서는 안 됩니다. 가지고 나왔던 고디를 그대 로 가져가는 게 해탈이요 구원입니다. 몸이 마음의 시킴을 따름이 정 고신(貞固身)이에요. 공손함이 마땅히 욕에서 멀면 극기례(克己禮)입 니다. 공손함이 지나치면 아첨이요, 못 미치면 거만입니다. 자기가 한 말을 언제든지 주장할 수 있는 자가 유의인(由義人)입니다.

天網恢恢 人罟數(천망회회 인고촉)
一日賞花天(일일상화천)
萬邦看善地(만방간선지)
古老觀斯惡(고로관사악)
今夕見衆痴(금석견중치)
血祭后接賓(혈제후접빈)
餞賓去審美(빈천거심미)
歷歷營營史(역역영영사)
揚鳶爆竹時(양성폭죽시)
(1960. 6. 22.《다석일지》)

40

> **하늘 그물코는 널직 사람 그물코는 촘촘**
>
> 한날은 하늘에 불꽃을 즐기고/ 여러 나라의 좋은 곳을 구경해/ 옛 늙은 이(노자)는 미를 나쁘게 보았는데/ 오늘의 저녁(다석)은 뭇 어리석음을 본다./ 피 제사 뒤에 국빈을 대접하고서/ 가는 손님 보내고 미인 대회를 보게 됐다./ 지내고 지내고 다스리고 다스리는 역사요./ 연(비행기)을 띄우고 폭죽을 터트리는 시대이다. (박영호 새김)

참으로 고운 것은 아무도 안 보는 데 있습니다. 자연의 미는 누구에게 보이려고 생긴 게 아닙니다. 인간이 아름답게 꾸미는 것은 남에게 보이고자 해서입니다. 아무도 안 보는 겨울 달, 겨울 별이 더 좋아요. 정말 아름다운 자연의 미(美)는 북극에 많다고 해요. 제가 무던히 하는 거니 하고 생각한다면 덜된 사람입니다. 얼굴도 제법 내가 잘났거니 하는 생각이 있으면 그런 인간은 낯짝도 덜된 데가 있어요. 낯가죽이 두꺼우니까 그런 생각 하는 것입니다. 낯가죽이 두꺼우면 암만해도 그 얼굴이 꼴 뵈기 싫지요. '천망회회 인고촉(天網恢恢 人罟數)'이란 하늘의 그물코는 널찍널찍 커도 하나도 빠트리지 않고 다 잡지만 사람의 그물코는 아무리 촘촘해도 빠지는 게 있다는 말이에요. 미스코리아를 뽑는 데도 정말 미인은 아무래도 빠지게 됩니다.

눈 가진 것은 빛을 보자는 것입니다. 눈 가지고 고운 거 보기 싫다는 사람 없습니다. 나는 저녁(夕)을 좋아해요. 그래서 날 다석(多夕)이라고들 하지만 그렇다면 난 그런 척하지요. 매일매일이 아름다움을 구경하는 하늘이요 땅이라 이를 화천(花天) 선지(善地)라고 하는

데, 노자는 이를 모두 악(惡)이라 했습니다. 이제 나는 뭇사람의 어리석음을 봅니다.

손님(아이젠하워 미 대통령)을 보낸 후 미(미스코리아 선발 대회)를 보았습니다. '영(營)'이란 경영이란 말인데, 경영하고 경륜해 지나온 것이 역사입니다. '양연(揚鳶)'이란 연을 날린다는 말입니다. 이 세상에 제일이란 없어요. 다 그게 그거지요. 독수리 나는 것, 연 날리는 것, 비행기 뜨는 것, 다 같은 것입니다. 이 지구는 안 그럴 줄 알아요? 이 지구도 다 하나의 연 날리는 것에 불과해요. 이 우주는 안 그런 줄 알아요? 이게 모두 장난이에요. 이 우주도 하나의 장난입니다. 이게 영 갈 것 같으면 내가 장난이라고는 안 해요. 이건 얼마 안 가서 없어질 거예요. 이 우주도 다 이러다가 마는 것입니다. 그러니까 내가 장난이라고 하는 거지요. 이 우주도 정말 좋은 것은 아닙니다. 비롯된 것은 반드시 마침이 있습니다.

진(眞)이란 허공밖에 없어요. 없어야 진입니다. 있는 것은 가짜입니다. 선(善)이란 반짝하고 마는 거예요. 4·19 때 한순간 반짝하는 게 선(善)이에요. 그 후 뒤따라 추도식이니 뭐니 하는 것은 더러운 것입니다. 지저분한 거예요. 어찌 보면 그런 건 악(惡)이에요. 미(美)는 선(善)이 있어야 미지요. 미는 오래 가는 것이 아닙니다. 미는 만지면 없어지는 것입니다. 나에겐 진·선·미(眞善美)에 대한 확신이 있습니다. 매운맛이 없으면 굳은 게 없습니다. 마음의 고추 하나만은 딱 지켜야 해요. 어쨌든 인간이란 연 날리고 딱총 놓다가(장난하다가) 들어가고 들어가고 하는 것입니다. 어쨌든 마음대로 하라고 하지요.

꿈자리

낮 생각엔 깨잖 밤꿈이지만 꿈일젠 못깨
꾸어 꾸는 꿈꿍이 꿈은 좋아도 싫여도 꿈
가난해 잠자리 꿈만 나비(뷈) 꿈야 장자 꿈
(1960. 6. 19.《다석일지》)

우리 인생이 산다는 이게 분명히 꿈(生時)입니다. 꿈인 줄 알지만 아무리 깨려고 해도 꿈속에서는 못 깹니다. 우린 죽어야 이 꿈을 깨요. 그러나 우리가 꿈인 줄 알고 꾸면 참 좋아요. 종교 신앙이란 좋은 꿈 꾸는 거예요. 좋은 사상은 좋은 꿈입니다. 이게 꿈인 줄 알고 꾸면 아무리 어려운 일이라도 웃을 수 있는 마음의 여유를 지니게 됩니다.

그러고 보니 나비가 그 꿈에 장주 노릇 한 것인지 장주가 꿈에 나비 노릇 한 것인지 모르겠어요. 장주와 나비는 필히 구분이 있을 텐데요.

작작희란딕

누가 잘라 짧고 누가 길러 길가? 작작 그만
그만 작으만(자! 그만) 작작 히라 마라 매찬가지 말
말슴 제 이리도 졸름, 누가 견딜나왔냐!?
(1960. 6. 19.《다석일지》)

'작작히란듸'는 그만하란 말입니다. 떨어졌다, 붙었다는 같은 말입니다. 떨어져야 다시 붙을 수 있습니다. 먹어라, 먹지 마라도 같은 말입니다. 진리를 생각하면 그런 게 많아요. 한계가 있으니까 말이에요. 모든 일은 늘 계속해서 할 수 없습니다. 노자(老子)가 "그칠 줄 알면 위태롭지 않다.(知止不殆)"고 말했습니다. 이 상대 세계에는 소극적인 것 같으나 그만하는 게 좋아요. '그만'이란 영원하신 그이(절대자)만 할 수 있습니다. 이 그만이란 명령을 누가 거역하겠습니까?

옴

한듸 그득 빈속 찬데 몸이나 던져 불 놓을가?
던져보니 몸은 식고 맑안흐이 물불 풀다!
몸과 빔 빔과 맘이란 도라들면 흔 옴 앎!!

날굿 살굿 굿굿 알뜻 몬속 몸속 속은 살맛
빈속에 챈 몸이 그득 맑은 얼에 한뜻 고요
참 빈속 그득흔대라 시픔식어 한뜻 듦
(1960. 6. 23. 《다석일지》)

앞에 말한 것이 껍질이라면 이거야말로 알짜입니다. '한듸 그득 빈속 찬데 몸이나 던져 불 놓을가?' 마음이란 붉은(丹心) 불덩어리입니다. 마음이 식으니까 번뇌하게 되는 것입니다. 마음과 허공은 하나라고 봐요. 저 허공이 내 마음이요 내 마음이 곧 저 허공이에요. 이 몸이 사는 것에 맛을 붙여 좀 더 살겠다는 그 따위 생각 말아야 해요.

불경이니 성경이니 하는 것은 마음을 죽이는 거예요. 살아 있어도 죽은 것입니다. 밥을 먹으면서 밥을 버리고 돈을 쓰면서도 돈을 버리는 것이에요.

마음하고 빈탕이 하나라고 아는 게 참입니다. 빈 데 가야 해요. 마음이 식지 않아 모르지요. 마음이 식으면 빔과 하나가 돼요. 허공이 마음이고 마음이 허공이라는 자리에 가면 그대로 하나입니다. 오는 것도 가는 것도 아닙니다.

우리가 가야 해요. 하느님에게 오라고 해선 안 돼요. 올 것은 모두 다 와 있어요. 성령이 와 있어요.

우리는 날 끝에서 살아(칼날, 날[日])요. 이 날(日)을 언제 봤어요? 날은 번쩍하고 지나가는 것입니다. 우리는 끄트머리에 살아요. 뾰쪽한 바늘 끝에서 살고 있어요. 살맛이란 살(血肉, 情慾)에 맛 붙이는 것입니다. 우리가 다 모두가 이거예요. 제가 저를 속이는 게 살맛이에요. 우리는 말끔 끄트머리에 살고 있어요. 우리는 빈탕에 나가야 해요. 저 허공(太空)에 자기 마음을 채워야 해요.

빈탕(허공) 속에서 식으라고 붉은 마음을 빔(허공)에 채워요. 이러면 다예요. 무어 더 바랄 것 없어요. 하느님, 니르바나님 턱 모시면 그것으로 다예요. 더 부족함이 없어요. 참 빈 마음 속에 하느님 나라, 열반 나라 그득한 것입니다. 네 것, 내 것이 없어요. '시픔'은 '싶다'입니다. 욕망이 식어 아무 욕망이 없으면 한뜻에 듭니다. 이것(요)만이 내가 하고픈 말의 전부입니다. 다른 것은 장난에 불과해요. 우리 마음이 빔에 가야 합니다. 허공에 우리 마음이 가야 합니다.

풀이

첫 번째 한시는 참으로 굳은 것은 굳지 않다(固固不固)는 것을 주제로 쓴 시이다. 순우리말로 새긴다면, 마음이 몸(욕망)을 위해 일하면 마음이 완고해지고 마음이 거느리고 몸이 좇으면 정고한(곧고 굳은) 몸이 된다. 수성(獸性)이 심성(心性)을 누르면 완고한 사람이 되고 심성이 수성을 다스리면 정고(貞固)한 사람이 된다는 말이다. 곧은 마음을 간직한 심성이 몸나의 수성을 다스리면 공자, 맹자 같은 성현이 되지만, 심성이 수성의 노예가 되면 도척이나 항우 같은 어리석은 고집으로 망하는 못난 사람이 된다.

한시 〈고고불고〉의 끝 대구(對句)는 《논어》 학이(學而) 편에 나오는 유자(有子)의 말인 "신근어의 언가복야 공근어례 원치욕야(信近於義 言可復也, 恭近於禮 遠恥辱也)"를 빌려 쓴 것이다. "미쁨이 의에 가까우면 언약을 다시 할 수 있고 공손함이 예도에 가까우면 치욕됨에 멀다."라는 뜻의 말이다. 마하트마 간디는 말하였다. "삶에 있어 성공했다는 참된 증표는 그 사람 인격이 부드러워지고 성숙해짐에 있다." (간디, 《날마다 한 명상》) 또 "우리의 몸 살림이 우리의 얼 살림보다 나아질 때 그 결과는 나빠진다."고 말하였다.

둘째 한시의 제목 '천망회회 인고촉'은 《도덕경》 73장에 나오는 말이다. "하늘 그물은 널찍널찍해 그물코가 성그나 잃지 않는다."라는 뜻이다. '인고촉(人罟數)'은 다석이 덧붙인 것이다. 사람의 그물은 촘

촘하되 놓치는 게 있다는 말을 줄인 것이다. 사람들이 미인 대회를 열어 이 나라 최고의 미인을 뽑는다지만 진짜 으뜸가는 미인은 놓치게 되어 있다는 것이다.

오늘 하루는 하늘의 꽃(불꽃)을 관상하고 세계 여러 나라 좋은 곳(명승지) 보러 다니는데 옛날의 늙은이(노자)는 이를 나쁘게 보았고 지금의 '저녁이(多夕),' 곧 다석 자신은 4·19혁명 직후 상황에서 어리석은 뭇사람을 본다. 4·19 학생 의거로 피의 제사를 올린 뒤 미국 대통령 아이젠하워를 극진히 대접해 보내고 미인 대회를 열어 아름다움을 살폈다. 연(비행기)을 띄우고 폭죽을 (공중에) 터트린 때이다. 류영모는 미인 대회를 어리석은 짓을 보았다. 여인을 상품화 하는 것이라고 말하였다. 노출을 심하게 하는 것도 못마땅하게 생각하였다.

〈꿈자리〉라는 시조는 어떤 내용인가. 삶이란 눈 뜨고 꿈꾸는 것이다. 우리가 참나인 하느님을 알 때 비로소 꿈에서 깨어나게 된다. 죽음을 꿈에서 깨는 것으로 아는 사관(死觀)이 바로 예수, 석가의 사관(死觀)이다.

다석이 쓴 이 시조 맨 끝에 '나비 꿈야 장자 꿈'이란 시구가 있다. 《장자》 제물론에 나온 장주의 나비 꿈을 말한 것이다.

밤에
장주가 나비 되는 꿈을 꾸었다.
팔랑팔랑 날아다니는 나비였다.
스스로 좋아하여 마음이 평안하였는데

(자신이) 주(周)인 것을 몰랐다.

갑자기 깨어났다.

곧 자신이 주인 것을 깨달았다.

주가 꿈에 나비가 되었는지

나비가 꿈에 주가 되었는지 알지 못하였다.

주와 나비는

원칙으로 반드시 구분이 있을 것이다.

이것을 일러 몬됨(物化)이라 한다.

(박영호 옮김)

　　이승만과 이기붕의 지나친 권력욕이 결국 자신들의 마지막을 욕되게 하고 나라까지 기웃하게 만드는 위기를 불러왔다. 그래서 다석은 평소에 좋아한 노자(老子)의 지혜를 자주 인용하고 외치게 되었다. 〈작작히란딗〉가 그것이다. 자그만치의 줄임말이 작작하라가 된 것을 밝히고 또 '작으만'을 '자, 그만'으로 하여 '자, 그만 하자'가 된다. 이것은 언어 유희이기도 하다. 일상에서 쓰는 말에 새로운 의미를 부여하거나 그 의미에 천착하면 벽에 붙여놓는 좌우명처럼 우리에게 깨우침을 준다는 것이다. 여기에서 인용한 노자의 말은 《도덕경》 44장에 있는 "지족불욕 지지불태(知足不辱 知止不殆)"이다. 족한 줄 알면 욕되지 않고 멈출 줄 알면 위태롭지 않다는 것이다. 여기에 대구가 되는 말이 있으니 "견소포박 소사과욕(見素抱樸 少私寡慾)"이다. 얼나를 보아 하느님을 품고 제나는 작게 욕심은 적게 하자는 것이다. 이것만 알면 《도덕경》 3천 자를 다 아는 것과 다름이 없다고 할 수 있다. 짐승들은 본능의 욕망조차 본능적으로 자동 조절이 된다. 사람은 그렇지 않아서, 수성에 지면 비극이 되고 수성을 이기면 긍지가 되기도 한다.

마지막으로 〈음〉을 살펴보자. 예수는 기도에 대해서, 외면상으로 남들이 보는 앞에서 기도하지 말고 남이 안 보는 골방에서 기도하라고 말하였다. 또 내적으로는 제나가 아닌 얼나로 기도하라고 말하였다. 그런데 다석은 빈 허공에 마음을 던지라고 말하였다. 그리하여 내 마음조차 싸늘하게 식어서 마음과 빔이 일체가 되고, 그래서 하느님의 뜻이 고요히 빛난다는 것이다. 시제(詩題)인 '음'은 '알다(知)'라는 뜻과 함께 '아멘'이라는 뜻으로도 쓰였다. 마음이 싸늘하게 식는다는 다석의 말은 제나(몸나)가 죽고 얼나로 하느님과 하나가 된다는 뜻이다.

씨알 저울은 민권이고 민주입니다.

돈

씨알이 씨알 때믄 씨알 다싦은 씨알 저울

돈이 돈 터믄 돈 벌기 가늠이면 기운 저울

그릇 긇 틀 틀림 쉽다 씨알 눈밝 돌릴 돈

돈 바로 돌아 삶 닦아 달아 돌려 돈 늘 고루

피 바로 돌아 삶 닦아 달아 돌려 피 늘 고루

그릇 긇 틀 틀림 쉽다 씨알 눈 밝 돌린 피

(1960. 6. 25. 《다석일지》)

피 팔아 글 밴단 소리

돌 돈이 안도는 땐 남는 걸 쓰기라니 팔아

돈 · 글 · 다 짧은이 피 남아 팔아 글을 사 느림

글 남아 안 팔릴 때는 무얼 팔아 돈 돌류?

피 팔면 뉠 살릴지? 피 바꾼 글 몹슬기 쉽다
바로 살아 돈 바로 돎 빈 도는 돈 피숨 조림
피는 피 돈은 돈대로 글 글대로 도라라.
(1960. 6. 30. 《다석일지》)

형이상에나 형이하에나 돌아가는 게(運動) 대부분이에요. 불쾌하다는 것은 돌아갈 게 제대로 안 돌아가게 되기 때문이에요. 일체의 노력이라는 게 잘 안 돌아가는 것을 잘 돌아가게 하는 것이지요. 잘 돌아가지 않는 것은 맛을 한 번 보고 그것을 떼지 않으려는 못된 습성 때문입니다. 물리적으로 통히 돌아가는 게 이 세상이지요. 돌아갈 게 잘 돌아가기만 하면 우린 잘살 거예요. 될수록 맑은 피로 걸리지 말고 몰리지 말고 제대로 돌아가야 개인이나 민족이나 건강히 잘살 수 있습니다.

돈을 둥글게 만든 것은 잘 돌아가라고 그런 거예요. 처음에 돈을 생각한 이는 경제가 잘 돌아가라고 좋은 생각을 한 거예요. 그러나 이게 잘 돌아갔으면 은혜가 됐을 텐데, 잘 돌아가는 반면에 걸리기도 잘해요. 돈이 있어서 간단히 돌릴 수 있어요. 돈이 그럴 때 필요한 거예요. 어디서 잘못 사는 사람이 있다면 그것은 돈이 잘못 돌아 그래요.

생명은 뛰자는 게 목적입니다. 돈이, 피가, 생각이, 물건이, 물이 돌아감도 생명의 약동이에요. 농학은 왜 공부하나요? "돈 벌기 위해 농사짓는다."고 클라크(William Smith Clark, 우치무라 간조의 스승)가 말했다고 해요.

상대와 절대, 유한과 무한, 정신과 물질이 따로 있을 리 없습니다. 둘일 리가 없어요. 우리가 몰라서 그렇지, 절대뿐인 속에서 상대가 나와 그 상대가 다시 절대로 돌아갑니다. 절대 속에서 상대가 나와도 절대 속의 상대지 절대 밖의 상대란 없습니다. 그래서 절대는 온통인 하나입니다. '가늠'이란 표준입니다. 백성이 백성을 위해서 백성 다스림은 민주권입니다. 저울은 권(權, 主權, 權利)입니다. 씨알 저울은 민권(民權)입니다. 민주(民主)입니다. 터믄, 때문, 라믄은 이유(理由)입니다. 저울이란 전체 생명의 무게를 다는 게 그 목적입니다. 그런데 혼자만 돈 번다는 것은 전체 저울이 기울어진 것입니다. 4월혁명 이전 2년간 이 저울이 형편없이 기울어졌습니다. 제도와 법규는 그릇되기 쉬우니까 백성의 눈이 밝아야 합니다.

우리가 요만큼이라도 힘 있고 맑은 피를 돌릴 수 있음도 우리 조상의 피가 맑았기 때문이지요. 우리 조상 중에 눈이 맑은 사람이 있었기에 우리가 한 번 나면 이렇게 한 70년이나 살 수 있어요. 우리는 더 맑고 더 걸림 없는 피를 돌려 우리 후손으로 하여금 더 힘 있는 피를 돌리게 해야 합니다. 그러지 못하면 죄악입니다.

'피 남아 팔아'에서 이때 '남아'는 정말 남은 게 아닙니다. '피 팔면 뉠 살릴지?'는 '피를 팔면 이 세상은(누구는) 살릴지 모르지만'이란 말입니다.

'몹슬기 쉽다'는 악(惡)에 받쳐 있다는 말입니다. 억지로 돌리면 돌려집니까? 피와 바꾼 글은 악하게 쓰이기 쉽습니다. 그러니까 글 값으로 돈을 받으면 안 된다는 것입니다.

피나 돈이나 글은 그대로 돌아야지, 그것을 무엇과 바꿔서는 안 돼요. 예수가 너희는 거저 받았으니 거저 주라고 했습니다. 일하지 않고 살겠다는 것보다 더 나쁜 게 없어요. 그러면 노예밖에 안 돼요. 먹는 것은 간단히 해야 사람 노릇 해요. 글자니 문화니 팔아먹지 말고 겨우겨우 살아가야 해요. 글이나 전도나 설교해서 벌어서는 안 돼요. 미국같이 경제가 풍부한 나라에서는 그래도 좋아요. 그러나 경제 사정이 어려운 이 나라에서 지식을 지껄이고 신령한 무엇을 말해놓고서 돈을 받아먹는다는 건 참 못할 짓입니다. 밤낮 하던 짓 그대로 반복하는 게 이 세상입니다. 기술을 숭상했다가 배척했다가 또 숭상해보고. 사람은 그러다가 마는지 몰라요. 바로 살면 돈과 피가 바로 돌아요. 돈은 이해관계로 얽혀 주고받는 것입니다. 급한 때는 폭리를 남기게 되는 것입니다. 그러니 약은 되도록 쓰지 말아야 합니다. 병은 급한 것이니 약값은 으레 폭리예요. 약장수는 꼴 보기 싫어요. 약은 될수록 쓰지 말아요.

품팔이, 피팔이는 참이 아니에요. 노력이나 피의 대가는 돈을 받아서는 안 돼요. 그러나 성경에 있는 대로 아침에 온 자나 저녁에 온 자나 다 같이 돈을 주어야 합니다. 우리가 사람끼리 만났으면 그날 일용할 양식은 주어야 해요. 그러나 저녁에 온 자도 다 똑같이 주어야 합니다. 품삯으로 돈을 주는 게 아니에요. 그것은 결코 참이 아니에요.

자유나 민주는 결코 어떤 한 당파의 것이 아닌데 이것을 제 이름이라고 내걸어 12년간 민족의 자유를 도적질했어요. 천외혁명(天外革命)이란 하늘 밖에서 온 혁명인데, 이 혁명을 사람이 아무도 몰랐지

않아요? 정당의 당(黨) 자는 검은 걸 숭상한다(黨 - 尙 + 黑)는 좋지
않은 뜻입니다. 그래서 정당을 만든 이는 정신을 차리는 기도를 해야
합니다.

섣브른 누리!
만사룜이 날더러 참이다 잘한다 좋다면?
만사룜이 날더러 거짓야 잘못이야 싫다면?
하늘 알 땅 휘청흘만 이것도 또 뒤된 땐?
(1960. 6. 27. 《다석일지》)

만 사람(萬人, 모든 사람)이 나더러 진·선·미(眞善美)라고 한다면,
만 사람이 나더러 가·악·추(假惡醜)라고 한다면? 물론 보통 사람은
이렇게 될 수는 없지만 그렇다고 하면 한국 처녀들 중에서 진·선·
미를 뽑지 않았어요. 그 사람들이 소감을 뭐라 말할 수 없다고 했어
요. 한 사람이 추켜도 올라갈 텐데 만 사람이 추키면 하늘이 알아질
게 아닙니까?

만약에 나더러 거짓이야 잘못이야 싫다고 한다면, 땅이 휘청거릴
만하지요. 하늘땅이 휘청거리며 뒤집히는 것 같겠지요. 하늘땅은 그
대로 있는데 제 마음이 그래요. 이승만, 이기붕도 다 이랬겠지요. 이
기붕은 땅이 뒤집히는 것 같아서 땅속에 안 들어갈 수 없어서 들어간
것입니다. 이 세상은 또 뒤바뀔 때가 있어요. 이렇게 되는 게 이 세상
이에요. 이러니 '섣브른(섣부른) 누리'지요. 참을 찾는 사람은 이런 외

부 일에 초연해야 해요. 좀 성공했다고 우쭐할 것도 없고 좀 안 된다고 풀 죽어 할 것도 없어요. 그런 일에 초연할 수 있기 위하여 성경, 불경을 읽지요. 이 세상은 이렇게 복잡한 세상입니다. 그리 단순한 세상이 아닙니다. 그러니 우리가 성경을 읽지요.

其心淸淨如虛空(기심청정여허공)
毁譽不動如須彌(훼예부동여수미)

마음이 허공같이 청정하면 누가 훼예한다고(훼방하거나 칭찬한다고) 해도 수미산(히말라야)같이 부동(不動)해야 해요.

풀이

옛날 경주 최부자 집은 자기 집에서 백 리 안에서 굶어 죽는 이가 나와서는 안 된다고 하여 어려운 이에게 구휼미를 베풀었다. 다석은 어려운 이웃이 필요로 하는 급전을 빌려주기 위해 비상금을 준비해 놓고 살았다고 한다. 그리하여 무이자로, 단지 담배를 끊는 조건으로만 길가에서 과일 수레 장사를 할 만큼 생활 자금을 빌려주기도 하였다. 돈을 안 갚아도 돌려 달라고 말하지도 아니하였다. 약속대로 담배도 끊고 원금도 갚은 이는 여러 사람 가운데 꼭 한 사람이 있었다고 한다. 거지들에게 거지 노릇 하지 말라고 생활 자금을 보시하니 거지들이 떼로 몰려와 손녀들이 무서워 밖에 나오지 못하자 그 일을 그만두었다. 다석은 이날 돈에 관해 이런 이야기를 하였다. 톨스토이(Lev Tolstoi)는 남의 노동력을 빼앗는 수단으로 전락해버린 돈을 아주 싫어하였다. 그런데 돈이 한 가지 편리한 점이 있다. 누군가에게 선물을 주려 할 때 그 사람에게 무엇이 꼭 필요한지 알기가 어려워 고민을 하게 되는데, 돈으로 주면 그런 고민이 필요 없게 된다는 것이었다. 다석이 그 말씀을 하며 웃으시던 모습이 떠오른다. 다석은 사람의 몸이 건강하려면 온몸의 피가 고루 잘 돌아야 하듯 사회가 건전하려면 돈이 고루고루 잘 돌아야 한다고 말하였다. 돈이 잘 안 돌아서 사회에 여러 가지 문제가 생긴다고 하였다. 다석이 웃으면서 재담을 하기를, '돈'이라고 하니 과거형이라 다 돌았다는 어감을 주는데 미래형으로 '돌'이라고 하였으면 더 잘 돌게 되었을지도 모르겠다고 하였다. 자신도 고학으로 야간학교를 다녀 은행원이 된 이상호가 고학생 돕기 운동을 할 때, 농촌의 어려움을 아는 조경묵(조세장)이 농가에 송아지 사주기 운동을 할 때도 다석은 앞장서서 자선금을 내놓았다.

다석은 제 몸의 피를 뽑아 팔아서 학비로 보태 쓴다는 신문 기사를 읽고서 몹시 언짢게 생각하였다. 1957년에 다석은 대학에 진학 못 하는 것을 비관해 자살하는 것을 나쁘게 말하였다. "요새 신문을 보면 학비가 없어서 자살하는 사람이 있는데, 대단히 고상한 것 같아도 실제로 배움의 맛 때문에 그랬는지 의심스러워요. 오늘의 맛보다는 내일의 맛이 더 좋은 것으로 여기고 대학교까지 더 좋은 맛을 보려고 하는데 그만 그 길이 막히니까 정녕 그럴 수도 있지 않겠습니까? 모르기는 해도 오늘날 교육한다는 사람 중에 공부를 잘해야 이다음에 잘 먹고 잘 살게 된다고 말하는 사람이 있을 것입니다. 옛날에 좋은 의·식·주와 높은 벼슬과 고운 여인을 얻는 것이 권학(勸學)의 조건이 되기도 했어요. 그래서 대부분의 사람들은 이 세상은 맛보고 사는 줄로 알게 되었어요. 그러나 인생은 맛으로만 사는 것이 아닙니다. 삶은 그렇게 간단한 것이 아니에요. 대부분이 그렇게 생각하더라도 우리는 인생관을 승화시켜 나가야 합니다. 그러지 않으면 이 사회는 볼일 다 보게 될 것입니다.

대학에 들어가는 것만이 능사가 아니에요. 지금 대학 가는 이들은 무슨 짓을 하려고 들어가는 사람들이에요. 이런 말을 하면 들으려고도 하지 않겠지만 숫제 시골에서 부모가 대학교 가라고 권해도, '무슨 말씀이세요, 우리집 경제 사정이 이런데 땅을 팔고 갈 수 있습니까? 땅이나 파면서 농사짓고 부모님 모시고 있으면 그만이지요.'라고 하는 사람이 우리나라 주인이 될 사람들이에요. 지금 대학 들어간 사람들은 별 볼 일 없는 사람들이에요. 그 많은 대학이 정말 대학이라면 이렇게 죄다 들어가서 공부하고 나올 수가 없을 것이에요. 대학이 소소학(小小學)도 되지 못하여도 도장만 찍고 돈만 내면 졸업장을 가질 수가 있어 그런 것이지요. 대용품 시대니까 대학(代學)이라고 하는 것이 마땅하지 않을까요? 교육이란 것은 진리 되시는 하느님을 찾아 가르치자는 것입니다. 그런데 얼토당토않게 입신 출세를 위한 교육 아닌 '교육(驕育)'을 시키고 있습니다. 그래서 학교를 많이 다니면 다닐수록 교만만 늘어나고 도둑질만 잘하게 됩니다. 이러한 교육이라면 차라리 교육을 그만두자는 교육 폐지론이 나오지 않을 수 없을 것입니다."

시조 〈섣브른 누리〉에는 마음속에 하느님이 주신 영원한 생명인 얼나를 품었다면 세상일에 초연하라는 가르침이 담겨 있다. 거기에 맞는 한시에서 다석은 마음이 허공처럼 맑고 깨끗하여 세상 사람들의 비난과 칭송에도 수미산처럼 움직이지 않는다고 하였다. 장자(莊子)는 이러한 말을 하였다.

"이 사람의 속알(얼나)은 온 우주에 가득 차 모든 물체와 하나가 된다. 세상이 그에게 다스려지기를 바라지만 누가 허덕거리며 나라 다스림을 일로 하랴. 그 무엇도 이 사람을 다치게 하지 못한다. 큰물이 나서 하늘에 이르러도 그를 빠져 죽게 못하고 큰 가뭄에 쇠와 돌이 녹아 흐르고 흙뫼가 타도 이 사람을 뜨겁게 하지 못한다."(《장자》소요유)

미워할 것을 바로 미워한 것이 4·19입니다.

얼 올라만 가는 길은

참말 미운걸 밉 좋걸 좋일가? 네 한 아옵날!

참 높고 크고 옳게 깨끗 트자! 치자! 익일제!

뭬 않야? 무엇이 죽어? 산송장은 더 살라!!

엘니야 높이 오른 게 이름·몸·두루막이랴?

예쓰던 이름·몸·두루막은 예 그대로 긷다!

옹에서 내려왔던 얼 솟나는 빛 세게 뵘.

네 한 아옵날 옳은 얼 얼도 김지 이지가 아님

젊은 학생도 아니니 무덤속 학생 아님 같

元으로 도라간 元숨 元亨利貞 믿돋음

(1960. 7. 4.《다석일지》)

감정을 내지 않는 자는 없으며 감정을 내지 않는 자는 사람 아님니다. 일체의 괴로움은 감정에서 나오지요. 감정은 생명을 상하게 합니다. 좋거나 싫거나 사람은 감정을 아니 갖고 살 수 없습니다. 미워할 땐 미워해야지, 도무지 미워하지 않는다는 것도 말이 안 됩니다. 미워할 것을 미워하고 사랑할 것을 사랑한다면 자기 공부가 꽤 된 것입니다. 감정을 능히 바로 가지는 사람은 된 사람입니다. 미워할 걸 미워하고 좋아할 것을 좋아하는 게 우리의 표준이 돼야 합니다. '좋일가'는 '좋아할까'라는 말입니다.

4·19혁명 때 나타난 것은 미워할 것을 바로 미워한 것입니다. 그렇게 잘할 수가 없었습니다. 그것은 하느님이 한 것입니다. 미워할 것을 바로 미워하면 괴로움이 적을 것입니다. 나는 하나를 제일 좋아해요. 하나를 바로 알았다면 미워할 것을 바로 미워했겠지요. 하나를 몰라서 그래요.

'네 한 아옵날'은 4월 19일을 말하는 것입니다. 높고 크고 옳게 가야지요. 깨끗해야지요. 미워할 건 미워해야지 왜 미워하지 않아요? "무엇이 죽어? 산송장은 더 살라!" 4·19혁명 때 "너 그러다 잘못 하다가는 죽는다."고 충고했던 자들에게 하는 말입니다.

사람은 어쨌든 올라가자는 것입니다. 어쨌든 산 것은 위로(하느님께로) 올라가자고 하는 것입니다. 올라감만이 있습니다.

난 요새도 날아다니는 꿈을 자꾸 꾸어요. 꿈에서 날 때는 그저 내가 원래 날아다니는 거니 하고 생각되지요. 이상하다, 왜 날 수 있을까 하는 생각도 없었어요. 우리가 이 몸을 벗어버리고 정신 세계에서는 아마 날아다닐 거예요.

60

우리의 욕심은 영원한 생명을 원해요. 그러나 그게 잘 안 돼요. 예수님은 기적을 많이 행하지 않았어요. 병자를 고쳐주신 일을 가장 많이 했어요. 그러나 그것도 마지못해 피하다 피하다 고쳐주셨어요. 그것은 기적을 구하지 말라는 뜻이에요. 하느님께 기적을 구해서는 안 된다는 거예요. 예수는 과거의 미신을 그냥 내버려 두었어요. 그것을 하지 말라고 폐지하라고 하지 않았어요. 이 세상에는 왜 그리 걱정이 많은지 알 수 없습니다. 그냥 내버려 두면 저절로 될 때가 있어요. 우리 안 깊은 곳에는 뭔가 올라가고 싶은, 영원하고 싶은, 온전하고 싶은 마음이 있습니다. 그러나 그게, 우리가 부족해서 잘 안 돼요. 다만 날마다 날마다 해보고 뭔가 좀 나아진 게 있으면 그것을 해요. 기도를 해서 나아졌으면 기도를 해요. 미신, 신선 사상을 증명할 수는 없지만 또 아니라고 증명할 수도 없어요. 그러니 제대로 내버려 둬요. 차차 밝혀질 것입니다.

예수는 간단하게 말씀하셨습니다. 영생(永生)이란 죽음을 부정하는 것입니다. 죽음이 없다는 거지요. 이 껍데기 몸이 죽는 거지 얼이 죽는 게 아니에요. 죽음을 무서워하고 싫어할 까닭이 없어요. 보통 죽음이라고 하는 것은 이 껍데기가 퍽 쓰러져서 못 일어나는 것밖에 더 있어요? 이 껍데기가 그리되면 좀 어때요. 보통 삶이 끊어진다고 하는 게 그것입니다. 그리되면 어때요.

나는 있어서 있는 자입니다. 나는 나예요. 지존(至尊)은 이름할 수 없는 것입니다. 절대는 이름이 없습니다. 하느님은 산 자의 하느님이에요. 죽은 자에게는 하느님이 없습니다. 아브라함의 하느님, 이삭과

야곱의 하느님이라는 것은 아브라함, 이삭, 야곱이 현재 살아 있다는 의미입니다. 예수는 분명히 바로 안 이입니다. 하느님은 지금 살아 있다고 생각했어요. 예수의 신앙은 과학적입니다. 기적을 행하신 것만 다르지 과학적인 신앙이었습니다.

사는 것은 이게(肉, 몸) 사는 게 아니에요. 이거는 나의 삶의 그림자예요. 그림자에 불과해요. 이 껍데기가 홀렁 벗어져 나가는 게 그게 무슨 문제입니까? 삶이 끊어진다고 하는 것은 단지 이 몸뚱이, 껍데기가 떨어지는 것에 불과해요. 그것은 아무래도 좋지 않아요?

엘리야가 승천할 때 그의 겉옷이 올라갔는가요? 몸이 올라가야 소용이 없어요. 옷도 소용없어요. 몸뚱이도 쓸데없고 이름은 더더구나 쓸데없어요. 엘리야가 올라갔든 에녹이 올라갔든 그 이름이 뭐 필요합니까? 뭐가 뭔지 모르니까, 김씨니 이씨니 해서 문패를 걸어놓는 거지요. 하느님 나라에선 그런 것이 다 쓸데없는 것입니다. 이름에 끌리는 것은 그림자에 끌리는 것보다 못해요.

이것(몸)은 참나인 얼나가 지나가는 거지요. 이 속으로 내가 지나가는 거지, 이 몸이 내가 아니에요. 이것은 두루마기 옷 같은 것입니다. 언제든지 내버릴 때가 있어요.

예수의 말입니다. "위로부터 오시는 이는 만물 위에 계시고 땅에서 난 이는 땅에 속하여 땅에 속한 것을 말하느니라."(요한 3:31) 땅에 붙은 자는 이 몸뚱이 심부름 하는 자입니다. 아무리 높이 앉혀도 배워주어도 땅에 붙은 소리밖에 못해요.

으뜸은 저기 먼 꼭대기 같지만 원(元)은 여기입니다.(다석이 가슴을 가리키면서) 원(元)이 모든 것의 시작입니다. 원점은 바로 여기 가슴이에요. 제게 붙은 거예요. 나(自己)란 모든 것을 대표하는 것입니다. 나 때문에 아버지, 어머니, 단군, 아담이 문제예요. 내가 이 모든 것의 대표입니다.

원 중심은 여기 가슴입니다. 그런데 우리는 자꾸 올라가자는 거예요. 위라는 것을 우리는 둥그런 것밖에 생각할 도리가 없는데 왜 이런지 모르지요. 아래라는 것은 지구 중심일 뿐이지요. 아담에서 단군에서 우리 모두가 다 나왔다는 건 잘못이에요. 위로 올라갈수록 더 많아져요. 내가 있기 위해서는 둘(부모)이 있어야 해요. 그렇기 때문에 위로 올라갈수록 많아진다는 말이에요.

성경, 불경은 위로 올라가는 길이에요. 모두 하늘에 닿아야 한다는 것입니다. 예수, 모세, 엘리야 등은 위로부터 온 얼인데 그들은 힘차 보입니다. 위에 올라가 본 얘기를 그대로 했습니다. 그러나 하늘 나라를 너무 안다고 하지 말라는 것입니다. 예수는 하느님은 얼이시다라고만 말하였습니다.

한 사람이 하루를 인(仁)으로 하면 온 천하가 다 인으로 돌아간다고 공자는 말했어요. 공자는 과장된 말을 하지 않는 이인데 왜 이런 말을 했을까요? 이는 말 그대로예요. 이게 신비입니다.

온통인 하나(하느님)에 낱동(개체)인 나가 귀속되는 것이 '원형이정(元亨利貞)'입니다. 우주와 인생의 밑바탕입니다. 믿음이란 알 듯 모를 듯할 때 믿음입니다. 그래서 자꾸 더 믿어서 완전히 확 터서 밑이 터져버리는 것이 믿음이에요. 밑 터지는 것이 원형이정이에요.

名亡義存(명망의존)

累累學生塚(누누학생총)

八旬文盲人(팔순문맹인)

濟濟學生隊(제제학생대)

二十殉國仁(이십순국인)

(1960. 5. 14.《다석일지》)

이 세상에 대적이 없으면 진보가 없어요. 오죽 못생겨야 대적이 없습니까? 우리가 있는 동안에 몸을 가졌으면 서로 도와야 해요. 우리 몸이 통히 남의 도움을 받아 이렇게 생긴 것이지요.

'명망(名亡)'이란 이름이 없어지는 것입니다. 순국으로써 인(仁)을 이룬 사람들은 4·19혁명의 희생자들입니다. 이들은 의(義)로써 영생했어요. 오늘 큰 문제를 던졌습니다.

믿음에 몸뚱이는 상관없다는 말, 이것은 받아들일 수 있으나, 이름은 소용없다, 상관없다 하는 건, 이건 좀 어렵지요. 그러나 영원한 생명에는 이름이 소용없습니다. 영원한 생명은 하느님의 생명인 얼나라 온통이지 낱동(개체)이 아닙니다. 이름이 필요 없습니다.

풀이

슈바이처(Albert Schweitzer)는 "이 세상은 비관적이다. 다만 신앙적으로는 낙관적이다."라고 하였다. 다석도 마찬가지다. 다석은 이렇게 말하였다. "나는 이 세상을 다 살아 그런지 몰라도 이 세상에서 뭐가 된다는 것은 우스워요. 이 세상에서 되는 게 뭐 있어요? 장사가 잘된다는 이따위 것이 있을지 몰라도 그러나 그게 되는 것입니까? 이 세상이 달라진 게 있다면 사람 수효가 많아진 것, 그리고 세상이 좁아진 것, 이것뿐입니다. 어리석은 것들은 역시 어리석은 그대로 있고 달라지는 게 없습니다." 이러한 다석이었지만 이 나라가 일제의 속박에서 풀려난 광복을 보게 된 것과 씨알이 독재자의 횡포에서 풀려난 4·19의거를 보게 된 것이 큰 기쁨이라고 말하였다.

다석은 4·19 때 서울 하늘엔 하느님의 성령이 운동을 한 것이라고 말하기도 하였다. 다석은 4·19 이후 100일이 지나도록 거의 날마다 의거에 대한 글을 썼다. 4·19의거를 정의(正義)를 드러낸 인(仁)으로 본 것이다. 그에 비해 훗날 5·16 군사 쿠데타는 정권 도둑질이라고 말하였다. 학생 의거는 쿠데타와는 그야말로 하늘과 땅만큼 다른 것이었다. 학생들이 얼나를 자각하였다고 볼 수는 없지만 그렇다고 누구의 명령에 의해 움직인 것이 아니라 오로지 스스로 일어난 것이다. 스스로 일어난 것은 천명(天命)을 좇은 것이다. 그러니 서울 하늘에 성령이 운동을 하였다고 말한 것이다.

마하트마 간디는 말하였다. "몸과 맘과 얼이 조화되지 않는 한 아무것도 올바로 될 수 없다."(간디,《날마다 한 명상》) 4·19의거를 일으킨 학생들은 몸과 마음과 얼이 조화를 이루어 제나의 생사를 넘어섰던 것이다. 그러니 학생들의 의거는 바로 성령의 운동인 것이다. 그래서 여기서 시조의 제목을 '얼 올라만 가는 길은'이라고 하였다. 태허공(太虛空)에 없는 곳이 없는 얼(성령)인데 올라가거나 내려올 리 없지만 상대 세계에 갇힌 사람으로서는 얼이 내려왔다 얼이 올라갔다고 하는 것이 이해하기 쉽기 때문에 그렇게 말할 뿐이다. 다석은 말할 것도 없고 간디와 톨스토이 같은 근대 사람이나 예수, 석가 같은 고대 사람이나 하나같이 사람은 제나(ego)를 버림으로써 얼나(soul)를 얻는다고 말하였다. 그런 점에서 4·19에 나선 학생들은 제나를 버린 이요, 얼나를 깨달은 이라 하였다.

예수의 말을 들어보면 예수가 말한 구원이 무슨 말인지 분명히 알 수 있다. "때가 오면 죽은 이들이 하느님의 아들의 음성을 들을 것이며 그 음성을 들은 이들은 살아날 터인데 바로 지금이 그때이다. 아버지께서 생명의 근원이신 것처럼 아들도 생명의 근원이 되게 하셨다."(요한 5:25~26) 예수의 말씀을 듣고 얼나를 깨닫는 것이 살아나는 것이다. 제나로 죽고 얼나로 솟난 이들이 부활의 생명으로 솟난 것이다. 이것이 구원이다. 예수의 말을 들어본다. "내 말을 듣고 나를 보내신 분(얼나)을 믿는(깨달은) 사람은 영원한 생명(얼나)을 얻을 것이다. 그 사람은 …… 이미 죽음의 세계에서 벗어나 생명의 세계로 들어섰다."(요한 5:24) 이것은 생사의 상대 세계를 벗어난 얼나로 영생의 하느님 나라에 들어섰다는 말이다. 다석은 4·19의거에 나선 학생들이 이미 생사(生死)의 경계선을 넘어섰기에 총알이 쏟아지는데도 두려워하지 않고 용기 있게 시위에 나선 것으로 보았다.

연시조 둘째 수를 보면 다석의 생각을 한층 더 깊이 헤아릴 수 있다. 신약성경에는 예수가 승천하였다는 이야기가 실려 있지만 구약에도 에녹과 엘리야가 승천하였다는 얘기가 있다. 엘리야가 입었던 겉옷을 떨어뜨리고 올라갔다고 되어 있는데, 다석은 이름과 몸과 옷도 모두 필요없고 내버려야 한다고 보았다. 이름은 낱동(개체)에게만 붙인다. 온통으로 하나뿐인 데는 이름이 필요가 없다. 참나뿐이기 때문이다. 그래서 하느님은 이름이 필요 없다. 그런데 불경스럽게도 사람이 상대 세계의 버릇대로 하느님께도 이름을 붙인다. 우리의 제나(몸나)는 어버이로부터 받았으니 이름을 안 붙이면 가려볼 수 없다. 그러니 이름이 꼭 있어야 한다. 오히려 이름이 없는 것을 업신여긴다 하여 언짢아한다. 그러나 하느님으로부터 받은 얼나는 누가 사유(私有)할 수 있는 생명이 아니라 이름을 붙일 필요가 없다. 하늘나라에 들어갈 수 있는 생명은 이름할 수 없는 하느님으로부터 받은 하느님 생명인 얼나이다. 기독교나 불교를 믿는 사람들이 제나로 하느님 나라에 돌아간다고 생각하는 것은 지극히 어리석은 생각인 것이다.

연시조의 마지막 수를 살펴보자. 4·19 날에 하느님 나라 본향으로 돌아가 위로 오른 얼은 김씨, 이씨 등 낱동이 아니다. 얼나로는 낱동이 아니기에 무덤 속에 들어가서도 비석에 누구누구 학생이라 새겨놓은 것을 못마땅하게 생각하여 한 말이다. 벼슬한 이들은 벼슬 이름을 쓰는데 벼슬을 안 한 이는 학교 근처에도 가보지 못하고서도 학생 부군(府君)이라 한 것을 말한 것이다. 하느님은 모든 낱동들의 생명의 근원이다. 하느님(元)의 얼생명이란 뜻으로 '元숨'이라 하였다. 하느님(元)과 얼로 뚫려(亨) 하느님 아들이 되어 모든 이를 이롭게 하고(利) 짐승 성질을 버린 곧은 이(貞)다.

어버이에게서 받은 몸나(제나)는 죽으면 나기 전처럼 없어진다. 여

67

기서 비롯한 것은 여기서 끝난다. 몸이 죽은 뒤에도 제나의 의식이 살아서 하늘나라에 가서 심판을 받아 지옥으로 가거나 연옥으로 가거나 천당으로 간다는 따위의 얘기는 다 거짓말이다. 거기에서 더 나아가 윤회를 한다는 것은 어리석은 생각일 뿐이다. 하느님으로부터 받은 하느님 생명은 하느님에게로 돌아간다. 그뿐이다.

마지막 한시 〈명망의존〉의 뜻은 이렇다. "여러 곳곳에 학생의 무덤이 있는데 여든 살 늙은이 글 까막눈이라. 거칠 것 없이 일 치르는 학생들의 대열, 20세 젊은 나이에 순국한 어진 이들." 순국한 이들은 4·19의 거에 나섰다가 희생된 학생들을 가리킨다.

1960년 7월 15일

4·19혁명은 우리 민족의 유월절입니다.

建其有極(건기유극)

惟皇作極皇伊何(유황작극황이하)

降衷元皇明德明(강충원황명덕명)

四月負傷救急處(사월부상구급처)

人義人義考終命(인의인의고종명)

淫朋比德徒長官(음붕비덕도장관)

不讓師行篤學生(부양사행독학생)

我利我利凶短折(아리아리흉단절)

七月被告審判廷(칠월피고심판정)

(1960. 7. 15.《다석일지》)

그(그 사람의 인격)를 세우면 머리(인격의 주체)가 있다
오직 하느님만이 머리(말씀)를 지으니 하느님이 누구신가(생명의 근원은
하느님)/ 속알을 보내주시니 하느님이라 그 밝은 속알을 밝히리라.(하느

님이 주신 얼나를 드러내야)/ 4월의거 때 총탄에 중상을 입고 응급실에 실려 온 학생들(그 가운데 서울대생 김치호 학생)/ 사람의 의로움을 보이고 종명을 이루었다.(먼저 치료받기를 사양하고 숨졌다.)
얕은 속알의 잡된 무리에 지나지 않는 높은 관리들이요(3·15 부정선거에 앞장선 이들)/ 본받을 어진 행동을 보인 속알이 도타운 학생이로다.(희생된 대학생들)/ 나만 이롭자 한 이 흉하게도 일찍 끝나누나./ 칠월에 피고들이 재판정에서 심판을 받았다. (박영호 새김)

우리는 서야 합니다. 머리를 위로 들고 꼿꼿이 서게 자기 속에서 힘이 나와야 해요. 하느님이니 니르바나님이니 하는 것은 우리가 한 없이 약하고 헛된 존재니까, 어딘가 전지전능하고 영원한 것이 있을까 하여 그러는 거지, 누가 하느님과 니르바나님을 보았습니까? 예수가 특별히 하느님을 증거한 것은 없습니다. "나를 본 자 아버지를 보았거늘."이라고 하였을 때 '나'는 자기 속에 있는 하느님의 씨를 가리킨 거예요. 이 속에 있는 하느님의 씨, 하느님이 보내신 자(얼나), 곧 내 마음속에서 샘솟는 말씀 로고스를 믿는 게 구원이요, 영생입니다.(요한 12:50 참조) 이 껍데기(몸)는 비눗방울 같은 것입니다. 어떤 것은 일찍 꺼지고 어떤 것은 좀 오래 있다가 터지고, 이 몸이란 그런 거예요. 예수가 하느님이라 한 것은 무극(無極)이요, 아들이라고 붙잡은 것이 얼나입니다.

성경 66권이 모두 유언입니다. 그게 영생이에요. 거짓말은 생명의 죽음이고 참말이 영생입니다. 선다(立), 이룬다(成)는 말씀이 서고 이룬다는 겁니다. 동양의 성(誠)은 말씀인 겁니다. 말씀으로 모든 것이 이루어졌고 말씀은 영원한 생명입니다.

오늘은 일어서는 것을 얘기하자는 건데, 일어서는 것은 머리를 원대(遠大)한 하나(하느님)에 두는 것입니다. 머리란 이 골통(頭)이 아니에요. 부닥치면 뇌진탕 일으켜 그만두는 이건 아니에요. 이 무한대한 것이 내 머리예요. 우리 머리 두는 데보다 더 먼 데는 없어요. 오늘 우리 머리 하나 생각합시다.

'건기유극(建其有極)'. 일으켜 세우는 데는 극(極, 머리)이 있습니다. 무극, 태극 하는 머리는 온통인 하느님이십니다. '충(衷)'은 하느님의 씨이고, '강충원황(降衷元皇)'은 우리 속에 내려주신 한웋님의 생명, 곧 하느님 아들입니다. '명덕명(明德明)'은 밝은 속알 밝히려고 무량 법문을 배우는 것입니다.

이게(다석이 자기 가슴을 가리키며) 아들이에요. 예수 말씀대로 하면 이게 아들이에요. 이게 나예요. 이걸 본 자가 아버지를 본 자입니다. 이건 하나의 긋(점)입니다. 없는 거예요. 중(中)과 원대(遠大)가 하나입니다. '유황작극(惟皇作極)'이란 오직 큰 이가 큰 것을 만들었다는 뜻입니다. '황이하(皇伊何)'는 황(皇)이란 어떤 거냐, 그 황은 어떤 이냐는 뜻입니다. 무유공(無有恐), 두려움이 없다는 것, 이게 우리의 목표입니다. 진리 붙잡고 가는 게 이런 것입니다. 법문(法文)을 듣는 것도 이 때문입니다. 그러나 내가 이때를 위하여 왔나이다라고 한 예수는 죽음을 안 것입니다. '사월부상(四月負傷)'이란 서울대생인 김치호(金致浩) 군이 살신성인했다는 신문 기사를 읽고 쓴 것입니다. '고종명(考終命)'은 끝목숨 마친다, 명(命)을 이루고 마친다는 말입니다. 자기의 맡은 바 사명을 이루고 명(목숨)을 마침입니다. 명(命)이란 말씀입니다. 우리가 날 때 한 번만 살라는 명령을 받는 게 아니라 순간순간마다 숨쉴 때마다 명령을 하시는지 누가 압니까? 순간마다 보이지 않는 손으로 시계 밥 주듯 우리 목숨 태엽을 돌려주는지 누가 알아요? 목숨 돌아가는 게 말씀입니다. '인의(人義)'란 사람의 옳은 것입니다. 사람의 옳은 것을 부르짖어야 합니다. '음붕(淫朋)'은 잡된 무리입니다. 우리 속에 하느님의 씨만 있는 게 아니라 못된 씨도 있습니다. '비덕(比德)'은 못된 씨입니다. '흉단절(凶短折)'은 '고종명(考終命)'과 대립하는 어구입니다. 이는 《서경(書經)》에 나오는 여섯 가지 나쁜 일(六極)의 하나입니다. 흉단절, 질(疾), 탐(貪), 우(憂), 약(弱), 악(惡)*이 그것입니다.

하느님이신 황(皇)을 느끼는 것은 밝은 속알이 있어서입니다. 밝음이 있으니까 보아요. 이 마음 안의 속알이 '황'이에요. 김치호 같은 이는 참 어려워요. 택함을 입지 않으면 그렇게 못 해요. 중상을 입고서 죽음에 이르러 수술을 사양하는 이 사람을 무어라 해야 될까요.

우리 머리는 안 보이는 위예요. 무한 원대한 것(하느님)이 내 머리

---

* 《서경》〈홍범〉편에 '오복(五福)'과 '육극(六極)'이 나온다. 육극은 모든 사람이 싫어하고 피하기를 바라는 것이다. '흉단절(凶短折)'은 재난을 만나고 일찍 죽는 것이다. 더 자세히 말하자면, '흉'은 7세 이전의 죽음, '단'은 20세 이전의 죽음, '절'은 30세 이전의 죽음을 말한다. '질(疾)'은 질병에 걸려 괴로워하는 것을 말한다. '우(憂)'는 집안일이나 세상일에 근심하는 것이고, '빈(貧)'은 가난 때문에 고통받는 일, '악(惡)'은 악행을 저지르거나 추한 모습으로 생활하는 것을 말한다. 마지막으로 '약(弱)'은 몸이나 정신이 약한 것을 말한다.

예요. 이 생각 가져야 해요. 왜 내가 내 머리를 안 가져요? 이 생각은 예수 믿기보다도, 부처 되기보다도 쉬워요.

하느님을 위하는 사람은 피곤치 않아요. 이스라엘 사람들은 피곤함 없이 지치지 않고 올라가는 독수리(이사야 40:31 참조)처럼 되기를 구했어요. 중상을 입고 죽음을 앞둔 김치호 학생이 "저 어린 아우들부터 구해주오."라고 한 것이 사람의 지성(至誠)입니다.

《주역》의 맨 꼭대기에 건괘(乾卦)가 나옵니다.

乾 元亨利貞(건 원형이정)

大哉乾元 萬物資始乃統天(대재건원 만물자시내통천)

君子四德(이를 행하는 자가 君子다)

元者善之長也(원자선지장야)	① 体仁足以長人(체인족이장인)
亨者嘉之會也(형자가지회야)	② 嘉會足以合禮(가회족이합례)
利者義之和也(이자의지화야)	③ 利物足以和義(이물족이화의)
貞者事之幹也(정자사지간야)	④ 貞固足以幹事(정고족이간사)

원형이정(元亨利貞)은 춘하추동(春夏秋冬)에 비유할 수 있어요.

'건(乾)'이란 제1원인, 맨 먼저, 맨 꼭대기, 큰 하나, 으뜸, 곧 하느님입니다. '대재(大哉)'는 크다, 하느님은 온통이라 크시다는 뜻입니다. '통천(統天)'은 물질 세계를 다스린다는 뜻이에요. "큰 으뜸 하나 그것을 자본으로 하여 만물이 시작되었다. 그리하여 이 물질 세계를 통솔해 나가는구나." 이게 《주역》 건괘 첫머리에 나와요.

하나지 둘이 아니에요. 하나일 수밖에 없지, 둘일 리가 있어요? 참말이지, 진리만이지요. 우리는 하나의 점이에요. 이게 자라면 하느님 아버지와 같아져 하나 되어요.

우리는 통히 끄트머리로 살고 끄트머리로 봅니다. 이 세상이 왜 안 되고 있나요? 모두가 머리를 떼어버리고 살려니까 그렇지요. '원(元)'은 머리요, '형(亨)'은 형통 뚫리는 것이요, '이(利)'는 이로운 것입니다. 모든 것이 잘 돌아가면 이로워요. '정(貞)'은 지키는 것, 꼿꼿이 지킬 것을 다 지키는 것입니다.

원자선지장야(元者善之長也)는, 머리(元)는 좋은 것이 제일이라는 뜻입니다. 형자가지회야(亨者嘉之會也)는, 누리는 것은 아름다운 것이 모임으로써 된다, 잘 돌아감으로써 된다는 말입니다. 이자의지화야(利者義之和也)는 다 고루 옳다는 게(공평하게 의에 돌아가면) 있으면 이(利)로 온다는 것입니다. 혼자만 좋다는 것은 정말 이(利)가 아닙니다. 정자사지간야(貞者事之幹也)에서 '정(貞)'은 모든 일의 줄거리입니다. '체인(体仁)', 인(仁)을 체득하지 않고는 성공할 수 없습니다. '가회(嘉會)'는 아름다운 게 모인다는 뜻입니다. '합예(合禮)'는 예에 합치된다는 뜻입니다. 4·19혁명 때 죽은 이는 이물(利物, 사물을 이롭게 함)했습니다. 빈혈 상태인 이 민족에게 수혈해주었잖아요. 그래서 우리가 살았지요. 이게 이물(利物)이에요.

히 밑에서

작은 빗아

사룸새 — 빗! 한사람 — 빗살!

빚을 지고 지내는 길!

빗 가지고 빛(해) 밑을 지내 가야만 참빛차지!

삶 — 잚 — 찲

빗 — 빚 — 빛

빚은 저놓고 빗쟁이만 안 보면 산단 나날

빗쟁이가 가까히 올! 뜻올! 넋들이 흔들흔!?

얼난날 빚 갚자는 밤 나라든데 빛 밝(운) 빛!!!

(1960. 7. 11.《다석일지》)

우리 모두 해 밑에서 삽니다. '빚'은 채무(債務)예요. 더러운 때를
가려내는 것(머리빗)입니다. 햇빛을 정말 광명(光明)으로 알다가는 멸
망해요. 햇빛이란 더러운 때와 같은 거예요. 햇빛 좋아하는 것, 경
치 좋아하는 것, 문명(文明)이라는 것. 모두 허영입니다. 이게 빚이에
요. 더러운 때와 하루 잘 놀았다면 빚을 하루 더 졌어요. 그러나 햇
빛 밑을 지나가지 않을 수 없어요. 긁어내는 때보다 끼는 때가 더 많
아요. '잚'은 자라는 거예요. 자라라고(성장하라고) 잠자는 거예요.
'빗 — 빚 — 빛'이란 빗으로 빚을 긁어내다가 종당에는 광명에 이른다
는 뜻이에요. 우리말은 참 좋아요. 이런 큰 것도 다 적을 수 있으니
까요. '빚은 저놓고 빗쟁이만 안 보면 산단 나날'은 자유당이 한 짓을

가리킵니다. 통히 태양 밑에서 사는 우리 인생이 요 모양이에요. 이를 잘 곱씹어봐요. 부정선거 원흉 재판은 빚을 졸리는 것입니다. '얼난날'은 죽는 날이에요. 긴 잠이지요. '빚 갚자는 밤'은 무엇일까요? 우리가 낮에 이렇게 서고 걸어다니는 게 빚을 지는 것입니다. 그러니 한 열 시간 후에는 잠자야 되지요.

'빚 밖(운) 빛'은 빚을 다 갚고 나면 광명이 온다는 뜻입니다. 태양 밑에 사는 우리는 자꾸 빚을 져요. 이 빛을 자꾸 빼내는 일을 해야 해요. 우리가 이 세상에 난 것이 빚이에요. 아예 안 나는 게 좋아요. 4·19혁명은 우리 민족 역사상 하나의 유월절을 지낸 거예요. 어린양을 잡아서 바친 것입니다.

방금 읽은 《주역》의 맨 꼭대기는 창세기 읽는 정성으로 읽어야 해요. '원형이정(元亨利貞)', 〈히 밑에서〉는 우리가 해 밑에서 빚을 지며 지내는 모양을 생각해보자고 쓴 거예요. 우리는 마지막에 아주 큰 빚을 갚게 돼요. 몸뚱이는 땅에다 돌려주어 빚을 갚고 그 속에 있는 얼은 하늘로 올라가요.

풀이

시조 〈히 밑에서〉는 다석 특유의 한글놀이의 진수를 보여준다. 다석은 우리말, 우리글의 삼층 현상에 큰 관심을 두고 진리를 나타내는 데 활용하였다. 특히 자음의 삼층 현상에 흥미를 보였다. 예를 들면 ㅅ·ㅈ·ㅊ, ㅇ·ㆆ·ㅎ, ㅁ·ㅂ·ㅍ, ㄱ·ㄲ·ㅋ 등이 그것이다. 여기서는 ㅅ·ㅈ·ㅊ을 가지고 글 놀이를 하였다.

이 시조의 핵심은 '빗 빚 빛'에 있다. 사람의 이성적인 양심의 행동은 빗질하는 것이다. 머리를 빗질하여 때를 뽑는 일이다. 빚은 이 세상 태양 아래서의 삶이라 어쩔 수 없다. 많은 잘못을 저질러 빚때로 더럽힌다. 그것을 자꾸만 빗질로 깨끗이 하여 빚을 갚고서 빛나는 나라에 이르러야 한다. 그것은 태양의 빛이 아닌 얼의 빛이다. 또 '삶 잚 찲'이라고도 썼다. 삶(생활)은 몸만이 아니라 정신적으로 자라는 것이다. 정신이 자라서 잚(성장)에서 참인 얼에 이르러야 한다. 그것이 찲(충만)이다.

무한한 우주의 중심이 내 속에 있는 한 점입니다.

一展可覽(일전가람)

勸善審美未了俗(권선심미미료속)

因循故息用得欲(인순고식용득욕)

罪觀苦海成生涯(죄관고해성생애)

永遠絶大信望愛(영원절대신망애)

착하게 살자 권하고 아름다운 것을 찾기로 다하지 못한 세상/ 움켜잡고서 답답하게스리 제 쓸 것만 얻으려 안간힘 쓴다/ 세상살이 죄악 되고 괴롬 속에 일생을 보내는 삶이어늘/ 영원하고 온통으로 절대하신 님만이 믿고 바라고 사랑하리. (박영호 새김)

도라 근대

맞아 낮아 갖이니 못된데라! 어떠케 될까?

떠나 높이 솟아야 된데로 도로 된 제자리!

새로 뭐? 될것이 아님! 맨꼭대기 저된데.

(1960. 7. 7.《다석일지》)

78

동그래미

그 낯 긔믐 생김새. 그 말 그이 믐소리지!

듣는 귀 보는 눈 이 속믐이 그려 내진 않?

맞오아 그리된 한땐 동그래미 찰거지??

(1960. 7. 8.《다석일지》)

그 낯은 그이 마음의 생김새를 드러내고 그의 말은 그이의 마음의 소리
지/ 듣는 귀 보는 눈은 이속의 맘이 그려낸 것이 않은 것이 아닌가./ 듣는
귀 보는 눈이 마주 어울리는 한때는 그 관계가 원만(圓滿)하겠지. (박영호
새김)

불교에서는 이 현상(現象)의 물질계를 색(色)이라고 했습니다. 색계
(色界)의 인생에서 모든 것이 모순이지만 거죽에 드러나는 이 빛깔만
가지고도 한 골로 말하기 어려워요. 얼굴 빛깔을 보아 그 사람의 마
음을 알려고 합니다. 마음을 아는 데 그 수밖에 없지만 그것 갖고는
안 돼요. 그래서는 어지간히 알기 어려워요. 10년, 20년 그 사람의 말
과 행동이 같아요. 그래서 믿었더니 그 사람이 어떻게 그럴 수 있느
냐고 할 일이 일어나요. 이런 게 인생이에요.

돈이나 지식이나 벌 수 있는 대로 얻을 수 있는 대로 모아 둬요. 지
식을 얻어 손해날 것 없다, 그러니 얻어 두자는 생각으로 집회에 나
가는 사람이 대부분이에요.

말씀을 듣는 것, 불경, 성경을 보는 것은 생(生)을 알아보자 하는
데 참고가 되는 것입니다. 더도 덜도 아닙니다. 인생에 대한 하나의

참고서를 열심히 읽는다고 성불이 빨리 된다는 법도 없어요. 모든 것을 볼 때 오온*으로 볼 필요가 있습니다. 빛·받·긋·가·알(色·受·想·行·識). 빛과 내가 상대적으로 있어 보고 느끼는 거예요. 내가 없으면 빛깔이 있어도 앎이 없습니다. 서로 맞서서 있다 해도 소용없어요. 수·상·행(受·想·行)이 중간에 있어야 해요. 이게 중간에 있어서 작용하는 걸 인연이라 해요. 주관이 잘못해서 속았지요. 귀가 제 듣기 좋아서 속았지요.

한량없이 선을 권하고(勸善) 미를 살피자는(審美) 게 인생입니다. 진·선·미를 한정 없이 추구하는 게 인생이에요. 진·선·미는 영원하지 않으면 안 돼요. 이 세상에는 진·선·미가 없어요. 그런데도 우리가 이를 추구하는 것은 아마 우리가 이를 잃어버린 모양이에요.

온통을 걱정하는 사람이 없어요. 높은 사상은 온통을 다 건져보자는 것입니다. 보통은 그 중간에 희망을 걸어놓고 그에 맞는 진·선·미를 만들어놓고 그것만 달성하면 만족해버려요.

그러나 석가, 예수같이 인생을 깊숙이 보낸 이는 고해(苦海) 죄관(罪觀)이라 했습니다. 보통 사람은 먹고 자는 것만 다 되면 만족해 진·

오온(五蘊) 불교에서 인간을 구성하는 물질적 요소인 색온(色蘊)과 정신 요소인 4온을 합쳐 부르는 말. 오음(五陰)이라고도 한다. 오온은 색(色)·수(受)·상(想)·행(行)·식(識)의 다섯 가지이다. '색'은 물질적인 형태로서 육체를 가리키며, '수'는 감정·감각과 같은 고통·쾌락 등을 받아들이는 감수(感受) 작용, '상'은 의식 속에 어떤 상(像)을 구성하고 마음속에 어떤 것을 떠올려 관념을 형성하는 것으로서 표상·지각 등의 작용을 의미한다. '행'은 수·상·식 이외 모든 마음의 작용을 총칭하는 것으로서, 그중에서도 특히 의지 작용·잠재적 형성력을 의미한다. '식'은 식별 작용을 말하는데, 대상을 구별하고 인식, 판단하는 작용을 말한다.

선·미라 해요. 그러나 이를 높은 데서 본 이들은 고해 죄관이에요. 왜 고해 죄관이라 보는가? 그이들은 영원 절대를 놓고 보니 이렇게 보는 거예요. 전체를 놓고 심판한 것입니다. 이 세상을 영원 절대에 비추어 보니 죄다 고해 죄관으로 보입니다. 이렇게 보아야 좀 바른 길로 들어간 거지요. 그러지 않고 이름만 올려놓고서 될 까닭이 있어요?

새벽에는 높은 생각을 가져요. 그러나 아침이 되면 높은 생각을 가질 수 없어요. 낮은 생각밖에 못 해요. 우리는 이 땅을 떠나야 합니다. 떠나 높이 솟아야 돼요.

그러면 된 대로 완성(完成), 영원(永遠), 절대에 갈 거예요. 맨 꼭대기인 절대는 우리 속과 꼭 같은 거예요. 이제 만들어서 될 것이 아니에요. 새로 뭐 될 게 아니에요. 참 자리에 가는 것은 된 그대로 가지고 가는 것입니다. 제자리 회복하는 거예요. 영원, 절대 이게 신망애(信望愛)입니다.

'일전가람(一展可覽)'이란 한 번 펴서 이 우주를 한눈에 본다는 것입니다. 이 무한한 우주의 중심이 내 속에 있는 한 점이에요. 이 무한한 우주의 테두리가 이 내 속에 있는 한 점과 같은 거예요. 이 한 점이 바로 된 데가 본 내 자리입니다. 남의 것이 아니에요. 바로 내 것이지요. 간디가 여든 해를 살다가 죽으나 김치호가 스무 해를 살고 죽으나 마찬가지입니다. 이는 택함을 받은 사람입니다. 나는 감히 그렇게 하지는 못하겠어요. 우리가 왜 죽을 것을 겁내요? 빚이란 곧 죄입니다. 빚이 있어 그렇지요. 빚(몸)을 다 갚아버리고 원대한 하나에 참례하면 군색할 것 하나도 없어요. 원대한 하나에 합쳐야 해요. 못 합쳐지니까 문제가 생기지요. 원대한 하나에 합치는 게 온전하게 되는 거예요. 아버지의 온전하심같이 너희도 온전하라고 예수가 말하였습니다.

우리의 일은 참나를 찾는 것입니다. 천상천하 유아독존(天上天下 唯我獨尊)이란 참나를 찾았을 때 한 말입니다. 하늘나라도 참나를 알아야 들어갈 것입니다. 참나를 알아야 하늘나라를 알아서 들어갈 수 있을 거예요. 이 몸생명이 가짜 생명이에요. 우린 참생명 찾자는 거예요. 이 세상이 통히 몸나로 좀 더 오래 살 수 없을까 하고 궁리하는 거예요. 과학자는 달리 대답하겠지만 잠도 안 잤으면 죽지도 않았으면 하고 원해요. 그러나 나는 그렇지 않아요. 그렇게 생각하지 않아요. 죽음도 있어야 하고 밤도 있어야 합니다.

'잚'이란 잠인데 자람의 준말이 잚이요 잠입니다. 잠자는 것은 자라는(성장하는) 거예요. 우리는 이다음에 죽어서 크게 자라는 게 있을지도 몰라요. 나는 세상을 다 살아 그런지 몰라도 이 세상에서 뭐가 된다는 것이 우스워요. 이 세상에서 되는 게 뭐 있어요? 이 세상에 달라진 게 있다면 사람 수효가 많아진 것, 그리고 땅이 좁아진 것, 이것뿐이에요. 어리석은 것들은 역시 어리석은 그대로 있고 달라지는 게 없어요. 선이란 한 번 반짝하고 마는 것입니다. 4·19 때 같은 것, 그 후에 무슨 제사니 추도회니 하는 것은 선이 아닙니다. 그건 흉할 수도 있어요. 선한 체하는 거지요. 그러니 흉하지 않아요?

풀이

1960년 7월 17일 일요일에 주규식이 홀로 다석 선생의 자택(구기동 150)을 방문하였다. 이 사람도 자주 혼자 방문하였기에 그 광경이 눈에 선하게 그려진다. 다석은 일기장(《다석일지》)을 방바닥에 펴놓고 방문한 제자가 읽게 하고서 강의식으로 풀이를 해주었다. 다석은 침상으로 쓰기도 하는 평판 위에 무릎을 꿇고 앉아서 말씀을 하셨는데 배우는 이가 편하게 앉아서 들을 수 없어 함께 꿇어앉아서 들을 수밖에 없다. 서양식 책상도 의자도 그 방에는 없었다. 시간이 지날수록 꿇어앉은 다리가 저리다 못해 아파 오면 엉덩이를 틀면서 견디느라 진땀이 났다.

한시 〈일전가람〉이나 시조나 속뜻은 한가지로 같다. 공자(孔子)의 사상(말씀)이 충서(忠恕) 하나로 꿰뚫렸다(一以貫之)고 하였다. 충서가 하느님에 대한 충(忠)이요 사람에 대한 서(恕)라면 예수와 다를 것이 없다고 하겠다. 다석도 마찬가지다. 다석은 삶의 목적이 참나인 얼나를 깨달아 얼나로 하느님께 돌아가자는 것이라고 했다. 이 생각으로 일관(一貫)되어 있는 것을 보게 된다.

'一展可覽(일전가람)'이란 펼쳐놓았으니 한번 볼 만하다는 뜻이다. 하느님께서 이 우주를 펼쳐놓았으니 한번 보고 소감을 말하란 것이다. 불교에서는 점심 대접을 받으면 반드시 점심 소견을 말해 점심값을 해야 한다고 한다. 점심 한 그릇도 거저 먹어서는 안 되는데, 인생을 공짜로 살면서 하느님 앞에 소견 한마디 없다는 것은 말이 안 된다.

〈도라 근대〉는 영원 절대(하느님)에 돌아간다는 다석의 귀일(歸一)

83

사상을 담고 있다. 귀일사상과 이어진 사상이 바로 자각(自覺) 사상
이다. 자각 사상은 바꾸어 말하면 도각(道覺)이요 영각(靈覺)이다. 참
나인 얼나의 깨달음이다. 그러기 위해서 거짓나인 어버이가 낳아준
제나(몸나)를 버려야 한다. 귀일과 법각(法覺)이 일치되지 않으면 어
디가 잘못된 것이다.

〈동그래미〉에서 동그래미가 찼다는 말은 원만(圓滿)을 우리말로
직역한 말이다. 원만한 관계는 갈등과 대립이 없다. 다석의 이 시조
는 애제자 함석헌과 일생 동안 원만한 관계를 이어오다가 함석헌의
실덕(失德) 때문에 뒤늦게 갈등을 겪는 것을 유감스럽게 생각하여 쓴
것으로 헤아려진다.

알지 못하기에 믿는 겁니다.

콧노래

노래〔請解放〕맞후는 짓거리〔行〕오 짓〔興〕을 고루는 노래〔歌〕

이승에서도 목의 숨처럼만 짓마져 노래

안 쉴 숨 지잖는 히틀 저밖으로 솟놀나.

(1960. 8. 30.《다석일지》)

코 더럽다 닦은 코는 어째 부처 두는 게며?

똥 더럽다 떨운 밑은 더럽잖아 달고 있나?

제 미천(밑천) 몬지 몸동이 더럼 탈가 내노램.

(1960. 9. 1.《다석일지》)

참 참

말하다 보면 말맥히니 말길도 근어진(끊어진) 곳!

버린 춤이라 말지 못해 추는 춤도 만한대!

짓 멎고 콧노래 쉴 참 뭣이뭐란 뉘알ㅇ?

먼저 한빟 단군이다!! 맨 첫사름 아담이다!!
아브라함 옳다심도 믿듬 때믄? 따름 터믄?
야곱도 바울도 앞서 썻자! 나선 요한 목!?

(1960. 8. 30. 《다석일지》)

시작은 많이 했는데 끝마침이 없어요. 저번에는 잘못했는데 이번에는 정신 바짝 차려 완전히 해보자 하지만 또 끝마침을 못해요. 그러다 조금 완전히 했다 싶으면 다 된 것 같아요. 그러나 그것은 잘못이에요. 이 세상에 완전이 어디 있어요? 한 달 만에 우리가 만났는데 그저 만나서는 싱거운 일입니다. 우리가 서로 만나서 어떤 해결된 문제가 있으면 이를 증거하거나 또는 의심이 분명히 생겼다면 그것을 서로 주고받는 데 의의가 있고 만나서 반갑지요. 그렇지 않으면 아무것도 아닙니다. 자꾸 새것을 서로 주고받아야지, 하던 말 그대로 하고 평생 가야 도무지 새것 하나 없으면 그게 뭐예요? 그래 가지고는 만나 뭘해요? "지성을 하면 새로운 생각이 끊이지 않는다.(至誠不息.)"고 했습니다.

"늘 이어간다. 간단 없이 늘 새롭다.(無所間斷 如常恒常)"고 합니다. 세상에는 늘 가는 게 없어요. 그러나 늘 가는 것을 구(求)해요. 한때 지성(至誠)을 할 수 있지만 늘 끊이지 않고 하기는 잘 안 돼요. 지성 열성(熱誠)은 우리 속에 조금씩은 있어요. 그러나 곧 이완해 없어져버려요. 마음이 이완되기에 무엇에 끌려가는 거예요. 이렇게 우리가 모이는 것도 유한(有閑)이에요. 유한(有閑)을 잘못 쓰면 죄악이지요. 유한한 시간을 팽팽한 긴장으로 보낸다면 영구히 후회 않을 거예요. 게으르게 멍청하니 있다가 어디 가서 말 한마디 하라 하면 머리가 멍해 말도 못하는 그런 지경에 가서는 안 돼요. 그야말로 정말 죄악이지요.

불평이 없으면 동(動)하지 않습니다. 동하니까 소리가 납니다. 소리를 내는 것은 불평이 있기 때문이에요. 이 우주가 동한 것, 우리가 노래하고 말하고 하는 것은 불평이 있기 때문이지요. 불평도 힘 있는 불평을 하면 평화롭게 돼요. 그러나 큰 불평 한다고 해서 평안이 온다고는 생각 안 합니다. 우리의 숨은 불평이에요. 숨은 목숨인데 이렇게 할딱할딱 숨을 쉬어야 사는 생명은 참생명이 아닙니다. 모든 것이 편치 않으니까 소리가 나는 거예요. 노래나 손짓 발짓은 불평의 표현인데 하려면 잘해야 합니다. 누가 우리를 이렇게 붙잡아 자유롭지 못하게 하는지 몰라요. 놓아라 하는 게 소리예요. 불평이에요. 해탈은 자유입니다. 공산주의에 얽매인 북한 동포 구출하자는 건 놓아라 하는 노래입니다. 4·19혁명도 독재여 놓아라 하는 노래입니다. 세계의 무슨 일이든 이렇게 해야 합니다. 이런 일이 있으면 반드시 이에 대한 노래를 할 준비가 돼야 합니다. 이런 완전한 준비가 된 것이 자유 민주를 체득한 자입니다. 이래야 해요. 생명은 짓을 해야 해요. 행(行)을 무시하는 것들도 있지만 그것은 미친 짓입니다. 보살행을 무시함은 미친 짓이에요. 성경과 불경을 읽어 영원한 생명을 맛보았다면 그렇게 세상에 애착을 두지 않지요. 행함으로써 구원 얻는다, 아니다 믿음으로써다 하는 따위의 논쟁이 대체 무슨 쓸데없는 일입니까? 다른 것은 다 쉬어도 목숨만은 못 쉽니다. 쉬면 숨을 못 쉬어요. 끊임없는 것은 지성(至誠)입니다. 목숨은 지성이에요.

숨에 짓을 맞춰주어야만 쉬는 숨이 바로 쉬지요. 곧 숨은 쉬지 않는데 짓(行)도 따라서 끊임없어야 합니다. 낮잠이나 자서는 안 돼요. 이승에서 목숨처럼 짓을 끊임없이 맞춰야 합니다. 안 쉬면 끊어지는 이 목숨은 가짜 생명이에요. 영원한 참생명에 들어가면 쉬지 않아도 끊어지지 않는 목숨이 있을 것입니다.

한 10년 전에는 이렇게까지는 생각지 않았으나 지금은 분명한데, 난 태양계를 부정합니다. 참생명은 결코 이 해 아래 있는 것이 아닙니다. 우리 입이란 열린 무덤이에요. 동식물의 시체가 들어가는 문입니다. 식사(食事)는 장사(葬事)예요. 우리 몸뚱이는 더럼 타질 않아요? 이게 왼통 더럼인걸요.

마가복음 7장 21~22절*에 12가지 세상을 더럽히는 것이 나옵니다. 더럽고 정(淨)한 게 따로 있는 게 아니에요. 더러운 건 우리 몸뚱이에서 나오는 건데 예수, 석가는 모두 현실 세계를 부정한 것입니다. 현실을 긍정하려는 건 예수의 기독교도 석가의 불교도 아닙니다.

언어도단(言語道斷)이 원진리(元眞理)입니다. 제 마음속에서 스스로 깨달아야지, 밖에서 찾아서는 못 찾습니다.

---

* 참으로 사람을 더럽히는 것은 사람에게서 나오는 것이다. 안에서 나오는 것은 곧 마음에서 나오는 것인데 음행, 도둑질, 살인, 간음, 탐욕, 악의, 사기, 방탕, 시기, 중상, 교만, 어리석음 같은 여러 가지 악한 생각들이다. 이런 악한 것들은 모두 안에서 나와 사람을 더럽힌다.(마가 7:20~23)

벌린 춤이라 안 추지 못하고 추는 체 하는 게 이 세상이에요. 목사나 중 노릇도 일생 하는 것은 벌린 짓이라 안 하지는 못하고 하는 거예요. 하는 체 하는 거예요. 그건 생명의 노래가 아니에요. 자유당 12년 한 게 이 짓입니다. 4·19혁명의 노래가 없었다면 앞으로 4년 더 그 짓을 했을 거 아닙니까?

뭣이 뭐라는 것을 누가 알겠어요? 예수, 석가를 다 몰랐어요. 다 제 욕심 채우려 드니까 누굴 존경하고 좇는 것을 모르게 되는 것입니다. 예수, 석가도 바른말 하셨는데 사람들이 못 알아들었어요. 사람들은 뭐든지 시초를 찾는 버릇이 있어요. 그러니 단군과 아담이라 정했지요. '아담'은 사람이란 뜻으로 맨 첫 사람이란 말입니다. 고유명사가 아닙니다. 단군신화에 나오는 곰은 검(神)입니다. 영검하다고 합니다. '먼저 한비'는 선조(先祖)란 말입니다. 야곱은 따름 때문에, 바울로는 믿음 터믄(때문)에 이름이 났습니다.

성현이란 마음을 씻어 나아가는 사람입니다. 성불이란 잘못 들어 어둠에 들어 있다가 나가는 것입니다. 씻음이나 다 똑같은 말이에요. 예수만 그리스도가 아니에요. '요한 목'은 세례 요한도 한몫했다는 뜻입니다. 목, 목숨, 모가지 하나는 전체 생명에 관계가 있는 거예요. 우리도 한몫 단단히 해야 해요. 4·19혁명에 목숨을 바친 그 사람들은 정말 한몫 잘 본 거예요. 그 목이 여러 목이 아니라 한 목입니다. 그 목이 예수·석가·간디의 목이나 같은 목이에요. 독재를 씻어버리자는 목이었습니다.

우리가 보기에는 뭐 큰 것 같으나 영원자가 오면 그것은 모두 콧

노래입니다. 콧노래 아닌 것이 세상에 없습니다.

성경과 불경 읽어 알았다면 거짓이에요. 언어도단을 느끼지 않는 것은 거짓입니다. 알아서 종교를 믿는 게 아닙니다. 도리어 모르니까 종교를 믿는 거예요. 고금을 막론하고 톡톡히 한몫 본 사람은 죄다 목이 잘렸습니다.

풀이

다석은 사람이 사는 동안 새로운 생각을 얻지 못하면 아무것도 아니라고 하였다. 공자도 고전을 잘 익혀서 새것을 알아야 스승 될 만하다고 하였다.(溫古而知新 可以爲師矣,《논어》위정 편) 예수가 "얼나를 깨달은 이는 내가 하는 일을 할 뿐만 아니라 그보다 더 큰 것도 하게 될 것이다."(요한 14:12, 박영호 의역)라고 했을 때 큰 것이란 크다고 할 것이 아니라 새것이라고 할 수 있다. 예수의 생각보다 더 새로운 생각도 할 수 있다는 말이다. 지금의 생각보다 깊고 높고 참된 새로운 생각이 나올 때 역사가 이어지는 의미가 있는 것이다. 왜냐하면 사람이 생각한 하느님은 실상의 하느님이 아니라 실상에 가까우려는 관념의 하느님이기 때문이다. 그 가상의 우상을 깨고 좀 더 실상에 가까운 개념에 이르러야 하기 때문이다. 다석도 말하기를 "우리는 이 껍질(몸)을 쓰기 전에, 또 벗어버린 후에 어찌될 줄을 몰라요. 만약 몸을 쓰기 전 또 벗은 뒤의 영원한 생명을 안다면 나도 거만할 수 있을 겁니다. 모르니까 지극히 작고 지극히 옅은 거예요. 그러나 아버지는 크시고 높으십니다. 예수가 느낀 아버지와 아들의 차이는 이

것이에요. 성경, 불경 읽어 알았다면 거짓입니다. 언어도단(言語道斷)을 느끼지 않는 것은 거짓입니다. 알아서 종교를 가진 게 아닙니다. 도리어 모르니까 종교를 믿는 거예요."라고 했다.

다석이 말한 '언어도단'이란 말이 끊어진 얼의 나라를 가리킨다. 곧 하느님은 침묵인 것이다. 석가가 말한 니르바나란 소리 없는 침묵이란 뜻이다. 곧 얼의 나라이다. 얼의 나라엔 말(소리)이 필요 없다. 위대한 침묵을 넘어 거룩한 침묵이 하느님 나라이다. 소리가 나고 소리를 내는 것은 생멸하는 상대적 존재들이다.

"마음 뚫어진 게 아는 것이고,
아는 것에 뚫리는 게 덕이다."

朱熹曰(주희왈) …… 所謂(소위) 致知在格物者(치지재격물자)
言欲致吾之知(언욕치오지지) 在卽物而窮其理也(재즉물이궁기리
야) 蓋人心之靈(개인심지령) 莫不有知(막불유지) 而天下之物(이
천하지물) 莫不有理(막불유리) 惟於理有未窮(유어리유미궁) 故其
知有不盡也(고기지유부진야) 是以大學始敎(시이대학시교) 必使
學者卽凡天下之物(필사학자즉범천하지물) 莫不因其已(막불인기
이) 知之理而益窮之(지지리이익궁지) 以求至乎其極(이구지호기
극) 至於用力之久(지어용력지구) 而一旦豁然貫通焉(이일단활연
관통언) 則衆物之表裏精粗無不到(즉중물지표리정조무부도) 而吾
心之(이오심지) 全體大用(전체대용) 無不明矣(무불명의) 此謂物
格(차위물격) 此謂知之至也(차위지지지야)(《대학》5장, 격물치지)

유교에 들어가는 이는 처음에 《대학(大學)》을 읽습니다. '대학'은
덕(德)을 생각해야 합니다. 지금의 '대학'은 과학인데 이 과학 기술을
어떻게 인간답게 쓰느냐를 생각해야 합니다. 과학은 목적이 없습니

다. 이 세상은 마지막엔 없어지는 것인 고로 과학으로는 막을 재주가 없어요. 구경(究竟)의 목적을 과학으로는 달성할 수 없습니다. 과학은 중간에 있는 목적에 불과합니다.

유교에서도 구경의 목적은 희미합니다. 중간 목적은 분명하나 형이상학적 목적은 불분명합니다.

'치지(致知)'란 옳게 아는 데 이르는 것입니다. 옳게 알려면 '격물(格物, 몬에 다닥치다)' 해야 합니다. '격물'은 경험(經驗)입니다. 하늘 땅, 사회, 부모, 학교 경험이 없으면 알기는 알아도 부족해요. 자꾸 경험을 쌓아야 합니다. 가만히 앉아 기다리는 것도 좋지만 나아가서 부닥쳐야 합니다. 《대학》에 나오는 '명명덕(明明德)'은 참나(얼나)를 자각(自覺)하여 하느님의 참아들이 되는 것입니다. 여기 이 《대학》 구절을 풀이하면 이렇습니다.

"주희 가로되, 이른바 옳게 알려면 몬(物)에 다닥쳐서라. 말하자면, 내 앎을 옳게 하려면 물건에 나아가서 그 이치를 잡는 데 있다. 사람의 마음이란 영(靈)한 것이다. 앎을 갖지 않는 자 없다. 세상의 몬이 올(옳다, 理, 우리에게 이로운 것) 안 가진 게 없다. 오직 그 올에 사람이 붙잡지 못한 것이 있음은 그 앎이 덜된 데 있다. 이래서 대학에서 배우며 온(뭇) 세상 물건에 나아가서 이미 아는 올로서 더욱 찾으라. 또 구하여 극(極, 아주 옳게 되는 데)까지 찾으라는 것이다. (여기까지 못 알아들을 것이 없는데 이 뒤가 문제입니다.) 힘쓰기를 오래 한 뒤에 하루아침에 확 뚫린다. 뭇 물건의 속속들이 못 갈 데 없다. 우리 마음의 온통 크게 쓰임이 밝지 않은 데 없다."

장자 가로되, "마음 뚫어진 게 아는 것이고 아는 것에 뚫리는 게 덕(德)이다."라고 했습니다. 차위물격(此謂物格), 차위지지지야(此謂知之至也). 이것이 격물(몬에 다닥침)이요, 이것이 앎이 지극한 데 간 것입니다.

"즉중물지표리정조무부도(則衆物之表裏精粗無不到)." 이게 무슨 지경입니까? 이거 정말 굉장한 거예요. 말은 어렵지 않지만 우리는 모르지요. 나는 이 비약에 와서 꽉 막혀요. 그렇게 된다면 구미가 당기지요. 대학에 갈 만하지요. 성불(成佛)하면 하느님 아들이 되면 이럴는지요. 그러나 이 해와 달 밑의 하루아침에는 이런 일이 없을 것입니다.

하루아침
알님 알고 힘 님 힘입으면 그리울게 뭐랴
하루아침 알님도 하루아침 힘입을 님도
해달로 부려 가는 날 누리 밖갓 츰하루

지금 해와 달이 숨바꼭질하는 이 세상은 모두 장난입니다. 아침이 아침이 아니고 저녁이 저녁이 아니에요. 우리가 전지전능하면 고생을 안 해요. 우리가 알다가도 또 모르고 하는 데 괴로움이 있습니다. 그러기에 우리는 전지전능한 자를 찾습니다. 전지전능한 자를 배후로 모신다면 아무 걱정이 없어요. 증거나 전도는, 나는 전능한 자를 배후로 두었으니 너희도 그래 봐라 하는 것입니다.

내 사상은 변화하는 상대 세계를 통히 부정하는 거예요. 이 세상만이 아니라 태양계를 부정하는 겁니다. 이 세상은 더러운 데라 거룩을 구(求)하는 '나'가 머물 곳이 아닙니다.

별 양(陽) 자가 거짓 양 자라고 40년 전에 얘기했는데, 난 거기서 시작한 거예요. 이 세상에서 안 되면 안 된다고 하는 것은 신앙이 아니에요. 난 치국평천하(治國平天下)가 그렇게 호락호락 될 것 같지 않아요. 이 세상에는 모든 것에 제한이 있어요. 형이하(形而下)에도 형이상(形而上)에도 그만큼 되는 거지 뭐든지 다 된다는 법은 없어요. 그런 것은 욕심입니다.

惟命(유명)
風光帳岷頑聾瞽(풍광장맹완롱고)
塵埈刹佛睿聰明(진애찰불예총명)
物色幻弄太小陽(물색환롱태소양)
星夜通信永遠命(성야통신영원명)
(1960. 8. 21.《다석일지》)

오직 얼숨(말숨)만
풍광(경관)에 가리어(붙잡혀) 진리(하느님)에 귀먹고 눈 어두워 어리석고 완고하구나./ 진애(티끌 먼지)의 세상(찰토) 참나를 깨달으면 슬기로워 진리(하느님)에 귀가 뚫려 눈떠 밝아진다./ (개체인) 몬의 깔에 끌리면 크고 작은 해에 도깨비처럼 놀림을 받는다./ 별이 총총한 밤에 별을 통해 오는

> (하느님의) 얼의 통신으로 말씀을 주고받으면 그것이 바로 영원한 생명인 얼나로 솟남이다. (박영호 새김)

풍광이 있는 곳에 완고한 귀먹음과 눈멂이 있습니다. 예수가 말하기를 너희가 본다 하는 고로 못 본다고 했습니다. 참빛은 영원히 살 수 있는 빛, 이것이 아닌지도 몰라요. 가짜 빛을 우리가 빛이라고 합니다. 태양의 빛은 가리는 빛입니다. 눈앞에 전등불을 갖다 놓으면 우리는 주위를 못 보아요. 태양빛은 마치 우리 눈앞에 전등불을 대는 것과 같아요. 왜 그런가요? 먼지라는 장난꾼 때문입니다. 먼지가 빛을 받아 우리 눈에 넣어주기 때문에 우리가 못 보는 거예요. 우리는 가까운 것만 보고 먼 것은 보지 못합니다. 우리는 풍광이라는 장막 속에 갇혀 있나 봅니다. 그러면서도 우리는 세상을 영광이라 하고 경치가 좋다고 합니다. 가리는 것을 절경이라 합니다. 그러니 우리 눈이 눈이 아닙니다. 영원한 소식은 저 무한한 별에서 오는 것인데 저 것을 태양이 가리고 못 보게 합니다. 그런데 우리는 낮을 좋아해요. 이 세상은 왼통 먼지의 세상입니다. 허영이란 먼지에 홀리는 것입니다. 거짓인 것은 통히 이 세계에 있어요. 이 가짜 빛처럼 우리의 원수인 것은 없습니다. 이것을 실감으로 느껴야 합니다. 이치로는 되는데 너무나 깊은 진리니까 실감이 안 돼요. 진리는 이치만이 아니라 실감해야 합니다. 이 세상은 왼통 먼지입니다. 태양도 큰 먼지입니다. 참빛은 이 세상을 초월해서 있습니다. 별빛은 영원에서 오는 점자 통신입니다. 영원을 잊지 말고 찾으라는 통신입니다. 우리는 소경같이 더

듦어 영원의 소식을 짐작해야 합니다. 이렇게 하여 시제를 유명(惟命, 오직 말숨)이라 이름했습니다.

태양은 빛이 아닙니다. 그것도 하나의 색(色)입니다. 모든 사람들이 연구한 것, 생각한 것은 모두 우리의 재산인데 왜 그것을 우리가 안 써요? 써야지요. 모든 생각과 사상들은 모두 사람의 가슴에서 우러난 것입니다. 이제 이 사람의 생각으로는 이것이 확실한 생각입니다. 저 별에서 오는 말씀입니다. 공자도 하늘은 말씀하지 않는다고 했습니다. 성경에도 하느님은 말씀 않는다고 쓰여 있습니다. 말로 표현하자니 하느님의 천사가 했다고 하지 정말 하느님이 말씀한다면 간접적으로 할 리 없지요. 모든 것이 이 가슴에서 나온 생각입니다.

풀이

함석헌이 오산학교 졸업반일 때 다석이 교장으로 부임해서 학생들에게 도덕(수신)을 가르쳤다. 함석헌은 그때 류영모 교장에게 배운 영국의 역사가 칼라일(Thomas Carlyle)의 〈오늘〉이란 시를 일생 잊지 못하고 외었다.

자! 여기 푸른 새날이 밝아온다.
생각하라. 그대는 새날에 어영부영 보내지 말라.

이 새날은 영원으로부터 태어났다.
밤이 되면 새날은 영원으로 돌아간다.

새날이 오기 전에 보라. 왔을 때는 못 본다.
그리고 새날은 모든 눈으로부터 영원히 숨어버린다.

다석은 주자를 읽기는 했지만 이치(理致)에 치우쳐 하느님(天)을 잃어버린 주자를 좋아하지는 않았다. 그런데 '일단활연관통언'이란 주자의 말에는 구미가 당긴다고 말하였다. "하루아침에 훤히 뚫리었다."는 말은 깨달음을 얻었다는 말이기 때문이다. 주회의 이 말은 칼라일의 〈오늘〉보다 한발 더 나아간 말이기 때문이다. 그런데 〈하루아침〉이란 시를 보면 다석은 주자보다 한 걸음 더 나아갔음을 알 수 있다.

사람으로 태어나서 할 일은 하느님 아버지가 계심을 알고 사랑을 느끼는 것이다. 그것은 거짓나인 이 몸을 벗어버리고 해와 달을 내버려 두고 누리 바깥 하느님 아버지의 나라에 들어서서 깨어나는 참 하루의 그 순간에 이루어진다. 다석은 소위 세상에서 말하는 죽음의 순간을 아침으로 생각하였다. 이 세상의 설날 아침과 구별하여 대신정(大新正) 대원단(大元旦)이라고 하였다. 몸나의 사람으로 사는 이들이 가장 두려워하는 죽음을 이렇게 본 이가 예수와 석가요, 다석이다. 예수가 "사망에서 생명으로 옮겼느니라."(요한 5:24)라고 한 말이나 석가의 사성제가 바로 같은 말이다. 제나(몸나)를 부정하고 얼나로 초월하는 것이다. 제나(몸나)의 부정이 전제되지 않으면 그것은 결국 제나(몸나)를 위하는 샤머니즘으로 떨어진다.

다석은 해와 달이 영향을 끼치는 이 세계는 우리가 살 곳이 아니라고 하였다. 우리가 살 곳은 오직 하느님의 말씀(성령)만이 계시는 얼의 나라, 하늘나라라고 하였다. 다석은 해와 달이 지배하는 이 누리에서 밥 먹고 똥 누고 하는 이 일을 얼마 더 해보자고 애쓰는 것은 참 우스운 일이라고 하였다. 〈유명(維命)〉이란 한시에 바로 그런 이야기가 담겨 있다. 시조 〈하루아침〉의 종장 "해달로 부려 가는 날 누리 밖갓 참하루"와 그 뜻이 이어진다. 해와 달에 붙잡혀 끌려다니다가 풀려나 이 세상 밖 하늘나라에 얼로 솟나는 날, 영원한 참 하루의 하느님 나라에 이른다는 말이다.

큰 것은 그 밖이 없고,
작은 것은 그 속이 없습니다.

알 범

빛(에너지) 떠러진 몬, 몬 떠러진 몬지.

불똥진 숯, 빚진 종, 좀팽이 몬이 빛을 되받아 뿌린 것이 빛갈. 빛갈은 빛 알려는 우리를 꼬여서 붉 ─아름답음─ 을 꾸어준다는 것이 도려 석갈리게 ─빛만 짊어지게─ 하는 빗쟁이로다.

우리는 몬이나 빗이라고 제깬(빛질건 아니라 깸) 몸으로 짊어진 빚〔몬지 · 때〕을 가리고. 꾸어 삶은 삶〔꿈이지〕이 아니라, 알(븬)고 ─몬지가 몬으로, 몬이 빛으로, 빛이 빔으로─ 제계 도라가리로다.

때 털터를 찾어서 예예는 것만 같사오니

날 터러 좋터만 있다믄 이 몬지 갈여 털터!

아즉은 빗이란 몬 나 빛 가린뒤 빛빔.

(1960. 9. 8.《다석일지》)

의식이 있으면 살았다고 하는데 누구나 살기를 좋아합니다. 곧 의식을 좋아해요. 앎, 느낌, 깨달음을 좋아합니다. 이렇게 생각하면 바로 아는 것이 많은 게 잘 삶입니다. 그러니 문제는 뭐 좀 알자는 것이지요. 어쨌든지 좀 더 알아보자 하는 게 문제예요. 죽음이 싫은 이유는 죽고 난 뒤에는 자기가 좋아하는 것을 모르기 때문입니다. 안다는 것은 가장 귀한 것인데, 앎이란, 즉 맛을 알자는 것입니다. 이 세상 일의 대부분은 향락하도록 돼먹었어요. 난 이런 게 아니라 맛을 바로 알라는 생각입니다. 맛은 맛을 보란 것이지 거기 들러붙으란 게 아닙니다. 맛은 조금만 보고 지나가야 만날 님을 만나지요. 참님을 만나면 큰 것을 깨닫습니다. 큰 것을 깨달으면 할 일을 압니다. 바로 알아야, 옳게 알아야, 뚫어지게 알아야 합니다. 맛을 좇는 지식은 막힌 앎입니다. 마음이 텅 비는 게 곧 아는 것이고 앎이 텅 빔이에요. 텅 빈 마음에 오신 얼생명이 사람의 참빛입니다.

우리가 알자는 것은 참빛이에요. 빛의 근원이에요. 모든 아름다움의 근원은 밝음입니다. 거룩한 것은 밝은 것입니다. 거룩한 거야말로 우리가 알자는 것입니다. 우리는 참빛을 찾는 겁니다. 그런데 우리가 안다는 것은 빛이 아니라 빛깔의 꾀임을 받아 옳게 뚫리지 못하고 비뚤어지게 막힌 것입니다. 빛깔을 빛으로 잘못 알고 있는데 이것은 전부 빚이에요. 이런 것들이 생명에 배반되는 거예요. 때(時)는 때(垢)와 같아요. 지나가면 허물(過)입니다. 자꾸 고쳐 씻어야 해요. 흙덩어리를 몸이라 하고 살아 있다는 게 빚입니다. 이는 종당에 씻고 갚아야 해요. 해, 에너지, 동식물로부터 영양을 모두 꾸어 온 것이니 도로 돌려줘야 할 것입니다.

몸생명으로는 죽어 빚진 몸을 갚아버리고 참빛(얼)에 들어가는 것입니다. 예수, 석가가 한 일이 모두 이거예요. '제깸'은 자각(自覺)입니다. 즉 빚질 건 아니라고 자각해야 합니다. 빚을 지고 사는 건 꿈이지 참삶이 아닙니다. 빛으로부터 반대의 길을 가는 거예요. 빈 데 가야 참빛에 이릅니다. 얼의 나라는 빔의 나라입니다.

우리 마음은 커서는 안 됩니다. 조그마해서 없어야 합니다. 없는 것같이 작아야 합니다. 계계 하느님 아버지밖에는 왼통 빛깔입니다. 가정도 사회도 학교도 세계도 국가도 모두 우리를 끌려들게 하는 빛깔입니다.

'때', 즉 빚진 것, 꾸어 온 것, 시공간에 빚진 것입니다. 빚진 몬의 속박을 털어버리는 것은 송장 되어 드러눕는 겁니다. 시간, 공간에 빚진 속박에서 벗어남입니다. '아죽은'은, '아 지극히 작은' 또는 '아직은'이라는 두 뜻을 지녔습니다.

우리가 이 세상에 나왔다는 것은 몬(物)에 갇혔다는 말입니다. 이 세상에 나온 것은 참 못난 것입니다. 물질에 갇혀 있음은 참 못난 짓입니다. 이 틀(肉) 쓴 것을 벗어버리기 전에는 못난 것입니다. 내 말은 종당에 빔(空)을 말하는 겁니다. 빔에 가서 그쳤어요. 공(空)관에 가서 그쳤어요. 빔 아니면 안 됩니다.

自信(자신)
外空至大內心小(외공지대내심소)

大空無外小心中(대공무외소심중)

大小內外相對二(대소내외상대이)

元一不二絶對三(원일불이절대삼)

(1960. 9. 9.《다석일지》)

나의 믿음

밖앗 빔(허공) (가장자리 없이) 아주 커다랗고 내 속의 마음은(없도록) 아
주 작다./ 커다란 빔(허공)은 그 가장자리가 없으며 작은 내 맘과 속으로
뚫린다./ 크다 작다 안이다 밖이다 하는 것은 맞서서 둘임이 분명한데/
으뜸인 온통의 하나는 둘이 아닌 온통 하나와 둘을 속에 품어 절대 옹금
하나이다. (박영호 새김)

其大無外(기대무외)

其小無內(기소무내)

無外之大卽不異小(무외지대즉불이소)

無內之小卽不異大(무내지소즉불이대)

큰 것은 그 밖이 없고,

작은 것은 그 속이 없다.

더 밖이 없는 것은 곧 작음과 같다.

안이 없이 작음은 곧 큼과 다르지 않다.

제 마음에 속이 아직 남았다면 불안은 면치 못합니다. 속이 없을

만큼 작아야 해요. 상대 세계는 둘이에요. 의(疑)란 곧 둘(二)이에요. 이것이냐 저것이냐, 이 상대 세계는 둘을 못 버려요. 고독을 못 견뎌요. 그래서 짝을 찾는 거예요. '절대(絶對)'는 아주 제일이라는 의미예요. '삼(三)'은 하나와 통해요. 삼위일체(三位一體), 붓다의 삼신(三身), 단군의 삼신(三神). 내가 밖이 없는 데까지 크면 모두가 내 분(分) 안의 일(하나)이지요. 모두가 나지 불이(不二)예요. 그러면 하나, 곧 참 나입니다.

알라 — 빛도 몬지도 —
바람꽃속 한낮에 씨알 보듣는단 먼 먹어리!
있다시 본 티끌에 걸리잖고 깨듣는다 — 면!
몬 빛깔 크 작은 거짓! 가깔수록 눈 멂 — 앎!!

몬지야 멀지거니 가거라 — 반딧불 따위도 —
이 눈에 바싹 드리대는 골잘 좀거울 말야!
저 히도 우리 눈 막서 큰 거짓을 보혀 — 낮 —

몸손가락 눈으로 내밀어 긋 글월 읽으면
갖어올 바람은 밤에 온다 — 별이 찍는 긋글 — 로
알리라! 몬지 노릅을 낮 밝다고 — 뀌는 빛 —.
(1960. 9. 7. 《다석일지》)

〈알라―빛도 몬지도―〉를 봅시다. 여기 '보듣(視聽)'이란 보고 듣는다는 뜻입니다.

'먹어리'는 눈멀고 귀먹었다는 뜻입니다. '있다시 본'이란 여실히 본다는 말입니다. '가깔수록 눈 멂'이란 빛을 우리 눈에 바싹 갖다 대면 우리 눈에 다른 것은 안 보인다는 뜻입니다. 빛이 가까울수록 우리 눈이 더 멀어요. 티끌에 걸리지 않고 깨닫는다면 '몬 빛깔이 눈멂'임을 알 것입니다. 태양이란 반딧불이에요. 이놈(태양)이 우리의 눈을 멀게 해요. 보석 반지의 빛은 마음의 눈을 멀게 하는 것이지요. 보석의 반짝하는 빛에 갇혀 그만 눈이 멀어요. 우리 눈앞에 해를 바싹 들이대니 우리가 그만 갇혀버려요. 광명이니 문명이니 하는 게 빛깔에 갇혀버린 거예요. 미인 대회, 사치품 이 모두가 빛깔이에요.

'긋'은 끝이요, 점입니다. '긋글'이란 소경들이 보는 점자입니다. '별'은 점자입니다. 원대한 사상은 밤에 별을 쳐다봄으로써 돼요. 책력은 그 소식을 알아내서 만든 것이에요. 태양이 밤낮 우리 눈앞에 있었다면 그것도 못했을 거예요. 아직 철도 나지 않았을 거예요. '믐 손가락 눈으로 내밀어'는, 점자는 손으로 읽으니까 우리도 영원한 별에서 오는 소식을 읽으려면 마음에서 나오는 손가락 눈을 통해 봄으로써 점자를 읽을 수 있다는 말이에요. 이렇게 표현한 말들은 내가 30년 전부터 해 온 말이에요. 그간에는 단편적으로밖에 떠오르지 않던 것이 일간엔 분명히 잡혔어요.

'바람'은 희망입니다. 우리는 희망으로 인해 살아갑니다. 성경, 불경을 보면서도 태양을 빛으로 바라보는 것은 틀렸어요. 이 말들은 요새야 꽉 잡혔어요. 이렇게 움켜잡아야 남에게 이야기할 수 있지요. 그러나 이 말을 알아듣는 이가 많지 않아요. 오늘 말하는 이것은 우주 현상을 심판한 것입니다. 얼 생명이 몬 물질을 심판한 거예요. 요새는 과학의 발달로 배 안에서 천문(天文)을 관측할 필요가 없어요. 자기가 직접 원대한 것을 볼 필요가 없어요. 이건 섭섭한 일이지요. 점점 영원한 생명에서 멀어져 가는 일입니다.

풀이

다석의 생각을 살필수록 그 깊이가 새삼 놀랍다. 그 특색을 한마디로 규정하라고 한다면 영성적이고 신비적이라 하겠다. 그러나 또한 합리적이고 과학적이기도 하다. 이 장에서 그 진가와 전모를 엿볼 수 있다. 다석이 말하고자 하는 핵심을 보면 얼이요 빔이요 빛인, 없이 계시는 하느님이 참나임을 깨달아 우리에게 증언한 것이다. 예수도 하느님의 생명인 얼을 빛이라고 말하였다.

"나는 세상의 빛이다. 나를 따라오는 사람은 어둠 속을 걷지 않고 생명의 빛을 얻을 것이다."(요한 8:12)

"그러니 빛이 있는 동안에 빛을 믿고 빛의 자녀가 되어라."(요한 12:36)

하느님의 생명인 얼이 참빛이며 저 햇빛은 거짓빛(陽光)이라 빛깔이지(色) 빛이 아니라는 것이다. 다석은 해를 반딧불로 보았다. 그리고 이 빛깔은 대기(大氣) 가운데 먼지들이 반사경 노릇을 해서 사람들이 밝게 느낀다는 것이다. 그래서 '몬지 노름'이라 하였다. '뛰는 빛'이란 '꾸어 온 빛'이라는 뜻이다. 그래서 이른바 색계(色界), 곧 물질계는 큰 거짓이라고 하였다. 색계에서 얻은 내 몸조차도 거짓생명인 빛이라 갚아버리고(죽음) 떠나자는 것이다. 저 빛의 나라, 얼의 나라로 돌아가자는 말이다. 불교에서는 무명(無明)을 밝히는 진리의 빛, 곧 얼빛을 적광(寂光)이라고 한다. 영광(靈光), 적광(寂光)을 모르고 살면 어둠 속에 사는 정신적인 장님이다. 얼빛을 깨달은 이가 빛의 붓다, 곧 비로자나불이다.

없이 계시는 얼이요 빛이요 빔이신 하느님이 참나임을 깨닫고 그 온통(절대 하나)으로 돌아가는 것이 이 삶의 목적이다. 다석은 그 없이 계시는 얼의 실상을 한시로 밝혔다. 그 허공과 마음의 관계를 밝히기를, 마음 허공이 하나인 것 같은데 내 마음은 작아져 없어져야 한다는 것이다. 예수가 말한 "영원히 사는 건 얼이요, 몸은 죽어 쓸데 없다."(요한 6:63, 박영호 의역)와 "하느님의 나라는 너희 안에 있느니라."(누가 17:21)가 바로 이와 같은 뜻이다.

다석은 허공과 물질을 합한 온통이 하느님 아버지라는 것이다. 모든 물질은 온통인 허공의 부속물이다. 허공을 벗어난 물질이란 없기 때문이다.

다석은 이런 생각을 밤하늘의 별을 보는 데서 얻었다고 한다. 밤하늘의 별은 하느님이 앞 못 보고 듣지 못하는 사람들에게 점자로 보낸 메시지라는 것이다. 생각이라는 마음의 손을 내밀고 그 점자를 더듬어 읽어 하느님의 메시지를 읽어낸다는 것이다.

1960년 9월 11일

하느님이란 종당엔 '나'입니다.

無名無色玄玄存(무명무색현현존)

非有非無浩浩量(비유비무호호량)

이름도 꼴도 없는 아물가물 까물이

있도 없도 아닌 게 아! 하! 카! 만큼 됨(이다)

(1960. 9. 6.《다석일지》)

위의 한문을 우리말로 고쳐놓으면 느낌이 다르지요. 참선 기도란 이런 것을 가만히 씹는 겁니다. 시(詩)도 이런 게 시지요. 시, 참선, 기도는 안 하면서 하는 척하면 그건 못써요. 이런 것들을 조용히 씹는 게 종교 철학의 생활이요 명상이요 참선이지요.

없이 계시는 하느님을 영악하게 함부로 이름을 붙여서는 안 되지요. 성경에서도 하느님에 이름을 붙였지만 인도(힌두)교도 마찬가지로 붙였습니다. 그런데 불교에서는 이에 대한 반동(反動)으로 좀처럼 말하지 않고 대신 인연으로 되는 거라 설명을 하지요. 그러나 석가붓다는 니르바나를 말했어요. 니르바나의 뜻이 침묵이라 말해도 안

한 것과 마찬가지라 무명무색(無名無色)이요 비유비천(非有非天)입니다.

듦(둥그름)
크다 맨꼭대기 귀넒 얼듬 나라 솟날 ᄆ리
옳머리 골 가심편데 오리 고루 굳테 고디
스스로 힘쓰므로만 그침없이 ᄀ슺슷

(1960. 7. 30.《다석일지》)

둥그름(둥근 하느님)
가장자리 없이 크도다. 무극(無極)의 맨 꼭대기는 커서 멀게만 느껴지는 하늘나라는 우리가 얼나로 솟나 다다라야 할 마루(宗)이다. / 위엔 머리골 가슴을 펴니 신경줄 핏줄이 고루 퍼져 굳건한 테두리 이뤄 곧이곧다. / 스스로 끊임없이 힘쓰고 애쓰므로 하느님 아버지와 얼로 마음 가운데로 뚫려 하느님의 뜻을 내 뜻으로 세운 하느님 아들. (박영호 새김)

말씀 저울(言權)
하늘 땅에 뭇몬사이 사룔 가늠 사람이 갖
무겁고나! 넘닐머리 잘못 지단 허리 다침
몬늠이 그러챦아욘? 저울잡의 말아니!

(1960. 7. 30.《다석일지》)

뭐든지 큰 가치가 있는 것은 제가(개인이) 가질 수 없어요. 큰 보석도 은행에 맡겨야 해요. 너무 크면 멀어져요. 하느님도 너무 크시니까 먼 것 같지요. 하느님이란 종당엔 '나'예요. 내가 있으니 하느님도 계시다는 생각을 해야지요. 우리가 '큰 나'를 버리고 '작은 나' 노릇하니까 '큰 나'가 먼 것 같지요. 조상이 따로 있는 게 아니에요. 내 속에 있지. 남의 조상이 아니라 바로 내 조상이지요. 요 다섯 자(五尺) 몸뚱이를 보면 한심하지요. 그러니 이에서 박차고 나가야지요. 우리 머리가 위에 달린 게 위로 솟나자는 거예요. 머리를 위로 두어야 해요. 믿는다는 것은, 진리인 하느님을 향해 머리를 두는 것이지요. 하느님이 내 머리다 하는 것이지요. 이 세상에서 머리[元首]가 되겠다는 것도 이 때문이지요. '얻듬(으뜸)'이 돼야 하는데 철이 없어서 이 세상 원수(元首)가 되지요. 그러다가 머리가 무거워서 밑으로 굴러떨어져 내려오지요. 《주역(周易)》 맨 첫머리에 이 세상에서 머리가 되지 말라고 했어요.

세상의 종말에는 모든 것을 불사른다 하지 않아요? 대동(大同)으로 당할 것이니까 좀 덜할지 몰라도 어쨌든 당할 거예요. 그러나 이걸 걱정해서 하느님 믿고 부처 부르는 게 아니지요. 이 땅에서 몸(肉) 쓰고 영생(永生)한다, 신선(神仙)이 된다 하는 것은 기독교와 불교를 멸망시키는 일입니다. 그런데 자꾸 이것을 구하니 인간이란 짐승이 어찌 된 건지 모르겠어요.

일도 물건도 하늘도 땅도 다 편지예요. 반가운 일이나 싫은 일이나 다 내게 오는 편지예요.

채식주의를 주장하는 이들이 짐승을 어떻게 먹으랴 생각하는 건 참 좋은 생각이에요. 모든 것이 다 내(하느님) 생각을 좀 해보라는 편지예요. 물건이 더러운 게 아니에요. 몬(物) 자체는 청(淸)·부정(不淨)이 없어요. 똥이 더러운 게 아니에요. 개한테는 좋은 음식이에요. 오직 마음에 청·부정이 있습니다.

종당에는 안심입명(安心立命)이에요. 마음이 좀 편할 도리를 찾는 것입니다.

풀이

이 우주에 있는 모든 것은 우주가 없으면 있을 수 없는 우주의 소산이다. 그래서 노자(老子)는 우주를 중묘지문(衆妙之門)이라고 하였다. 그러므로 우주의 소산인 나를 이 세상에 있게 한 우주와 나의 관계를 밝히는 수밖에 없다. 우주에는 만물을 낳아 관리하는 빔(허공)의 무극(無極)이 있고 무극이 낳은 만물이 생사의 변화를 일으키는 태극(太極)이 있다. 허공 쪽에서 말하면 무극이고 만물 쪽에서 말하면 태극이다. 무극과 태극은 둘이 아니다. 무극에 안긴 태극이기 때문이다. 노자는 무극을 무명(無名)이라고도 하고 태극을 유명(有名)이라고도 하였다. 그리고 무명은 천지(天地)의 비롯이요 유명은 만물(萬物)의 어머니라고 하였다. 다석이 쓴 '무명무색 현현존(無名無色玄玄存)'은, 하느님은 온통이라 이름이 없고 허공이라 모습이 없으며 시간을 초월하여 영원하니 까마득하고 까마득하게 계신다는 뜻이다. 무주의 하느님은 허공이라 있음이 아니고 만물의 유(有)를 낳은 없음이다. 무주의 하느님은 끝없이 무한하고 넓고 넓어 헤아릴 수 없다.

'둙'(둥그럼)은 《주역》에 나오는 무극, 태극을 우리말로 나타낸 것이다. 무극은 음양도 없는 빔(허공)이고 음양을 품은 무극이 태극이다. 다석은 무(無)와 유(有)를 합한 온통이 하느님이라고 말하였다. 그러나 하느님의 실체는 변함이 없는 빔(허공)이요 얼(성령)이다. 빔얼의 하느님은 맨 꼭대기인 무극(無極)이다. 무극은 너무 커서 멀게 느껴진다. 이에 《주역》 건괘의 '대재건원(大哉乾元)'이 인용된 것이다. 이 시조의 종장은 건괘에 나오는 '君子以自强不息(군자이자강불식)'이 그대로 인용되어 있다. '스스로 힘쓰므로만 그침없이 곧슨슨'이 그것이다. '곧슨슨'은 다석이 즐겨 쓴 우리말인데 '군자(君子)'라는 뜻이 있다. 다석은 '군자'를 하느님 아들이라는 뜻으로 쓴 것이라고 말하였다. 곧(가온찍기)는 영원한 생명인 얼이 우리 마음속에 솟아 나온 것을 말한다. 그러면 하느님의 뜻이 서고('슨') 짐승 성질을 죽여 짐승의 삶을 살지 않고 얼나로 살아('슨') 하느님 아들 노릇을 한다. 다석은 이런 하느님 아들을 '곧슨슨'이라고 하였다. 다석은 유교가 힘이 없어진 까닭이 공자, 맹자가 받들었던 하느님을 버린 망천(忘天)

에 있다고 하였다. 다석은 유학자 가운데서 장횡거(張橫渠)를 좋아하였는데, 무극·태극의 하느님을 그의 〈서명(西銘)〉에 뚜렷이 도입하였기 때문이었다. 태극기를 국기로 삼은 이 겨레가 태극의 뜻을 바로 알지 못하니 안타까운 일이 아닐 수 없다. 다석의 시조 〈돎〉을 깊이 음미해야 한다.

〈말슴 저울(言權)〉을 살펴보자. 만물 가운데 사람만이 하느님의 말씀을 받고 살아간다. 이것을 다석은 언권(言權)이라 한 것이다. 만물이 사람의 먹이가 되고 도구가 되는 것은 사람이 언권을 잘 활용하여 하느님 아버지를 기쁘게 하라는 뜻이다. 언권을 가장 올바르게 잘 쓴 이가 석가와 예수였다. 그 뒤로는 언권을 제대로 쓴 이가 보이지 않는다. 예수가 말하기를 "얼나를 깨달은 사람은 내가 하는 일을 할 뿐만 아니라 그보다 더 큰 일도 하게 될 것이다."(요한 14:12, 박영호 의역)라고 한 것은 언권을 제대로 활용하는 이가 나올 것이라는 말이다. 다시 말하면 온고지신(溫古知新)하는 이가 나온다는 말이다. 무슨 신조를 내걸고 교리를 만드는 일 따위가 아니다. 예수는 사람의 언행을 구속하는 교리를 만든 일이 없다. 오히려 사람을 구속하는 교리 율법에서 자유롭게 하는 성령의 말씀을 주고 갔다.

내 안에 아버지가 있고,
아버지 안에 내가 있습니다.

뉘잔치

느덧없이 근맞은예 가실손 너무 잡지ㅁ

오는 손 더더 만한듸 제갈 절 잊고 멎지ㅁ

도댕겨 가올 나드리 너나 다름 없스리

(1960. 9. 12. 《다석일지》)

누리의 잔치(인류 사회)

느닷없이 신세대와 노세대로 만난 여기 노세대 너무 잡지마. / 신세대가 많이 노는데 가야 할 저를 잊고서 더 머물지 마. / 도로 다녀갈 나들이인 것은 너나 나나 다름이 없는 것을. (박영호 새김)

급선무가 밥에 있으면 안 돼요. 우리 식구가 입고 먹을 것과 아이의 입학을 생각하는 사람은 국가와 민족을 사랑한다고 할 수 없습니다. 정말 애국이란 지금 당대만 아니라 앞으로 삼대, 사대까지 구차할 각오가 있어야 해요. 우선 식생활 해결부터 하고서라고 생각하면 안 돼요. 그러려면 세상을 버려야 합니다.

소리가 나는 것은 불평이 있기 때문입니다. 정말 평안하면 소리가 날 턱이 없어요. "구하는 자에게 주신다. 찾는 자는 찾으리라."(누가 11:9 참조)는 것은 아픈 데가 있거든 말로 하라는 말씀이에요.

지금 급선무는 지금 제일 아픈 것을 분명히 말하는 데 있어요. 지금 아픈 것을 말하는 이는 종교인입니다. 그러나 그들 대부분이 밥에 매달려 있기 때문에 아픈 것을 바로 말할 수 없습니다.

예수는 잔치를 부정했어요. 네게 반대로 답례할 수 있는 자를 잔치에 청하지 말라고 했습니다. 잔치는 아무리 잘해도 뒤죽박죽(斗柷薄逐두죽박죽)입니다.

이 지구는 커다란 잔치를 베풀어놓고 많은 손을 청하고 있습니다. 40년 후에는 인류가 두 배로 늘어난다고 해서 이 시를 쓴 것입니다. 점점 사망률이 낮아지고 오래 삽니다. 즉 손님이 잔칫집에서 일어서지 않으려 한다는 거예요. 손님을 더 붙잡아 두자는 게 이 과학 문명입니다. 시간 선상에서 출생률과 사망률이 경주하고 있습니다. 1,700년 후에는 인간의 무게가 지구와 동일하게 되고, 2,400년 후에는 사람의 무게가 태양의 무게와 동일해진다는 거예요. 즉 1,700년 후에는 지구에 모래 하나 안 남고 모두 사람 몸뚱이가 되어 꿈틀거리게 된다고 합니다. 결국 인간이 자연 정복을 하자는 구경(究竟) 목적이 모두 인간으로 가득 채우자는 것이 되었습니다. 인구 폭발을 가져왔어요.

이렇게 위급한 문제의 해결은 순결에 있습니다. 이 육신은 짐승인데, 짐승의 성질을 버리고 사람 노릇 하자는 것이 순결입니다. 이것은 2,600년 전 석가가 말하였어요. 뒤에 또 예수가 말했습니다.

인구 증가의 문제는 중대 문제지요. 그러면 난 어떻게 해야 할까요? 나는 기도하는 수밖에 없지요. 걱정하는 게 곧 기도입니다. 내 형제는 한 10여 명 있었는데 둘 남고 다 죽었어요. 지금 어디 있는지 없어졌는지 모르지만, 그가 복된지 지금 살아 있는 이 내가 복된지 누가 알아요? 불교에서는 나한(羅漢) 이상이 되면 이 세상에 다시 안 온다는데, 우린 낙제생이라 온 것인지도 모르지요. 나를 낳아주지 않은 부모 은혜가 더 중요해요. 더 많이 낳아놓았다면 우리가 이렇게 활개 치고 살 수도 없지요. 그게 큰 은혜입니다. 우리를 낳을 때에 받은 고통보다 더 큰 은혜인지도 몰라요. 한 여인에게서 일생에 4백 개의 난자가 나온다던데, 그만큼 다 낳아놓았다면 어떡해요.

실존(實存)이란 가고 오다 서로 맞아서 예(여기, 상대계)라고 한 바로 그 예가 실존이지요. 영원히 가고 영원히 오다가 예에 가온찍기(ㄱ), 이게 실존입니다.

이 세상 잔치에 다녀가는 것은 너와 내가 다름없이 미련을 갖지 말아야 해요. 자꾸 더 살자고 애쓰지를 말아요. 이것은 자연(自然)입니다. 이것을 잊지 말고 있어야 해요. 이것을 잊지 않고 있으면 죽을 기회를 놓치지 않아요. 그저 사는 게 좋다고 죽는 건 싫다고 하는 건 말이 안 돼요. 여기에서는 잠깐 잔치에 참여한 것이지요. 본디 여기서 산 것도 아니고 늘 여기서 살 것도 못 돼요. 종교나 형이상학은 이것을 초월하자는 것입니다. 이 잔치만 쳐다보고 있을 수 없으니 이것을 생각으로라도 좀 초월해보자는 것입니다.

예수의 '나'는 결국 당신 개인의 '나'지만 공통의 얼나로 생각하여 깨달아야만 예수의 말을 알아들을 수 있어요. 구경은 참나(眞我)를 알아야 됩니다. 우리의 느낌 알이 여러 가지 있어요. 뜻알(意識), 몸 알, 집알, 두레알, 나라알('나는 한국 사람이다' 하는 생각), 누리알('나는 이 세계에 있다'), 허공알, 맞이알(진리 의식), 이런 것들이 다 있는데, 이런 것들이 다 따로 개별적인가? 또는 모두가 하나인가? 생각해봅니다.

白晝(백주)

一陽太接近(일양태접근)

萬天自疎遠(만천자소원)

微塵繚乱鏡(미진요란경)

白晝眩眞垣(백주현진원)

(1960. 9. 15. 《다석일지》)

하얀 낮

해 하나가 너무 가까이 다가오니/ 만의 별하늘이 절로 멀어져/ 좀 먼지 티끌이 요란스런 빛거울 돼./ 밝은 낮은 눈을 어둡게 하는 참의 가리개. (박영호 새김)

햇빛이 너무 나한테 가까이 와 닿았습니다. 햇빛은 거짓입니다. 그래서 만방(萬方)의 하늘이 저절로 나에게서 멀어졌습니다. 이 세상 만악(萬惡)의 근원은 태양입니다. 저 태양이 우리를 근시(近視)로 만들었습니다. 낮이 생기는 것은 하늘의 대기에 하도 많은 몬지(먼지) 티끌

117

이 얽혀 햇빛을 반사하는 까닭입니다. 이 낮이란 참을 현혹(어둡게)해서 담을 쌓았습니다. 대낮이 우리로부터 영원(永遠)을 제거했습니다.

黑夜(흑야)

朔月靑晦宵(삭월청회소)

萬天昭明星(만천소명성)

目無的近視(목무적근시)

心有觀遠儆(심유관원경)

(1960. 9. 15.《다석일지》)

> **어둔 밤**
> 초하룻날 검은 그믐밤에/ 온 하늘에 별들이 밝게 빛나는데/ 가까운 데서 눈에 보이는 게 없고/ 마음속엔 멀리 깨우침 있음이 보여. (박영호 새김)

초하루 달(달이 아예 뜨지 않음을 말함) 그믐밤에 하늘에 가득히 빛나는 밝은 별들을 봅니다. 그러면 우리 눈은 가까운 데에서는 볼 과녁(的)이 없습니다. 그러면 우리 마음에는 멀리 보고 일깨울 것이 보입니다. 우주를 들여다보려는 사람은 그믐밤이라야 합니다. 아니면 가까운 것을 보면서 우주는 못 봅니다.

天下人間 人間天上(천하인간 인간천상)

敬待親近仁義案(경대친근인의안)

愛重疎遠元高幹(애중소원원고간)

附遠厚疎來有親(부원후소래육친)
與他自別去無間(여타자별거무간)
(1960. 9. 16. 《다석일지》)

성경은 하나(一, 절대)에서 나와 하나로 돌아간다는 것입니다. 요한복음은 하나로 돌아가자는 것을 외친 것입니다. 예수는 늘 내 안에 아버지가, 아버지 안에 내가(우리가) 있다고 생각했습니다.

친근(親近)한 이를 공경히 대접하라. 자기 자식이라도 공경해야 해요. 함부로 자식 소리 해서는 안 돼요. 맨 먼저 인격을 존중하지 않으면 안 돼요. 공경이란 무어냐 하면 조심이요, 어려워함입니다.

친근한 이를 공경함이 없으면 인(仁)도 없고 의(義)도 없습니다. 멀리 있는 이도 애중히 해야지요. 그것이 하느님 찾는 근본입니다. 저 아프리카에 있는 놈, 저 도둑놈, 저 야만인, 저 일본놈 하면 글렀어요. 이러고 부모에 효(孝)하고 형제에 우애해도 소용없어요. 크게 보면 원근친소(遠近親疏)가 따로 없어요. 그렇다고 부모도 형제도 다 버린다고 하면 못써요. 그러니 공자, 묵자, 노자 말도 다 옳아요. 반대되는 게 있는 것 같아도 그렇지 않아요. 알아들을 사람이 잘 알아들어야 해요.

먼 이를 가까이하여 더 후하게 대해야 합니다. 먼 이는 그만큼 드물게 만나니까요. 먼 데에 더 붙어야 하고 먼 데에 사는 이를 더 붙잡습니다. 그리해서만 부자유친(父子有親)이 옵니다. '자별(自別)'은 제일 친하다는 뜻인데, 영원히 뗄 수 없는 자별은 인격(人格) 존중입니다.

부부유별(夫婦有別)도 마찬가지입니다. 유별(有別)해야 친(親)함이 있습니다. '여타자별(與他自別)'은 남남끼리 친(親)하라는 것입니다. 사람 사람이 다 이렇게 해야 해요. 그래야만 끊어짐(틈)이 없이 영원히 가는 것입니다. 이런 것(뉘잔치)을 하다가 종당에 윤리(倫理)로 돌아왔어요.

풀이

아널드 토인비(Arnold Toynbee)는 인류가 핵전쟁 때문에 멸망할 것을 걱정하면서 이 세상을 떠났다. 〈뉘잔치〉에서 볼 수 있듯이, 다석은 인류가 핵보다 더 무서운 인구 폭발로 자멸할 것을 걱정하면서 이 세상을 떠났다. 짐승들은 스스로 그들의 먹이에 맞도록 개체 수를 조절하는데 어찌하여 만물의 영장이란 사람들이 스스로 인구 조절을 못하는지 모르겠다면서 애석하게 생각하였다. 다석은 지구가 달처럼 생물 없이 말쑥하게 있다고 우주에 무슨 일이 일어나는 것은 아니지 않느냐고 하면서 한편으로는 사람의 잘못으로 지구가 폐허가 되는 것을 자못 걱정하였다.

〈백주〉와 〈흑야〉에서는 밤과 낮의 의미만 바로 알면 큰 깨달음을 이룰 수 있다고 한다. 밝은 낮엔 형이하의 현상 세계를 만나게 되어 몸나의 삶에 붙잡히게 된다. 그러나 어둔 밤엔 우주에 가득한 별을 바라보며 형이상의 실재 세계를 바라보게 된다. 다시 말하면 낮에는 몸에 붙잡히고 밤에는 얼이 깨어 하느님을 그리워할 수 있다. 물론 낮에도 눈 감고 명상하는 이가 있고 밤에 술 마시고 잘못을 저지르는 이도 있다. 바른 생각을 한다면 밤은 하느님과 얼로 교통하면서 보낼 수 있는 시간이다. 그래서 다석은 정신이 낮아지는 낮보다는 하느님을 바라는 밤이 더 좋다고 말하였다.

한시 〈천하인간 인간천상〉의 제목에 나오는 '천하(天下)'는 지금도 흔히 쓰는 말이다. 중국에서는 으레 '하늘 아래'라는 뜻으로 천하라고 하였으며 이 나라에서도 그것을 그대로 받아 써 왔다. 그러나 다석은 '하늘 아래'라고 우리 스스로 한정하지 말아야 한다며 "우리는 하늘 위로 오르자는 사람이다."라고 말하였다. 하늘 위를 자꾸만 생각해야 한다고 말하면서 "사람 사이 하늘 위로(人間天上)"라고 말하였다. 다석은 낱말 하나에서도 하느님께 더 나아가려는 뜻을 찾으려고 하였다. 그래서 귀천(歸天)을 좋아하고 귀일(歸一)을 좋아하였다. 이 땅의 모든 문제는 하느님께 돌아가서 다 풀린다고 말하였다. 다석이 말하기를 타율적인 통일(統一)은 싫고 자율적인 귀일(歸一)이라야 한다고 하였다.

정치란 간단합니다.
씨알 섬길 생각만 하는 것입니다.

ㄹㄹ

시원 넘으 찾지 말며 따뜻 좇다 치웃칠라?

칫우쳐, 넘쳐, 더위 먹건, 어름 든 뒤, 뉘쳔 뭘!

못맞도 넘으도 아닌 예 ㄹ 제철 알맞이!!

더 낫게 섬길 람이냐? 더 많이 부릴 람이냐?

더 넓히 뒤떠들라냐? 더 가만 속삭일라냐?

이 · 저게 모다 아니고 한숨 고루 한 힝길

가온 가온(가운데 길 가운데 길)

시원함 너무 찾지 말며 따뜻함 따라가다 치우칠라?/ 지나쳐 넘쳐 더위 먹어, 얼음 먹고 탈나 뉘우친들 뭘해/ 못 미치지도 너무도 아닌 여기를 지나감에 제철에 알맞게 해야.// 더 낫게 섬길 사람이냐 더 많이 부릴 남이냐?/ 더 넓게 떠들 것이냐? 더 가만히 속삭이려나?/ 이것저것이 모두 다 아니고 한숨 고루 쉬며 한 행길로만. (박영호 새김)

남녀 평등이니 뭐니 해도 아들을 낳으면 좋고 딸을 낳으면 싫고 하는 생각이 있으면 글렀어요. 왜 그리 쉽게 가격을 매겨요? 과학이나 철학 같은 것도 참말로 어려운데 더욱이 종교, 형이상학 같은 것을 제 마음대로 마음에 드는 것만 가려서 들으니 그게 어찌된 노릇이에요?

말은 어쨌든 적게 해야 해요. 나도 심심해서 심심파적으로 말을 하는 수가 있어요. 하지만 자기에게나 남에게나 방해 안 되게 해야 해요. 말이라도 제가 좋아서 한 것은 자기 쾌락을 위해서 한 것이니까 음란해요. 베스트셀러라는 건 정말 불후의 작품이 아니에요. 정말 훌륭한 책이라면 그 시대에 그렇게 쉽게 많이 팔릴 리가 없어요.

요새 난 유혹을 종종 받아요. 어제도 어떤 젊은 사람을 만났는데, 그가 말하길 "저는 그전에 기독청년회(YMCA)에서 선생님 말씀을 종종 들었는데 다른 말씀은 다 잊어버렸지만 그중 몇 말씀은 지금도 기억해서 생각하고 있습니다."라고 했어요. 그때 내 생각이 "내가 생각해서 한 말이 쓸 데 있는 말이구나." 하는 유혹을 받았어요. 말이라고 다 말이 아니에요. 참 말씀이 말씀이지요. 금세기에 사람들은 몇 마디나 '맨 처음의 말씀'을 주고받는지 몰라요.

이렇게 몇 분이 모여 말씀을 듣는 것도 좋습니다. 함 선생(함석헌)의 모임이 없으니 모이자 해서 이렇게 모였다고 들었는데, 난 좀 싫은 데가 있어요. 무교회주의에는 다른 분도 있는데 우치무라 간조(內村鑑三)라는 이는 외국 선교사에 반대하여 '사도신경' 정신에 입각한 성서 본래의 정통 신앙을 세웠지요. 나는 무교회의 선생이 될 수 없어요. 더더군다나 함석헌의 선생이 될 수는 없어요. 자기는 나더러 선생이라 하지만 말이지요. 우치무라나 무교회는 정통이지만 나나 톨스토이는 비정통이에요.

이름을 붙이는 것은 그것을 도리어 흐리게 하는 거지요.

말씀을 듣기 쉽게 해야 할 터인데 그러지 못하니 시원스럽지 못하지요. '시원 넘으 찾지 말며' 이것은 먼저 내게 하는 말입니다. 갑갑한 세상에서 시원하기를 너무 찾지 말라는 것입니다. 세상은 본디 갇혀 있는 것인데 시원을 어디서 찾아요. 정말 시원하려면 이 몸뚱이를 벗고 죽어버려야 참 시원해요. 어른이고 어린이고 여름에 얼음 하나 안 먹는 사회가 됐으면 좋겠어요. 사람의 배 속엔 얼음이 소용없어요. 얼음을 먹으면 건강치 못해요. 여름에 부채가 필요 없어야 건강한 것이지요. 아이들을 얼음 먹여 키워서는 못써요. '따뜻 좋다 치웃칠라?' 하느님은 이런 잔말은 안 하시는지 몰라요. 방에 불을 너무 많이 때서 담요가 탈 정도면 치우친 거지요. 난 나무 널판자 위에서 잡니다. 이불을 얇게 해서 자지요. 찬 방은 내 몸의 열을 뺏으니까요.

이 세상에는 그렇게 시원한 곳도 따뜻한 곳도 없어요. 그러니 시원한 곳도 따뜻한 곳도 너무 찾지 말아요. '치우쳐, 넘쳐, 더위 먹건, 어름 든 뒤, 뉘쳔 뭘!' 난 젊어서부터 차게 살았어요. 스물 한두 살 때 평안북도 정주(定州)에서 살았는데 그때 깡깡 언 땅 위에서 찬물을 끼얹었어요. 불도 얼음도 다 친구가 아니에요. 역시 이 모두가 다 내 원수도 아니에요. 서늘한 것을 물리치려 불에 너무 아첨해서도 못써요. 또한 더운 것을 피하려고 얼음에 너무 아첨해서도 못써요. 우리는 중립을 지켜야 해요. 일본, 중국, 소련이 그렇게 원수 될 것도 없고 미국, 중국, 대만이 그렇게 친구(될 것)도 아니에요.

'못밎도 넘으도 아닌 예 ㄱ 제철 알맞이!!' 실존(實存)이란 현재 여기의 ㄱ 입니다. 봄은 봄대로 여름은 여름대로 좋고 겨울이 되면 겨울의 주인이 되고 가을이 되면 가을의 주인이 돼야 해요. 너무 걱정을 해서 자립을 못하면 못써요. 이렇게 해야만 바로 삶입니다.

'더 낮게 섬길 람이냐? 더 많이 부릴 람이냐?' 아침저녁으로 반성해야 해요. 내가 우리 집사람을 더 부리려 하느냐 혹은 더 섬기려고 하느냐를 반성해볼 필요가 있어요. 또 내 집, 내 나라는 다른 이를 도우려 하는가 또는 이용하려 하는가를 반성해야 합니다. 몸이거나 집이거나 나라거나 남을 부리거나 남을 이용하려는 것은 못써요. 무조건 봉사하자는 게 예수지요.

나도 또 한마디를 해야 하겠는데 이건 정말 내 가슴을 에는 말입니다. 함 선생에 대해서 나한테 자꾸 묻는 이가 있어서 대답할 때 참 곤란해요. 그럴 땐 "내가 대답한 이상으로 묻지 마시오. 그 사람 병들었소."라고 대답합니다. 그러면 "무슨 병이요?" 하고 물어요. 더 묻지 말라고 해요. 이 물음을 내게 묻지 말란 말이에요. 나도 무슨 병인가는 몰라요. 정말 나도 세상에 안 나오고 이렇게 말도 안 했으면 좋겠어요. 함 선생께 물어볼 말이 이 말(初章)이에요. 이 말(위의 반성하란 말씀)은 정말 하느님의 말씀이에요. 이 말이 맨 처음의 말씀이에요.

'더 넓히 뒤떠들라냐? 더 가만 속삭일라냐?' 이 집회도 광고를 냈으면 하는 사람이 있으나 난 그것은 싫어요. 광고란 상업에는 필요하지요. 구미(歐美) 선교사들은 그러지요. 우치무라만 해도 그런 것은 부정했습니다.

기도한다고 해서는 안 돼요. 가만히 속삭이면, 하느님 앞에 있으면, 골방에 있으면 저절로 말이 나와야지요. 영원(永遠)을 사모하는 사람은 가만히 골방에 가서, 즉 하느님 앞에 가서 가만가만 속삭이기를 좋아하지요. 그렇게 밖에 나가 떠들려고는 안 해요.

'이·저게 모다 아니고 한숨 고루 한 힝길'이 우주는 절대 한숨이에요. 한숨 쉬는 거예요. 맨 처음에 말씀이 있었는데 한숨이에요. '이·저게', 이것도 저것도 모든 게 치우쳐서는 안 돼요. 생리(生理)도 그렇고 윤리(倫理)도 그렇고, 하느님 말씀, 참의 말씀, 생명의 말씀 모두 같은 거예요. 이렇게 써놓고 제목을 '急急' 이렇게 두 개를 잇달아 썼어요.

늙은이가 짐을 안 지고, 스스로 죽는 자살자가 없는 나라가 공맹(孔孟)의 이상(理想)이었어요. 어떤 의미에서 정치란 간단한 거예요. 어쨌든 씨알 섬기려고만 생각하고 나가면 돼요. 공맹도 중류 이상의 생활을 한 이들이에요.

한마디로 하면 생명인데, 사는 것의 문제인데, 삶이란 이런 거다 하고 누구든지 말은 못 해요. 그것은 예수도 석가도 못 해요. 다른 이도 생명에 참여될 말 많이 했어요. 예수, 석가는 더 많이 했습니다.

내 말은 항상 같은 말이에요. 그 말이 그 말이지 새 말이 없어요. 십 년 전 이십 년 전이나 같은 밑동이지만 속 생명이 사람에 따라 말이 좀 달라집니다. 기억력이란 자꾸 희미해지지만 자기가 스스로 깨달은 것은 잊혀지지 않아요. 잊혀지는 것은 소용없어요. 힘이 없는 것이 잊혀지는 것입니다. 금언들 중에 씹어보면 훌륭한 것이 있어요. 그중 힘이 있는 것은 잊혀지지 않습니다.

풀이

1960년 9월 18일은 일요일이었다. 이날 한 강의는 서울 종로에 있는 중앙 YMCA 연경반 모임(매주 금요일)에서 한 강의가 아니다. 다석의 일지에 보면 9월 18일 양동에 있는 이기현 씨 집 2층에서 말씀을 했다는 기록이 나온다. 이날 강의 중에 나온 말을 보면, 당시 모인 사람들이 함석헌의 모임에 나오는 사람들이며 그 모임이 없어져 다석을 강사로 모셨음을 알 수 있다. 그 모임에 주규식도 참석한 것이다. 그날의 말씀은 그 전날 17일에 지은 다석의 자작시 〈ᄀᆞᆫᄀᆞᆫ〉를 풀이한 것이다.

다석은 '중용(中庸)'을 '가온쓸'이라고 옮겨 썼다. 때로는 '줄곧 뚫림'이라고도 하였다. 지나치지도 말고 못 미치지도 말고 가운데(ᄀᆞᆫ)로 나아가자는 말이다. ᄀᆞᆫ을 두 개 겹친 것은 시조 첫째 연의 몸살림과 둘째 연의 맘살림을 나누어서 생각한 것이다. 몸은 제철에 알맞게 맞추어서 사는 것이 좋다고 하였다. 공자도 제철에 나는 과일을 먹었다고 한다. 다석은 대단히 과학(합리)적인 생각을 하였고 그것을 실천하였다. 몸은 자생력이 있기 때문에 될수록 약을 쓰지 않는 것이 좋다는 생각이요 실천이었다. 요즘 사람들처럼 병원에 가는 것을 일과로 삼고 복약을 당연하게 여기는 것과는 거리가 먼 생활이었다. 스스로 병원을 찾아간 일도 없었다. 다만 1961년 71세 때 옥상 계단에서 낙상하여 혼수 상태에 빠졌을 때 가족에 의해 서울대 대학병원에 입원한 적이 있었다. 적게 먹는 소식(小食)을 주장한 것도 생리상 합리적인 결론이었다. 오늘날 당뇨, 혈압 같은 성인병으로 건강을 잃고 고생하는 이들이 많은데 모두 과식이 그 원인인 것이다. 다석이 말하기를, 마음은 넓어야지 좁으면 병을 일으키지만 위는 늘어나 커지면 위 확대증으로 무력해져 병이 된다고 하였다.

맘살림의 ㄷ는 하느님의 뜻이 주재하는 것이 중용의 길이라는 것이다. 사람의 마음을 하느님의 뜻이 절제하여 짐승 성질을 버리게 한다. 이를 《중용》에서는 '중절(中節)'이라 한다. 자율적인 중절이 잘 이루어지면 예수와 석가같이 하느님 아들 노릇을 하는 인격이 선다. 다석은 이를 '슨순'이라고 하였다. 하느님의 뜻이 선 이, 하느님의 뜻이 산 이를 가리킨다. 하늘 뜻이 서고 산 이는 하느님의 아들이다. 예수가 말한 "하늘에 계신 너희 아버지의 온전하심과 같이 너희도 온전하라."(마태 5:48)는 하느님 뜻대로 살라는 말이다. 다석은 이를 '한숨 고루 한 힝길'이라고 맺었다. 하느님 뜻(얼)이 한숨이요 한길이다. 하느님 얼을 숨 쉬며 하느님의 뜻을 좇는다는 말이다. 다석이 끔찍이도 아끼던 제자 함석헌이 하느님의 얼(을) 숨 쉬기를 멈추고 하느님의 뜻 좇기를 떠나 다석의 마음을 아프게 하였다. 이 모임은 함석헌의 강의를 듣던 사람들의 모임이라 함에 대해서 자꾸 물으니 다석은 어쩔 수 없이 함이 옳는다고 말하였다.

무슨 병이냐고 묻지 말라고 말하였다. 말하기가 싫기 때문일 것이다. 다석이 이 사람에게 말하였다. "사람은 가르쳐서만 되는 게 아닌가보다." 스스로 깨달아야 한다.

우리의 더러움을 씻어 간 게 4·19입니다.

다실일 뉘 볼가

일 일어 벌떼 일듯 어지럼 가랐히잔 또 일!

숫ㅅ일=실이 날발(經正) 씨옳(緯直) 날실나이(經綸庶積) 곧 다 곱아!

막서리 옷은 못 된 채 볕실 궂실 않맞아…

더럼 나서 깨끗 키며 몹시 먹고 옳게 살가?

못된 버리 돈 바로며 잘못 돌고 죽잖을가?

죽을 씨 제 심는 년놈 다실일단 뭣 말고?

(1960. 9. 19.《다석일지》)

다스리는 일 누가 잘 볼가?
일 일어나 벌떼 일듯 어지럼 가라앉히는 것도 또한 일/ 솟을 무늬: 실의 날이 바르고 씨가 올곧고 날실 잘 나아 천 무늬가 곧고도 곱다./ 추위(서리) 막을 옷이 못 된 채 버슬 구실 옷으론 안 맞아.

더럽게 낳아 깨끗하게 키우며 지나치게 먹고 올바로 살까?/ 잘못된 돈벌이 돈 둚이 바를 것이며 잘못 돌고 죽잖을까?/ 죽을 씨를 제 스스로 심는 년놈들이 나라 다스린단 무슨 말? (박영호 새김)

'다실일'은 다스리는 일이란 말입니다. 괴로움 떠나고 더러움을 벗어나가자는 다스림입니다. 현실의 정치도 '다실일'이에요. '뉘'란 누리 또는 다스리는 세상입니다. 일을 누가 볼까요? 이는 곧이곧장 서는 이가 활동하는 것이 일이에요. 산아이(사나이, 大丈夫)는 일이 있어야 해요. 일을 가져야 사나이예요. 4·19혁명 때 젊은 동생들이 일을 바로 본 것입니다. 어떤 의미로는 젊은이들이 일찍 간 것이 섭섭하지만, 그들이 본 일이 바로 본 일이에요. 우리의 괴로움, 우리의 더러움을 퍽 덜어 갔어요. 퍽 씻어 갔어요. 이승만 독재 12년의 더러움을 싹 씻어 갔어요. 'ㅅ'으로 발음 나는 것은 동서양을 막론하고 생(生), 생명(生命)이란 뜻을 가진 게 퍽 많아요. 그게 다 우연한 일이 아니에요. 나는 요한복음을 '요한 실소리'라고 했어요. 요한이 하느님의 입이 되어 그 입에서 실로 뽑아낸 말씀이란 뜻입니다.

'숫ㅅ일=실'이란, 생기 있는 사나이의 일은 생명이 나와서 일을 본다는 것입니다. '막서리 옷은 못 된 채'란 추위를 막는 옷은 되지 못한 채라는 말이고, 서리가 오면 겨울이 온 것을 알린다는 것입니다. '볕실'은 상급 관리, '궂실'은 하급 관리를 일컫는 순우리말입니다.

'더럼 나서 깨끗키며'란 더럽게 낳아서 깨끗이 키운다는 말입니다. 오늘날 교육이 제대로 가르치지 못하고 있습니다. 죄고(罪苦)에서 낳

131

아서 정승 판서 만들려는 게 더럽게 키우는 것이지요. 정말 깨끗이 키우려면 낳을 때도 거룩한 마음으로 낳아야 해요.

몹시 먹고 옳게 살려면 안 됩니다. 먹는 것도 조심조심 알맞게 먹어야 합니다. '못된 버리'는 못되게 번 돈이라는 뜻입니다. 잘못 쓰이기 쉽습니다. 이마에 땀 흘리고 벌어야 깨끗한 돈입니다. 그리고 돈은 바로 돌아야지 빗돌면 안 돼요. 사람을 다치게 합니다. '죽을 씨'란 제 죽을 원인을 제가 심은 것을 말하며 업고(카르마)라고 합니다.

알라
예 말고 계밀 빔뭄! 계셔 예로 뚜렷한 빔 계
말의 말시 괴임 본인 늠들 말에 꾀임 않돼!
알라흐 아들된 말슴 몸뭄 뭄몸 그 근
(1960. 9. 23. 《다석일지》)

> **똑똑히 알아라**
> 이 세상 말고 하느님 뵈올 빈 마음! 하느님으로부터 이 누리로 왔지만 이제는 뚜렷이 계시는 하느님 뵈어야/ 하느님의 말인 말씨에 하느님의 사랑을 느낀 이는 이 세상 남의 말에 꾀여 넘어가지 않는다./ 알아야만 하느님의 아들된 말씀 몸 말고 마음 모아 오신 그이. (박영호 새김)

〈알라〉. 이것은 내 인생관, 우주관의 결론이에요. 옳게 생각도 못한 나지만 50년 생각한 것의 결론입니다. 잡지 〈새벽〉에 실린 다섯 가지가 내 인생의 결론이에요. 그것은 몇 날 몇 달 생각 안 하더라도 기억할 수 있어요. 지금도 그것을 외면 내 정신은 하늘로 올라가요. 정신의 하이킹입니다. 죽을 때 그 옆에서 지나치게 떠드는 것이 좋지 않다는 것은 일리가 있어요.

'예'란 집이나 나라입니다. 자리는 모두 '예'입니다. 석가가 말한 차안(此岸)이 '예'입니다. 피안(彼岸)이 '계'입니다. "예." 하는 것은 사람이 즐거울 때 내는 소리입니다. 인생이란 편안하면서도 위태로운 것입니다. 예처럼 편안한 것 없고 확실한 것이 없습니다. 그러나 예처럼 정신 나간 것이 없습니다. 예란 자꾸 바뀌는 거예요. 언제나 붙잡아둘 수 없습니다. 예가 편안하니까 이(이제)를 놓치고 말아요. 지금 방학이라고 한참 놀겠다고 생각하여서 '예' 편안하다고 하면 이(이제)는 달아나버리고 말아요. 편안한 것을 알면 영원한 것을 놓쳐요. 그렇다고 '이'만 안다면 편안함을 모르고 마는 잘못을 범해요. '이'라고 하는 건 난데, '이'라고 하는 게 참 이상해요. 과거 시간이 이 현재에 들어 있습니다. 지금 '예' 하는 것은 과거에 '예' 하는 것보다 퍽 풍부해요. 미래도 '예'에 포함되었어요. 잘 살려면 이 세상은 종당에 그만둔다는 것을 알아야 해요. 이 세상이 종당에 없어질 거라고 안다면 4·19 같은 때 남에게 뒤지지 않고 나섰을 것 아니에요? 없어짐을 모르니까 좀 봐 가면서 하지, 합니다. 보긴 뭘 봐요?

'계'가 우리의 목적입니다. 하느님 계신 곳이 '계(彼岸)'예요. 우리는 예에 붙은 게 아닙니다. 예는 아무리 좋아도 말아야 해요. 우리는 계에서 와서 예에 잠깐 출장 온 것입니다. 하느님이신 계에 가려면 비어야 합니다. 맘(心)이 비어야 합니다. 우리는 마음으로 사는데 생

133

각한다고 잡동사니를 끼워 두어서는 안 돼요. 마음이란 말고 또 말자는 거예요. 비워두자는 겁니다. 성경, 불경 보는 이는 '계'를 생각해야 해요. '예 말고 계별 빈몸!' 이것은 딴 일과 달라요. 이런가 저런가 의심할 수 없는 확실한 것입니다. '빔(空)'을 유교식으로 말하면 무극(無極)입니다. '빔 계'는 없이 계신 하느님, 대실존(大實存)이에요. 참으로 계시는 이가 하느님이십니다.

이 말들은 성경만 본 이들은 알아듣기 힘들어요. 예수께서는 만유보다 크신 아버지 하느님(요한 10:30)을 가지셨어요. 그이(君子)는 없이 계신 하느님을 모셨을 것입니다.

'괴임'이란 우리말은 받쳐줌이요 사랑입니다. 옳은 것은 옳다 하고 그른 것은 그르다 하는 이는 하느님의 괴임 본 이예요.(요한 12:50 참조*)

'알라흐' 여기 내가 하고픈 말이 많이 들어 있어요. 이것은 내 사상의 총 결론(總結論)입니다. '흐'는 감탄의 강조입니다.

돈이나 지식도 이 몸뚱이를 위해서는 모아 두지 말아야 해요. 몸뚱이를 위해서 하는 것은 거짓입니다. 몸뚱이를 위해 모아 두려는 생각이 있으면 마음이 비워지지 않아요.

'몸믐 믐몸'이란 몸은 말고 마음을 모으자는 뜻입니다. 예수를 따르는 것이 쉽지 않습니다. 하지만 '몸믐 믐몸', 이 넉 자만 하면 돼요. 이 넉 자는 간단하지만 무한한 것이 그 속에 있어요.

'그 근'은 '그를 지극하게 아는 이'라 새겨도 되고, 말씀이란 얼(성

---

* "나는 그 명령이 영원한 생명을 준다는 것을 안다. 그래서 나는 무엇이나 아버지께서 나에게 일러주신 대로 말하는 것뿐이다."(요한 12:50)

령)인 '그가 오는 이'인데 아담부터 우리는 모두가 '그가 오는 이'입니다. (요한 6:29 참조)

'말시'는 말의 씨입니다. 그리스도는 말씨입니다. 모든 경전을 훤히 다 외우고도 남들 말에 꾀이는 자가 많아요. 그것은 '말의 말시'에 친하지 못했기 때문입니다. 세상에 말썽처럼 귀찮은 것은 없습니다. 잡담만 하고 말 것 같으면 아예 말이 안 생김만 못해요. 우리는 말씀이란 것을 자각해야 해요. 반야공관(般若空觀)은 지혜인데, 공(空)에 너무 치우쳐도 못쓰고 허무에 빠져도 못씁니다. 가장 큰 것은 빈 것입니다. 참으로 빈 것은 빈 것이 아니에요. 없이 계시는 하느님이십니다.

하느님은 없이 계신 이예요. 하느님을 보았으면 좋겠다는 것은 어림없는 생각입니다. 도깨비도 안 뵈는데, 만약에 하느님이 보인다면 도깨비보다 못한 것입니다. 절대의 아들은 빈탕을 바라야 합니다. 뭐니 뭐니 해도 모두 막힌 거예요. 우주는 빔 안에 있습니다. 요한복음 13장 31절**은 내가 제일 좋아하는 말씀인데, 이게 정말 생명을 바로 잘 그려놓은 거예요. '영광'을 '뚜렷'이라 고쳐야 해요. 또 아버지를 '빔(空)'으로 아들은 '맘(心)'으로 고치면 불교식 표현이 돼요. 부자일치(父子一致)입니다. 바로 아들 되면 아버지와 같이 있습니다.

〈알라〉는 내가 몇십 년 생각한 것의 총 결론입니다. 이것은 생각하는 이라면 외우도록 씹어보아요. 내가 잘못 생각하는지 몰라도 이 말은 그냥 버릴 말씀이 아니에요. 이것은 오늘 아침에 쓴 것입니다. 〈알

** 유다가 나간 뒤에 예수께서 이렇게 말씀하셨다. "이제 사람의 아들이 영광을 받게 되었고 또 사람의 아들로 말미암아 하느님께서도 영광을 받으시게 되었다."(요한 13:31)

라〉의 요점이 '몸믐 믐몸'에 있습니다.

풀이

〈다실일 뉘 볼가〉는 1960년 4·19혁명 때 일가족이 자살한 이기
붕 일가에 대한 준엄한 꾸짖음이다. 다석은 '다실일다'에서 다스리다
(治)의 어원을 찾고자 하였다. 인류 역사를 개인이란 실오리로 짜내
는 피륙(천)으로 보았다. 개개인이 곧고 바르게 살면 아름다운 솟을
무늬를 드러내는 피륙이 된다는 것이다. '다실이다'는 한자 '경륜(經
綸)'에서 힌트를 얻은 것임은 말할 것도 없다. 륜(綸)은 푸른 실끈 륜
자이고 경(經)은 베짜는 실을 난다는 경이다. 물론 글 경 자이고 다스
릴 경 자로도 쓴다. 경륜은 나라를 잘 다스린다는 뜻이다. 그러나 다
석이 바라는 대로, 바른 날과 옳은 씨로 날고 짠 피륙에 곧고 아름다
운 무늬가 도드라진 솟을무늬는 바라기 어렵다.

'몸믐 믐몸'은 다석의 글놀이라 할 표현이다. 몸나를 부정하고 맘
나(얼나)에 집중하라는 뜻이다. 몸나는 말고 맘나는 모은다이다. 다
석의 '몸믐 믐몸'은 죽음에서 영생으로 옮긴다(요한 5:24 참조)는 예수
의 말과 뜻이 같다. 다시 말하면 제나(몸나)에서 얼나로 옮김(솟남)이
다. 석가의 사성제 고집멸도(苦集滅道)와 같은 뜻이다.

다석은 얼나를 깨닫지 못한 이의 마음은 '맘'으로 쓰고 얼나를 깨
달은 이의 마음은 '믐'으로 쓰자고 말하기도 하였다.

1960년 9월 25일

"뜻대로 되면 씨알로 더불어 가고
뜻대로 안 되면 혼자 그 길 가리라."

맹자(孟子) 말씀: 누리 넓은 데 살고 누리 바른 자리에 서고 누리 큰길로 가니 뜻대로 되면 씨알로 더불어 가고 뜻대로 안 되면 혼자 그 길 가리라. 가멸고 괸대도 느질 수 없고 가난코 싸대도 옮길 수 없고 무섭대도 굽힐 수 없으니 이 일러 사나이니라.

居天下之廣居(거천하지광거) 立天下之正位(입천하지정위) 行天下之大道(행천하지대도) 得志與民由之(득지여민유지) 不得志獨行其道(부득지독행기도) 富貴不能淫(부귀불능음) 貧賤不能移(빈천불능이) 威武不能屈(위무불능굴) 此之謂大丈夫(차지위대장부) (《맹자》 등문공 하편)

누리 넓은 데 살며, 누리 바른 자리에 서며, 누리 한 길로 걸어간다. 뜻을 얻으면 씨알과 더불어 함께하고, 뜻을 못 얻으면 홀로 그 길을 간다. 부(富)와 귀(貴)도 마음을 방탕하게 못하며, 가난과 천함이 마음을 옮기지 못하고, 위협과 무력도 그를 굽히지 못한다. 이를 일러 대장부라 한다. (박영호 새김)

이 세상에서 제일 갑갑한 일은 말을 못하는 것입니다. 말로 형용할 수 없는 경우와 말은 잘하는데 주위가 무서워서 못하는 경우가 제일 갑갑합니다. 말하고 싶은 게 사는 건데 말하고 싶어도 형언할 수 없는 게 너무나 많아요. 전 인류가 하고 싶은 말을 대표해서 속 시원히 하자고 철학을 하는지도 몰라요. 그러나 그것으로는 이 갑갑한 것을 없애지 못합니다. 말씀과 설법을 들을 때 이론으로는 이 세상이 죄(罪)요 고(苦)라는 것을 알아요. 그러나 그곳을 떠나면 또 재미있는 것을 찾게 됩니다. 이게 알아들은 것입니까?

이론으로는 가만히 생각해보면 자기가 죄인인 것을 알아서 기도를 합니다. 죄악의 괴수라고 눈물의 기도를 해요. 그러나 누가 자신보고 너는 죄인이다, 음란한 자다 하면 화를 내요. 그러고는 버젓이 삽니다. 정말로 세상이 고해(苦海)라고 느낀다면 세상 사람들이 말하고 싶어도 못하는 것을 대신해서 할 수 있습니다. 정말로 예수, 석가의 말씀을 그대로 바로 알아들었다면 이 죄고(罪苦)의 세상을 건너가려고 언제든지 애쓸 것입니다. 바로 알아듣지 못했으니 재미를 찾지요. 정말 예수, 석가 말씀을 바로 알아들었다면 정말 시원할 거예요. 바로 알아들었다면 신부, 수녀가 더 많이 나왔겠지요.

불경에서 지자(智者)는 여실지고(如實知苦)라 했지요. 이 괴로웁고 더러운 것을 꼭 그대로 알아야 해요. 정말 그대로 알면 시원할 것입니다. 더러운 세상을 떠나지 못하는 게 괴로운 거예요.(로마서 7:24* 참조) 이 괴로운 것을 여실히 알아서 고(苦)를 덜자는 게 불도(佛道)입니다. 우리 몸에서 나오는 게 정말 더러운 거예요. 이 몸뚱이 있는 게 더러운 것입니다. 그다음에 더러운 것은 우리들의 집 안입니다. 상자 같은 방이라도 가진 것은 안 가진 것보다 더럽습니다. 살아 나가는 데는 집을 버려야 살아 나가는 거예요. 이걸 뛰쳐나가자는 게 사는 것입니다. 집은 인생의 처음과 마지막에 필요한 것입니다. 똥 싸고 오줌 싸고 할 때에 집이 필요해요. 이 지저분한 것을 치우기 위해 집이 필요한 거예요. 집이 아니면 지저분한 것을 치울 수 없어요. 계집이란 말은 집에만 있는 것이란 말입니다. 사나이는 산아이로, 집을 버리고 나가자는 산(生) 아이(兒)입니다. 산아이가 되자는 게 우리 일입니다. 사는 것은 나가는 거지, 어디 틀어박히자는 게 아닙니다. 거주(居住)를 삶으로 알아서는 못써요. 이 더러움이 괴로움임을 알고 그것을 벗어나자는 사나이는 집 속에 없어요. 어떻게 하면 이 더러움을 떠나 거룩한 데로 갈 수 있을까 하는 게 이런 모임이지요. 수천 년을 두고 잊혀지지 않는 게 선지자의 말씀입니다.

맹자의 사나이 대장부라는 소리는 정말 시원한 말씀이에요. 사나이는 어디서 사나요? 거천하지광거(居天下之廣居, 누리 넓은 데 산다)입니다. 그러면 천하(天下) 넓은 데는 어디인가요? 방에 살더라도 천하 넓은 데 산다는 것을 잊어서는 안 돼요. "이 큰 덩어리를 타고 천하를 소요하니 하늘가가 호호탕탕(浩浩蕩蕩)"입니다. 이것은 우리가 젊을 때 느낀 거지요. 이것을 내가 한 50년 전에 느꼈으니 소위 비행기

---

* 고맙게도 하느님께서 우리 주 예수 그리스도를 통하여 우리를 구해 주십니다. 나는 과연 이성으로는 하느님의 법을 따르지만 육체로는 죄의 법을 따르는 인간입니다.(로마서 7:24)

란 우스운 거지요. 이런 생각이 들어가면 사나이예요. 이 생각이 채 못 들어가면 계집이에요. 그러나 이에 그쳐서는 안 돼요. 이 우주에 내가 자리 잡고 앉았다고 생각하면 이 지구가 우스운 거예요. 하느님 아들 노릇 하려면 이런 생각 가져야 해요. 왜 무엇을 그리 떠드느냐? 이 우주가 어찌 됐더냐? 하는 넓은 마음을 가져야 해요. 그러나 이 것은 합승이니까, 우리는 꼭 제자리에 바로 서야 합니다. 군자대로행 (君子大路行)은 좁은 문으로 들어가라는 말에 저촉되지는 않아요. 지름길로 가는 것은 협잡꾼입니다. 살기는 너른 데서, 서기는 바른 데서, 가기는 환히 큰 데로 넓은 대로여야 합니다. 뜻대로 되면 씨알과 함께(더불어) 가고 뜻대로 안 되면(씨알이 따라오지 않으면) 나 혼자서 가련다고 해야 합니다. 맹자의 대장부, 이게 사나이예요. 이렇게 되면 그 사람의 성격은 부귀해도 음란(뭣이든지 지나치면 음란이에요. 계집 · 산아이가 하는 짓은 물론이고.)치 않고 빈천(貧賤)해도 옮기지(달라지지) 않아요. 자기는 제자리에 서고 또 넓은 길로 가는 것도 바꾸지 않고 뜻을 지키고 결코 굽히지 않아요.《맹자》, 이것은 훌륭한 바이블이에 요. 성경 말씀 안 될 게 없어요. 이것이 사나이의 일이에요. 더러운 것을 떠나는 것, 괴로움(죽음)을 벗어나자는 정신 운동이 종교입니다.

풀이

다석은 52세 때(1942년) 〈성서조선〉 사건으로 일제 경찰에 구속되어 57일간 서대문 형무소에서 감옥살이를 하였다. 감옥에서 풀려나는 것보다 기쁜 일이 어디 있는가? 그런데 다석은 기쁘지만은 않았다고 한다. 다시 가정이라는 감옥에 갇힐 수밖에 없었기 때문이었다. 처옥자쇄(妻獄子鎖)라는 말이 있어, 사나이(大丈夫)는 가정에 갇혀 살지 않는다고 하였다. 빈탕한데인 허공, 즉 하느님 품속에서 살아야 한다는 것이다. 그래서 다석은 맹자의 대장부론을 극찬하였다.

　다석이 살던 집(구기동 150번지) 앞 마당 가장자리 풀밭 속에 돌로 '囚' 자를 박아놓은 것을 다석이 돌아가신 뒤에 제자들이 발견하였다. 그래서 다석이 "나는 신출가(身出家)는 못했지만 심출가(心出家)는 하였노라."고 말했던 것이다.

1960년 10월 2일

나는 죽겠으나 믿음은 살겠지요.

숨빛 ㅅㅂ

나갈말슴 니기미라

민밀믿밑 빈빌빋빝

빗빚빛윔

빛갈빝날 말슴 빛

(1960. 9. 27. 《다석일지》)

벗은 몸 불사를 뜻도 못히본 사람은 몸 빛 멶

생떼쓰는 뫼직이와 빽대기 팔 뒤을 둘라!

뱅속 깔애 살롰드시 긴때허믈 맑금살롸!

숯날 빛 바로 사모쳐 불보다도 그룩히(거룩히)

(1960. 9. 29. 《다석일지》)

빛

몸성흔 예 한비머니 계계 빈몸 한웋님 ㅇㅂ

맘ㅁ 엄ㅇ 밥ㅂ 압ㅇ 먹고 자라 목숨 사람
다 스름 솟나 도라근 빗때 빗터 빛빌빛.
(1960. 9. 25.《다석일지》)

사람이란 진·선·미를 찾는 건데, 이런 생각을 하면 우리 맘(心)이
아름다워져요. 그러니까 자꾸 생각하는 거예요. '나갈말슴'이란 말이
나가야 산다는 뜻이에요. 말이 막히면 숨이 막혀요. 왜 그랬느냐고
물으면 이러이러하기에 했다고 합니다. 이게 우리가 겨우겨우 살아
가는 모양입니다.

'니기미라'를 고쳐 쓰면 '이김이라'이지요. 이김은 평화적인 영원한
생명에서 이김이라지요. '기'는 그이 그리스도예요. 예수는 나는 이기
었노라고 했습니다. 참(얼)은 승리합니다.

'민밀민밑', 밀어서 믿음이 자꾸 더 올라가면 밑이 터져요. 그러면
하느님께로 뚫립니다. '빈빌빈빛', 빈 마음 갖고 빌면 영원한 대공(大
空)인 빛('비흐'라고 읽음)에 들어갑니다. 우리말 우리글은 그야말로
신통함이 느껴집니다. '빗빛빛윔', 빗으로 빗어 빛이 비칩니다. 여인
들이 머리를 빗는 빗에서 말씀의 빛에 이를 수 있습니다.

'빛 갈', 빛이 갈라져 빛갈이 됩니다. 갈라지는 빛은 참빛이 아닙니
다. 이게 말씀인데 종당에는 빛(太空)에 갑니다.

이 세상에는 만물만사(萬物萬事)가 있는데 좋아하는 사물(事物), 싫
어하는 사(事)와 물(物)이 있어요. 전자를 좇아가고 후자를 피하려고
해요. 일반(一般)으로 행복을 추구하는 게 이 모양입니다. 썩 넓고 영

원한 것을 구하려고도 하지요. 남은 좋은 것을 추구하려 골몰하지만 나로서는 보려고도 않는 게 많아요. 이게 극단의 다른 사상이 존재하는 이유예요. 그러나 어떠한 사상가든지 버리지 못하는 게 있는데 진·선·미가 곧 이것입니다. 어떤 진·선·미인지 내용은 다르지만 다 이것을 추구합니다. 절대의 미(美)가 있는 것 같으니까 더 추구해요. 거룩하다, 깨끗하다는 말도 다 미를 추구하는 것입니다.

지금도 최인규(崔仁圭)는 이승만을 존경한다고 했는데, 어지간히 재주 있는 사람들도 뭐가 뭔지 분간을 못해요. 제 딴에는 잘 한다고 하는 것이겠지요. 신앙도 그래요. 제 딴에는 참을 찾는다고 하는 거예요. 어떤 의미로는 이거 경쟁입니다. 누가 절대의 참을 더 가지느냐의 문제이지요. 석가가 절대의 참을 더 가졌는지 예수가 더 가졌는지 하는 문제예요. 궁극에 이르면 우열이 없습니다. 얼나로는 예수와 석가가 하나입니다.

이 세상에서 교육하려는 것은 좋은 버릇이 버릇 들고 나쁜 버릇은 버릇 들지 말게 하려는 것입니다. 그러나 진·선·미의 버릇은 없습니다. 아무리 해도 더 진·선·미 한 게 있습니다. 예수도 선(善)은 하느님에게 돌렸어요. 그런데 하나 깨달은 게 있어요. 우리 교회, 우리 목사, 우리 집회에서는 언제나 진리를 증거한다고 해서는 안 돼요. 영원한 진리는 그렇게 습관 된 게 아닙니다. 선(善)도 습관이 되면 좋지 않습니다. 익숙해져서 재주 부리는 것을 보자는 하느님이 아니에요. 제 뜻과 정성을 다해서 하는 게 선(善)과 도덕의 원칙이지요. 자꾸 나를 선(善)으로만 이끄는 하느님을 누구나 찾아요. 바울로도 그러지를 못하니까 자기를 곤고한 자라고 했습니다.(로마서 7장 참조) 그러나 하느님은 제 정성을 다한 참을 해보라고 하시는 하느님, 그런 것 보자고 하는 하느님이지 습관이 돼서 익숙하게 재주 부리는 것 보자는 하느님이 아닙니다. 이건 어떻게 해서 나온 말인지 나도 모르겠는데, 대단히 긴한 말씀이에요. 집회는 습관이 되면 안 돼요. 성당, 불당에는 촛불을 켜야 한다는 버릇, 그 무슨 버릇인지 모르겠습니다. 예수는 참인 얼로 예배(기도)를 올리라고 했습니다.

예수는 내가 얼나를 깨달은 것을 일러주는 말을 듣고 나와 같이 깨닫는 것이 참되고 진정한 기도라고 했습니다. 이것은 개인 개인이 깨야 합니다. 붓다(佛)는 '깬 이'라는 뜻입니다. 예수도 깨어 있으라고 말했어요. 인사(人事)는 대강 차리고 이 시간에는 예수의 가르침대로 참인 얼로 깨닫자는 생각을 해야 해요.

괜히 서로 충돌하여 남의 잘 믿는 신앙을 흔들어놓을 필요가 없어요. 목사하고는 성경 얘기를 안 했어요. 신앙은 서로 다른 대로 같아요. 나도 16세에 입교(入敎)하고 23세까지는 십자가 부르짖는 십자가 신앙이었어요. 요한복음 3장 16절*이 성경에서 제일 긴한 말씀이라 하는데, 나는 김교신(金敎臣) 선생에게 이렇게 말한 일이 있어요. 하느님이 세상을 미워한다고 했지 언제 사랑한다고 했는가, 지금도 하느님은 세상을 미워하고 있다고 했어요. 하느님이 독생자를 주셨고 그걸 제물(祭物)로 했다는데 그런 끔찍한 말이 어디 있어요. 그게 사

---

* 하느님은 이 세상을 극진히 사랑하셔서 외아들을 보내주시어 그를 믿는 사람은 누구든지 멸망하지 않고 영원한 생명을 얻게 하여주셨다.(요한 3:16)

랑하는 아버지예요? 자기 자식을 사랑하지 않고 죄악 덩어리들을 사랑해요. 그게 무슨 하느님이에요. 무슨 말인지 알 수 없어요. 난 도무지 알아들을 수 없습니다. 성경에 그 구절만 있다면 난 성경 안 봐요. 창조도 왜 이렇게 불완전하게 만들어놓았는지 짧게 생각하면 원망스럽기도 해요. 그런데 영원한 생명을 완성하는 데 필요해서 이랬는지도 모르지요.

독생자를 주셨다는 것은 '하느님 씨'를 우리에게 주셨다는 거예요. 이 몸(肉)은 짐승이에요. 짐승과 다름없어요. 멸망하고 말아요. 그런데 이 속에 불성인 하느님의 씨가 있어서 이것을 깨면 정말 좋지 않겠어요? 이 하느님의 씨를 주신 게 다른 동물과 달라요. 성불(成佛)하려면 불성(佛性)인 다르마(Dharma)를 참나로 깨달아야 합니다.

함석헌 선생도 그동안 회개가 있었는지 모르지만 그이는 독생자(얼나)를 내버린 것 같습니다. 믿지 않는 거예요. 믿다가 버린 것인지는 몰라도 믿지 않는 것입니다. 함 선생은 병이 들었어요. 무슨 병인가요? 당분간 말씀을 할 수 없는 병입니다. 함 선생도 한 10년 전부터 빠지기 시작한 모양인데 인생이란 불행한 것입니다. 내가 이 자리에서 이런 말 하는 것도 불행입니다. 이전에는 그를 누구에게나 천거했지만 지금은 그의 말을 듣는 것을 막아야 해요. 이렇게 되면 함 선생과 내가 이 세상에서 만난 게 불행이지요. 이렇게 말하는 게 내 속이 괴로운데 왜 하겠어요? 안 할 수 없어 하는 것입니다.

사람 사귀는 데도 버릇으로 친해서는 못써요. 사람 숭배해서는 못써요. 그 앞에 절을 할 것은 참인 하느님뿐이에요. 종교는 사람 숭배하는 것이 아닙니다. 하느님이 하느님 안 되니까 사람더러 하느님 돼 달라는 게 사람 숭배하는 이유입니다. 예수를 하느님 자리에 올려놓은 것도 이 때문이에요. 가톨릭이 마리아 숭배하는 것도 이 까닭입니다.

이렇게 되면 남의 얘기 한 것 같지만 모두 내 얘기예요. "왜 함석헌이 류영모를 닮아 가느냐. 일식(一食) 하는 것도 왜 닮아 가는 거냐?"라고 이찬갑 씨가 말했어요. 닮으면 어떻고 안 닮으면 어떻다는 것입니까?

우리 속에 이런 게 있어요. 이 고기 덩어리가 왼통 죄악입니다. 깜빡 정신 못 차리면 독생자를 내쫓고 이 죄악 몸뚱이가 차지해요. 깨지 않으면 멸망해버려요. 이 육신의 덩어리는 멸망하고 말아요. 그런데 죽지 않는 독생자의 씨인 얼이 있어 영생에 들어갑니다.

〈부르심을 받은 지 38년 만에 믿음에 들어감〉(《성서조선》 1942년 2월호 기고)가 나의 신앙 고백이에요. 나는 죽겠으나 믿음이 살겠지요. 몸나의 영생(永生)이란 나와는 상관없어요. 믿음이 영생하는 거지요. 이 몸뚱이는 죽어요. 신앙이 뭔지 모르지만 신앙은 산다는 것입니다. 통히 참나(얼나) 깨자는 것입니다. 알자는 것입니다.

말씀밖에 믿을 게 없어요. 말씀이란 '계'서 나온 말씀입니다. 말의 말씨, 그게 곧 하느님 아들입니다. 태초의 말씀, 그것이 아들입니다. 그게 예수가 됐어요. 예수의 생명이 곧 맨 처음의 말씀이에요.

몸뚱이를 위해 자꾸 더 모을 것 없어요. 모으려고 애쓰는 건 잘못입니다. 자꾸 비워놓고 모으려 애쓰지 않으면 비워져요. 자꾸 비워두면 영생할 하느님의 씨가 자라요.

내가 말한 것을 외우라고 한 일은 없어요. 그런데 이것만은 외워 두세요. 외워서 내가 말한 맛이 날 때까지 씹어봐요. 우리 몸과 마음을 그렇게 가지면 말씨를 놓치지 않아요. 우리의 몸은 지나가는 그림자입니다. 지나가는 것을 모르니까 게을러지는 것입니다. 지나가는 걸 알면 '예'라고 해서 다 됐다고 하고 드러눕지는 않아요. '알라흐'는 하느님을 부르는 소리가 아닙니다. 비었다는 뜻으로 말한 거예요.

그리스도란 기다리는 영원한 생명입니다. 영원히 가고 영원히 오는 얼나입니다. 우리는 한 점이고 하느님은 영원히 큰 것입니다.

예에서 이만하면 됐다, 제법 편히 살겠다 하면 멸망하고 말아요. 우리는 한 긋(점)이에요. 가온(군)의 한 점이에요. 우리는 점을 자꾸 찍어 사는 것입니다. 가온의 한 점이 나입니다. '예' 하지 말고 자꾸자꾸 점을 찍어 앞으로 나아가는 게 사는 거지, 이젠 제법 됐다 하면 멸망해버려요.

'알라흐'라는 이것만 다 완전히 알면 이제부터는 내 말 안 들어도 좋아요. 오늘 또 재탕했지요. 난 재탕은 하기 싫어요. 한번 해버리고 말 말은 안 하는 게 좋아요. 그러나 이 말은 열 번 백 번 들어야 해요. 이 세상에서 힘든 게 사(事)와 물(物)의 시비(是非)를 가리는 거예요. 자기에게 제 자식의 살을 먹인 역아(易牙)를 제(齊)나라 환공(桓公)은 충신(忠臣)이라 했어요. 관중은 제 자식 죽인 자가 뭘 못하겠냐며 결코 충신이 아니라고 했어요. 젊은이가 공부하면서 제일 어려운 게 시비를 분간할 수 없을 때예요. 아브라함과 이삭의 이야기는 신앙을 위주로 하니까 그런 이야기가 나온 거예요. 어머니를 위해 자식을

148

바치는 이야기도 효(孝)를 위주로 하니까 그런 얘기가 나온 거예요. 선악과(善惡果)는 언제나 옆에 있어요.

풀이

예수는 떡 다섯 개와 생선 두 마리로 수천 명 무리를 먹이고도 남은 것을 거두니 열두 바구니가 되었다는데, 다석은 몇 마디 우리 글과 우리말로 언어 유희(한글놀이)를 하여 많은 사람의 정신적인 주림을 풀어주었다. 여기서 다석의 언어 유희를 풀이하기보다는 주규식이 미처 풀이를 적어놓지 못한 두 번째 시조(〈벗은 몸 불사를 뜻도 못히 본 사람은 ᄆ 빙 멻〉)를 풀이해본다.

나 죽은 뒤 화장해주기를 바란다는 소리도 못 해본 이는 무아(無我)에 이르기 어렵다.
억지소리 하는 묘지기와 조상 벼슬한 것 자랑하는 후손을 두려는가?
어머니 배 속에서 나올 때 뒤집어썼던 태반을 불사르듯 송장도 화장해야.
시신을 불사르는 불꽃보다도 거룩한 얼의 빛이 솟날 것이다.

다석은 죽은 뒤 반드시 화장을 지내 깨끗이 사르는 것이 이상적인 장례법이라고 생각하였다. 이 시조의 제목은 유난히 긴데, 자기 자신이 죽은 뒤 송장을 불사를 생각도 못 해본 이는 마음 비우기와는 거리가 멀다는 뜻이다. 얼나를 깨닫는 길은 제나로 죽어 마음을 텅 비우는 것이다. 무아(無我)가 된다는 것은 마음을 비운다는 뜻이다. 제나로 죽으면 얼나는 저절로 들어와서 임자가 된다. 그러면 짐승인 제 나에서 하느님 아들인 얼나로 솟나 붓다가 된다. 제나가 나 잘났다 하고 있고서는 붓다가 될 수 없다. 짐승인 제나로 내가 제일이라고 우쭐거리면 미친(狂) 이다. 오른쪽 뺨을 때리면 왼쪽을 돌려 대고 속옷을 달라면 겉옷까지 주라는 예수의 말은 제나를 버리라는 뜻이다. 제나로는 죽으라는 말이다. 다석은 죽는 것으로 그치지 말고 아예 화장까지 하라고 했다. 장자(莊子)의 근사지심(近死之心)에서 더 나아가 예수의 기사지심(旣死之心)이 되어야 한다는 것이다. 근사지심만 되어도 하느님을 느끼게 되지만, 기사지심이 되면 하느님을 참나로 모시게 된다.

죽어서 산소에 무덤을 써놓고 '생떼쓰는 뫼직이(묘지기)'와 다투고 조상 '뼉대기(벼슬한 것)'만 팔아 귀족(양반) 행세 하는 후손들이 나올까 걱정이란 소리다. '뱃속 깔애(태반)' 불살라 없애버렸듯이 '긴때허믈(송장)'도 깨끗이 불살라버리는 것이 가장 좋다. 흙에서 빌렸으니 땅에 돌려주어야 한다. 오직 하느님 아버지를 그리워하는 얼만이 하느님으로부터 왔으니 없이 계시는 하느님께로 불꽃보다 거룩히 사무쳐 솟아 올라간다.

다부지게 의심해야 압니다.

守靜篤(수정독)

後悔莫深散情憾(후회막심상정감)

元亨正大分明全(원형정대분명전)

失全有分且無別(실전유분차무별)

無明焉得止至善(무명언득지지선)

非不孝莫大無后(비불효막대무후)

是不慈尤深遺傳(시부자우심유전)

無往不服好返道(무왕불복호반도)

出于天來歸終天(출우천래귀종천)

(1960. 10. 2.《다석일지》)

얼나를 마음속에 간직함

알짬(정액)을 왈칵 쏟은 뒤에 아쉬운 마음 후회 막심이기 마련이고/ 으뜸
(하느님)으로 뚫리어 정대(正大)함이 분명 온전하게 됨이라./ 온통(하느
님)을 잃어 낱동(개체)으로 나뉘어 남녀 무별이 되어 엉킨다./ 짐승 성질

의 제나(無明)가 어찌 지극한 선(善)의 자리에 이르러 멈추리./ 뒤를 잊지
못하고 없음이 더없는 불효라지만 아니다./ 뒤를 남겨 전하는 이것이야
말로 더욱 깊은 자비롭지 못함./ 한번 가면 다시 돌아옴이 없는 길로 돌
아감이 좋은 길/ 하느님으로부터 왔으니 솟나 하느님께로 돌아감으로 마
치리라. (박영호 새김)

보통 육신을 위해서는 다부지게 사는 사람이 많아요. 소매치기나
깡패, 이권 운동(利權運動)을 하는 사람들은 육신을 위해 다부지게 사
는 이들이에요. 그러나 우리는 이 '나'를 가지고 다부지게 살아보자
는 것입니다. 다부지게 살려면 자기 의견을 분명히 가져야 해요. 생
각을 떠나지 않고 생각으로써 싸워 나가야 합니다. 이 세상에서 다부
지게 살려고 하지 않으면 정말 아무것도 못 돼요. 실존철학이란 다부
지게 살아보자는 것입니다.

곧 세계 인구는 두 배로 된다는데, 지금도 못 사는데 그때 가면 어
떻게 해요. 이 문제에 대해 나도 싸우지만 이길 것 같지 않아요. 그러
나 이에 대해 아무 생각이 없다는 것은 말이 안 돼요. 이 세상에서 대
부분의 일은 식색(食色) 두 가지에 귀착됩니다. 똑같은 사람끼리 만
나 이야기하면 결국에는 식색 두 가지에 닿아요. 요새는 그렇게 하는
게 무슨 자연 탐구입니까? 그렇게 하는 게 다부진 생활인지, 이 시간
에 내가 이렇게 생각하고 있는 게 옳은 건지 우리는 몰라요. 제삼자
가 판단해야 바른 판단을 하지요. 예수, 석가, 간디, 톨스토이는 명
백히 식색 두 가지를 따라서 살아서는 안 된다고 말했어요. 인간에게

교제가 필요하지만 하필 남자가 여자와, 여자가 남자와 교제해야 할 필요가 어디 있나요? 인간이 식색에 대해서는 수천 년 동안 여러 가지 방법으로 안 해본 게 없는데 또 자꾸 연구해 암수끼리 일평생 동안 이랬다저랬다 하다가 마는 것입니까? 사람이란 영(靈)한 것이라고 하는데, 가만히 생각해보면 그렇게도 생각돼요. 그러나 이 혈육을 뒤집어쓴 게 흉한 것입니다.

마음이란 언제나 뒤돌아보면 후회가 되는 것이지요. 회개와 후회는 한 번 하고 당장 하늘에 올라가는 거 아닙니다. 후회는 한 번 하고 마는 게 아니라 일생 동안 줄곧 따라다녀야 해요. 자꾸 후회하고 회개해야 해요.

우리가 속에서는 음란한 생각을 하면서도 서로 이렇게 만나면 겉으로는 점잔을 빼고 음란한 소리만 해도 못쓰게 되는 건데, 점잔을 빼는 것은 그만두고 좀 다부지게 살아보고 생각해봅시다.

산정(散精)이란 사정(射精)이지요. 결혼 않고 자식 안 낳아 본 이에게는 하지 말아야 할 말이라 미안한 말이지만, 이것이 인생의 쾌락이라고 해요. 그러나 교미 후에는 허전하고 후회되는 때가 어디 없어요? 경험 있는 분들은 얘기해봐요. 그것이 쾌락만인가요? 그것이 쾌락이라고 해서 남녀가 자꾸 들러붙는데, 이것은 자기 기만이에요. 결코 쾌락일 수만은 없어요. 정액을 쏟는 것보다 더 슬픈 일은 없어요. 비막비어산정(悲莫比於散精)입니다. 알짬(精)을 쏟아버리는 것이 제일 후회되는 일입니다.

성경의 기적을 나는 부인하지도 믿지도 않아요. 그런데 없다고 안

하고 있다고도 않고 가만히 내버려 두어요.

사람에게는 어째서 그런지 몰라도 위로 오르자는 게 있어요. 원(元)의 이(二)는 상(上)을 뜻하고 팔(八)은 사람 인(人)으로 위를 받든다는 뜻이에요. '으뜸'은 하느님으로부터·얻어서 들음입니다. 요새 나는 이렇게 생각해봤어요. '분명전일부분(分明全一部分)'입니다. 부분이 전체를 밝힙니다. 우리는 전체에서 나온 부분입니다. 부분은 전체를 밝혀야만 합니다. 전체가 아버지라면 부분은 아들입니다. 부분은 전체의 부분입니다. 부분·전체를 잊어서는 안 돼요. 전체가 부분의 참나인 것입니다. 전체가 없으면 부분은 있을 수 없습니다.

남녀가 들러붙는 게 생각이 어릴 때는 쾌락이라고 하지만 다 어리석은 짓입니다. 이렇게 말하는 게 포탄을 쏘는 건데, 반대하는 사람이 많을 것입니다. 류영모란 사람은 정력이 약해서 그렇다고 할는지 모릅니다. 그러나 나는 다른 사람보다 더 정력이 강할 거예요. 나같이 마른 사람을 색골(色骨)이라 하지 않아요? 16세부터 성경을 보지 않았으면 어떻게 됐을지 모르는 사람입니다. 나는 51세까지 범방(犯房)을 했는데 그 이후부터는 아주 끊었어요. 애기 낳고 하던 게 꼭 전생에 하던 일 같아요. 정욕이 없어서 그런 게 아닙니다. 어떤 사람은 단욕(斷慾)하면 병이 난다는데, 세상일 다 보고 더러운 소설 다 읽고 음란한 생각하면서 참으면 병이 날 것입니다. 갈라진 것은 갈라놓아야 해요. 갈라져야 할 것이 들러붙으면 못써요. 발가락도 들러붙으면 그 사이에서 무좀이 생깁니다.

'후(后)'는 자식(子息)을 뜻합니다. 자식을 못 낳는 게 불효한 게 아납니다. 이걸 내가 대담하게 선언하는 거예요. 요새는 이렇게 되어버렸어요. 이게 전쟁입니다. 이것은 요새처럼 인구가 폭발한 절박한 시기가 아니면 말 못해요. 싸 갈기는 것보다 더 심한 부자(不慈)가 없다는 것은 옳은 말입니다. 무책임하게 싸놓고 자식 보고 효(孝)만 하라니 철면피한 일이지요. 미우니까 싸 갈겼겠지요.

疑症知痴(의증지치)

無生不癡起(무생불치기) 無癡不疑端(무치불의단) 疑端不責望(의단불책망) 所謂無明初(소위무명초) 自信聰明兒(자신총명아) 無明不涉塵(무명불섭진) 空中浮塵子(공중부진자) 實上虛榮華(실상허영화) 生因正如此(생인정여차) 死亡必期約(사망필기약) 生本無常法(생본무상법) 穌生亦無常(소생역무상) 一生例無常(일생예무상) 萬生究竟滅(만생구경멸) 好生欲收死(호생욕수사) 榮華自取辱(영화자취욕) 上智大丈夫(상지대장부) 觀自在破痴(관자재파치)

(1960. 10. 4. 《다석일지》)

> 증세를 의심하다(치정임을 알다)
> 몸 목숨은 치정으로 일어나지 않는 게 없고,/ 치정은 의심의 실마리 없는 게 없다./ 치정의 의단에 대해 나무라지 않아./ 이르는 바 무명(짐승 성질)이 비롯이라./ 스스로 똑똑하다고 믿는 이(어린)가/ 무명에 흘러 진토의 세상을 건너지 못하고/ 공중에 티끌 먼지가 되어 떠다니니/ 실상은 헛

된 영광의 꽃일 뿐이다. / 몸생명의 근본은 바로 이 같으니 / 사망이 반드시 기약되어 있다. / 몸나는 본디 덧없는 것이다. / 몸으로는 또한 다시 살아난대도 덧없다. / 일생이란 으레 덧없는 것이다. / 모든 물질의 생명은 결국은 없어진다. / 사는 걸 좋아해봐야 죽음을 거두리라 함이다. / 몸나의 영화란 스스로 욕됨을 취함이다. / 으뜸의 지혜를 깨친 대장부는 / 내 속에 있는 얼나를 보아 치정을 깨뜨린다. (박영호 새김)

의심은 아는 것의 어머니인데 정말 잘 알려면 정말 다부지게 의심을 해야 해요. 의심을 해도 바로 안 하니, 다부지게 안 하니 잘못됩니다. 다부지게 의심을 해봐요. 크게 알아지는 게 있습니다.

사양은 차림의 열매입니다. 차림 차리기가 힘들지 차림만 차려놓으면 나라 다스림이나 집 살림살이는 저절로 됩니다. 차려줌이 예양(禮讓)인데 이렇게 꼭 번역이 되면 《논어》도 사서(四書)도 번역하지, 번역이 안 되는 것은 그대로 버려둬요. 억지로 번역하려 애쓸 것 없습니다.

풀이

〈수정독(守靜篤)〉은 《도덕경》 16장에 나오는 말을 다석이 인용한 것이다. 노자는 16장 첫머리에 "치허극(致虛極) 수정독(守靜篤)"이라 하였다. 예수는 하느님이 만유보다 크시다(요한 10:29 참조)고 말하였다. 만유보다 큰 것은 허공밖에 없다. 예수는 밖으로 허극(무극)에 이르렀다. 또 예수는 하늘나라가 너희 안에 있다(누가 17:21 참조)고 말하였다. 마음(생각) 안에 있는 얼나를 말한 것이다. 안으로 들어가면 얼나에 이른다. 얼나는 소리 없는 고요이다. 예수도 노자처럼 치허극 하고 수정독 하였다. 하느님이 내 마음속에서 소리 없는 말씀을 하기에 예수가 그것을 듣고 옮긴다고 말하였다. 다석의 말도 얼나인 하느님의 생명을 깨달아 하느님께로 돌아가자는 것이다. 자식 낳아 짐승 노릇을 이으려고 할 필요가 없다는 것이다.

〈수정독〉과 〈의증지치〉를 쓴 시기에 다석은 애제자 함석헌이 혼외 관계로 실덕(失德)한 것에 크게 실망하고 노한 상태였다. 다석은 함석헌이 병들었다고 직설하기를 서슴지 아니하였다. 그 병의 내용에 대해서는 더 묻지 말라고 하면서도 사람들이 간접적으로 알아들을 수 있도록 삶과 성생활에 대해 강의를 했다. 다석은 "식색(食色)의 물신(物神)을 초월하지 못하면 사람의 정신 생명이 자라지 못한다."고 말하곤 했다. 단순히 과식(過食), 과색(過色)을 하지 말라는 것이 아니라 금식(禁食), 금색(禁色)을 하라는 것이었다. 다석 스스로 52세부터 일일일식(一日一食)과 해혼을 실천했다. 먹기는 하되 하루 한 끼니만 먹고, 가정은 유지하되 금욕 생활을 한 것이다. 다음은 1957년에 다석이 한 말이다.

"영원한 생명을 빼앗기는 것이 아니라 내가 버리는 것뿐이다. 육체 생명을 얻기 위하여 정신 생명을 버리는 것이 생식(生殖)이요 정신 생명을 얻기 위하여 육체 생명을 버리는 것이 천명(天命)이다. 육체를 버리는 것, 세상을 버리는 것이 바른 신앙에 들어가는 것이다. 세상을 싫어하고 세상을 버려야 한다. 식욕과 정욕을 미워해야 한다. 모든 탐욕을 버리는 것이 세상을 버리는 것이다. 얼의 자유를 위해 몸은 죽어야 한다. 몸의 죽음이 없으면 얼의 자유는 없다. 거짓나인 몸나가 부정될 때 참나인 얼나에 이른다."

1960년 10월 9일

마음을 비워 두면 우주보다
더 큰 게 들어옵니다.

알라
예 말고 계빌 빈딤! 계셔 예로 뚜렷한 빔 계
말의 말시 괴임 본인 늠들 말에 꾀임 않돼!
알라흐 아들된 말슴 몸딤 딤몸 그 근
(1960. 9. 23. 《다석일지》)

시간을 아껴야 해요. 시간을 저축하는 법이 있는데, 그것은 부스러기 시간, 식사 시간, 기다리는 시간, 마중 나가는 시간 등을 잘 이용하는 거예요. 그 부스러기 시간을 자기 사상을 영글게 하는 데 써야 합니다.

공자의 《논어》 맨 꼭대기에 이렇게 나와요. "배우고 또 익히면 또한 기쁘지 아니한가. 먼 곳에서 찾아오는 벗(이 있으면) 또한 즐겁지 않은가. 누가 알아주지 않아도 찾아오지 않아도 섭섭하게 생각 안 하니 그이(군자) 아닌가."(《논어》 학이 편) 배우고 익힌 것도 이 섭섭하게 여기지 않음을 배우고 익힌 것입니다.

내가 오늘 아침에 오는 길에 제법 잘 지은 집에 들어가는 중학생들이 저희끼리 서로 얘기 하는데, 저들의 몸짓이 모두 감투 쓴 사람의 냄새를 피워요. 그들의 마음은 벌써 감투를 썼어요. 조그마한 것들이 그런 생각을 가지고 있으면 커서 뭣이 되겠어요. 글쎄 이승만이 나라 세울 때 공무원보고 최저 생활비도 주지 않고 청렴만 하라고 하니 그게 될 말입니까? 그때부터 난 이승만이 틀렸다고 했어요.

편리를 생각하면 전체를 생각할 수 없어요. 개인의 편리한 것을 취하면서 나라 생각한다는 건 거짓이에요. 지식을 취하려고 대학에 가는 것은 편해보자, 대우받자는 생각에서지요. 양반 사상, 관존민비(官尊民卑) 사상이에요. 그런 생각으로 대통령, 총리 되면 뭘해요. 그런 사람이 무슨 나라를 생각하고 백성을 생각하겠어요. 요새 대학이란 수지가 안 맞는 거예요. 수지가 안 맞으니 도둑질하는 것과 같아요. 말이 어떻게 감정적인 데로 가버렸습니다.

'예 말고 계볕 빈뭄!' 예(상대 세계, 有) 말고 하면 어딜 가나 '계볕'('계'는 절대 세계, 無) 해야지, 안 돼요. 맘(心)이 '빈뭄'이 돼야 해요. '빈뭄'은 곧 거기 아버지 계신 데에 간 것입니다. 거기와 여기는 떨어진 게 아닙니다. 극락이란 '몸이 빈' 지경이에요. '몸이 빈' 지경에서 손바닥을 한 번 치면 이 사바 세계가 곧 극락 세계로 변한다는 말이 《화엄경》에 있어요.

송(宋) 태조(太組)가 개국 공신을 모아놓고 제군(諸君)이나 나나 다 일생을 잘 먹고 잘 입고 계집 데리고 즐겁게 살자는 게 목적이 아니냐, 그러니 봉토(封土)를 해줄 테니 살라고 했어요.

우리는 '예' 말고 '계볕 빈뭄'인데 우리 맘은 비워 두면 이 우주보

160

다 더 큰 게 들어옵니다. 내가 칠십 평생을 생각하면서 살아왔는데 '알라'를 씹어보면 이쯤 되는 게 말의 말씨가 아닌가 생각해요. 말의 말씨에 괴임(사랑)을 받는 것 같아요. 하느님에게 괴임을 받아야 참 괴임이지, 남에게 괴임을 받는 것은 꾀임받는 거예요. 그러다가 그게 뒤집히면 치욕이 되는 거예요.

천연두는 우두를 맞으면 면역이 생기는데, 자기는 면역이 있다고 생각하다가 걸리면 참 분할 거예요. 마찬가지로 자기는 세상에 대해, 일체 세속적인 것에 대해 면역성이 없는데도 스스로 면역성이 있다고 생각하면 그것은 참으로 위험한 거예요. '알라'의 말씀이란 '알아라' 하는 거예요. 로고스란 근원이니까 하느님의 씨와 같아요. 우리 속에도 예수 속에도 하느님의 씨가 있어요. 그 씨를 자각하는 게 괴임(사랑)을 받는 거예요.

어떤 목사가 젊은 시절에는 결혼하는 것을 죄악시하곤 했는데, 수십 년 목사 생활을 잘 하다가 남녀 관계의 추문으로 교회를 떠났다고 해요. 남의 일이니 잘 알 수는 없지만 그건 난 알 수 없어요. 말씀을 알아야 해요. 말씀을 알다가도 모르면 통히 뭐가 뭔지 몰라요. 공자와 맹자는 40세에 불혹(不惑)이라 하였지만 그것은 큰 이의 말이고 보통은 더욱 혹해요, 더 모르게 돼요. 20~30대에 정욕이 가장 성한데 그 정욕이 쇠하면 마음이 풀어져버려요. 젊을 땐 단순해서 좋아요! 진리와 종교에 빠져버려요. 도무지 뭐가 뭔지 모르게 돼요. 정욕이 강할 때는 냉정하다가 마음이 풀어져버리면 그때 가서 엉뚱하게 그런 데 빠져버려요. 말씀을 알아야 해요. 몸뚱이를 위해서 지식을 찾지 말아요. 먹기 위해서는 땅을 파요. 몸을 말고 맘(心)을 비게(空)해서 모아 두어야 해요. 우리가 지금 예(여기)서 감사해야 할 일이 있다면 몸이 성한 거예요. 우리의 몸이란 어찌 보면 원수예요. 감옥이에요. 그런데 몸이 성하지 않으면 이중으로 갇혀요. 예(여기)서 이렇게 몸이 성한 것에 어머니께 먼저 감사해야 해요.

우리 혈육이란 이런 거예요. 이건 짐승이에요. 사람이 육(肉)을 쓰고 있는 한은 별 수 없이 이런 거예요. 사람이 죽고 관 뚜껑을 덮고 나서야 그 사람에 대해 말할 수 있어요. 진리에, 종교에 열중하던 사람도 기운이 풀어질 때는 그만 혹하기 쉬워요. 그런데 입은 살아서 여전히 똑같은 말을 할 수 있어요. 그러나 속은 완전히 다 풀어졌는걸요. 젊을 때는 단순해서 부러운 게 많아요. 그저 운동에, 학문에, 예술에, 진리에 열중하게 되는 거예요.

〈알라〉, 이것을 매일 아침 외는데 그러면 내 생명이 긴장하게 돼요. 기도는 혼자서 해요. 제 기도는 제가 해야 해요. 여럿이 모여 할 때는 암만 해도 하는 척하게 됩니다. 이렇게 거짓으로 하는 기도는 미워해야 해요. 지극한 말을 하고 나면 기도나 찬송한 것과 같아요.

太空頌(태공송)

萬物之中人正小(만물지중인정소)

斷見以爲虛空無(단견이위허공무)

物在莫大空上微(물재막대공상미)

自叵能見叵斷無(자파능견파단무)

正有太空邪萬物(정유태공사만물)

眞無一死假長壽(진무일사가장수)

居天立地行空中(거천립지행공중)

無往不復大丈夫(무왕불복대장부)

(1960. 9. 24.《다석일지》)

이 만물이란 떡에 핀 곰팡이예요. 귤 껍질의 울룩불룩한 것이 세균
에게는 산 같을 거예요. 마찬가지로 그렇게 사람이 지구와 비(比)해
질 수 있습니다. 마찬가지로 천지만물이란 떡의 곰팡이 같은 거예요.
제 자신은 장한 체하지만 아무것도 아닙니다.

죽음이란 참으로 없는 거예요. 하늘에도 땅에도 죽음이란 없는 건
데 사람은 죽음의 종이 돼 있어요. 있는 게 늘 걱정이지요. 참 없으면
걱정 없지요. 장수(長壽)란 거짓 목숨인 가짜예요. 죽음의 중간에 얼
마 동안 산다는 것은 한때입니다. 한때 있는 때예요. 한때 꿈을 꾸어
빚을 갚고 마는 것입니다.

이 조그만한 사람이란 것이 제 눈에 안 보이는 것은 없다 하니 이게 될 말입니까? 난 20세 전후에 불경과 《도덕경》을 읽어 빈(空) 것을 좋아했어요. 그런데 그때는 빈 것을 즐길 줄은 몰랐어요. 요새 와서야 비로소 빈 것과 친해졌어요. 불교에서는 백척간두(百尺竿頭)에서 진일보해야 빈 데 갈 수 있다고 해요. 그 간두(竿頭)에도 매달려 있는 한, 빈 데에 갈 수 없어요. 솟구쳐 올라가야 해요. 그래서 늘 태허공(太虛空)인 하느님을 찬송해요.

풀이

1960년 9월 23일 새벽에 지은 시조 〈알라〉를 1960년 9월 23일 금요일 YMCA 연경반 강좌에서 칠판에 걸어놓기까지 하였으나 시간이 모자라 충분히 풀이를 못하였다. 그래서 1960년 10월 9일 일요 모임에서 다시 강의하게 되었다. 9월 23일 강의에서 시간 관계상 마음껏 풀이하지 못하여 아쉬웠을 것이고, 이 자작 시조가 그만큼 흡족한 것임을 보여주는 것이기도 하다.

'알라'는 꼭 알아야 한다는 말이다. 빔(허공)이 모든 물체의 근원이면서 참나인 것을 알라는 말이다. 물질 세계인 '예'서 영성 세계인 '계'로 돌아가자는 것이다. 물질에 갇힌 것은 생사(生死)에 갇힌 것이다. 여기 매인 데서 자유하는 길이자 얼이요 빔으로 없이 계시는 하느님께로 돌아가는 것이다. 하느님께로 돌아가는 것이 참나인 영원한 생명으로 돌아가는 것이다.

1960년 10월 14일

겸손이란 고개 숙이는 것이 아닙니다.

큰 겨를은 한겨울
빛에 혹이 나니 한늘! 땅에 물것 생겨 산몬!
물것 건히고, 혹 드러가는 땐 겨울이랄가!
추워서 겨울이 안요. 틈이 넉넉 겨를요!!
(1960. 10. 14. 《다석일지》)

빛 우럽은 이 묻엄 별름 같은 짓 않
땅은 두레 밥그릇이자 두레 묻엄이 뚜렸!
살아 땅 쌈들 ᄒ다가 죽엄조차 별러 묻잠!
별러서 미이라 됐선! 무슴 쌀을 봤대냐?
(1960. 10. 14. 《다석일지》)

그러케 떨려 살겠냐
바닥브터 밟아 옳으는 이 좁은 땅을 갖임(마태 5:5)
컹정 컹정 뛰어 높된 듯 꿈은 가지에 매달림

하늘 높 처다볼 수도 땅 못 드딜 발 발 발!

(1960. 10. 13.《다석일지》)

듣고 잡은 말슴은

긇 남 모르게 ᄒ고 옳은척만 햇슴 홀때와

옳 남모르게 히선 오히려 긇잖아? ᄒ는터

이 때 터 다터러 불때라 ᄒ심을 참 아른뒤!

(1960. 10. 7.《다석일지》)

한마디로 생전 갈 말은 없는데 사람들이 그것을 찾습니다. 나에겐 간단한 말로 '계계'가 있는데 '저기', '거기'라는 의미입니다. 예(여기, 이제)의 나를 꼭 붙잡아 두면 일체(一切)가 있어요.

하루를 무심히 지내면 백 년, 천 년을 살아도 다 잃어버립니다. 5천 년을 긴장해서 살아왔다면 지금 요 모양만으로 되지는 않았을 것입니다. 선조(先祖)나 나나 모두 하루를 무심히 편안히 지냈기에 지금 요 모양이지요. '계계'란 아버지 계신 곳이며, 곧 내 집이지요. 그저 아무것도 아닌 무심한 여기입니다. '저기' '거기'에 점을 하나 더 찍으면 '계계'가 됩니다. 계계 간 것처럼 든든한 게 없어요. 계계 가자는 것이 예수의 신앙 정신입니다.

근본에 우리가 있었고 종당에 우리가 갈 곳이 계계입니다. 이 상대계에서는 가까울수록 멀어지고 멀수록 가까워지지요. 하늘나라는 가까워질 때 가까워졌다가 하나 됩니다. 상대 세계에선 어디 목적지에

갔다가 돌아올 생각 하면 멀어요.

우리가 '말'을 가진 게 제일 이상한 것입니다. 성경에서는 천지 만물도 말씀으로 지었다, 말씀만이 남는다고 했어요. 말 중에 으뜸가는 말은 말의 말씨입니다. 나는 말의 말씨를 '계'라고 생각합니다. 우리가 서울에 와서 공부하고 가지만 나중에는 '계'에 가야 합니다. 종당에는 '계계' 가야 합니다. 말의 말씨에 괴임(사랑) 받은 이는 꾀임에 안 듭니다. 괴임은 하느님의 은총이지만 꾀임은 사람의 학설, 선전 같은 것에 홀리는 것입니다.

'ㄱ'은 으뜸을 뜻합니다. 으뜸을 상징하는 글자입니다. 우리말에도 'ㄱ'이 맨 처음에 온 것은 우연한 일이 아니에요. 그, 그리스도, 킹(King), 군(君) 모두 맨 위는 ㄱ형입니다. 위(ㄱ)와 뒤(ㅣ)가 가려져 ㄱ이 되어 안전합니다.

'계'는 하느님의 얼의 나라를 뜻하는 '거기'의 준말입니다. "위로부터 오시는 이는 만물 위에 계시고 땅에서 난 이는 땅에 속하여 땅에 속한 것을 말하느니라. 하늘로서 오시는 이는 만물 위에 계시나니 그가 그 보고 들은 것을 증거하되……"(요한 3:31~32) 위가 '계'란 말씀입니다. 보고 들은 것은 묵시록에 나오는 그런 하늘에서 본 게 아니에요. 말씀에서 보고 들은 거지요. 예수가 하늘에서 왔다면 그가 말했을 것입니다. "내가 하늘에서 살 때에"라고 말했을 거예요. 우리도 말씀(로고스)에서 나왔으니 말씀으로 돌아가자는 게 나의 신앙입니다.

'빛(비ㅎ)'는 맨 처음 태공(太空)입니다. 나는 공(空)을 수십 년 말했는데 처음에는 '빈탕', 이제까지는 '빔'이라 했습니다. 이제부터 '빛'입니다. 지금부터 '알라'와 '빛', 이 둘은 내가 오랫동안 곱씹을 것입니다.

여기서는 '겨를'을 찾지 말아요. 하루 몇 시간 자는 겨를 외에는 부지런히 가야 해요. '한늘'은 큰 시공(時空)입니다. 우주(宇宙)의 우리말입니다. 이 우주는 '빛(空)'에 혹이 난 것입니다. 혹이란 무용지물입니다. 종당에는 '빛'에 돌아갈 것입니다. '물것', 동식물의 생물은 물건입니다. '산몬'은 생물(生物)입니다. 〈큰 겨를은 한겨울〉은 영원한 안식을 '겨울'에 비유한 것입니다. '여기서는 겨를을 찾지 말고 그 겨를에 가기를 힘써라. 거기에는 영원한 안식(겨를)이 있다.'라는 뜻입니다.

이렇게 넉넉한 겨를에 갈 것을 생각하면 요 작은 데서 서로 일하지 않으려고 다투지 않을 것입니다. 우리가 여기에 온 것도 긴 겨를이 심심해서인지 몰라요. 이런 걸 한번 생각해봐요. 참선이니 명상이니 하는 것보다 이런 걸 한번 생각해보면 속이 좀 시원하지 않아요?

'두레 밥그릇', 이 땅은 사회 공동의 밥그릇입니다. 또한 공동의 무덤임이 뚜렷합니다. 땅 싸움은 곧 밥 싸움이에요. '우럽은 이'는 '우러러본 이'입니다. '묻엄(무덤) 별름'은 묘지를 잘 꾸미는 일을 말합니다.

정말 '빛(허공)'를 우러러본 이는 여기에서 조그마한 일에 관심을 두지 않습니다. 정말 큰 것을 보고 나면 이게 뭐야 글쎄라고 하게 됩니다. 무덤에 혼자 묻혀 절 받자고 하는 게 늙은이들의 심리인데, 이건 젊은 사람들보다 늙은이가 더 철이 없어요. 40억(당시 세계 인구 수)이 한군데 묻히면 친목도 되고 좋잖아요. 송장이 미라가 돼서 이집트에서는 무슨 좋은 일을 봤건데 그렇게 무덤에 마음을 쓰는 것입니까?

'좁'은 복(福)입니다. 마태복음에 다섯 번이나 복 받는다는 말이 나오는데 복 대신에 '좁'이라 해보았습니다.

땅은 우리의 어머니요 밥그릇인데, 그렇게 보는 이가 없고 모두 상품으로 봐요. 겸손한 자, 땅을 어머니로 모시고 밥그릇으로 보는 자, 종당에는 이 겸손한 자가 땅을 차지할 것입니다. 땅을 어머니로 알고 밥그릇으로 아는 자는 놀지 않아요. 사랑하니까 부지런합니다. 겸손이란 남을 어려워하고 절하는 자가 아닙니다. 남이 뭐라거나 땅을 어머니로 모시는 자입니다.

인생이란 많은 때[時]로 이루어진 것인데, 우리는 그른 짓을 남 모르게 하고 옳은 척만 할 때가 많이 있습니다. 인생에는 이런 때가 참 많아요. 또 옳은 것을 남 모르게 하는 것을 그르다는 터. 이런 마음을 품은 자는 말씀 들을 자격이 없는 거예요. 이 때(垢)를 자꾸 벗기지(씻지) 않으면 우리가 때(더럼) 속에 파묻혀 죽을 만큼 때가 많아요. 이런 때와 터를 다 불살라버려라, 이게 하느님의 말씀입니다. 원자 전쟁(핵전쟁)이 일어나서 우리가 멸망한다고 하지만 그런 전쟁이 없어도 멸망하는 거예요. 종당에는 없어져 '빔'으로 돌아가는 겁니다. 거기서 나왔으니 거기로 돌아가는 거예요. 그러니 나는 빔(空)를 찬송하는 거지요. 이 불 때라 하신 말씀을 참으로 안 뒤에야 말씀을 찾을 수 있습니다. 그런 후에야 말씀을 찾아야지, 그러지 않고는 말씀을 들어도 소용없습니다.

풀이

다석은 말 가운데 으뜸가는 말로 '계' 또는 '계계'를 들었다. '계'는 '거기(彼岸)'라는 뜻으로 하느님 나라, 곧 얼의 나라를 뜻한다. 예수가 가르쳐준 기도 말씀 중 '나라이 임하옵시며'의 '나라'가 땅의 나라가 아니고 얼의 나라이다. 이 세상을 투영한 묵시록의 하늘나라도 아니고 정토종의 극락 세계도 아니라는 것이다. 단테(Alighieri Dante)가 그린 《신곡》의 지옥, 연옥, 천국이야말로 거짓말 가운데 가장 큰 거짓말인 것이다. 그런 미신에서 빨리 벗어나야 한다. 하늘나라(하느님)는 밖으로는 무한한 빔(태허공)이요, 속으로 충만한 얼(성령·법성)의 나라이다. 유한 우주는 태허공인 빔에 쓸데없는 혹이 난 것에 지나지 않고, 지구에 생명이 나타난 것은 귀찮은 물것에 지나지 않는다고 말하였다. 한마디로 유(有)인 물질 세계의 부정이다. 그 얼의 나라가 우리가 얼나로 돌아갈 안식의 나라이므로 이 상대 세계에서 겨를(안식)을 찾지 말라는 것이다. '계'가 우리의 본향이요 본체라는 말이다. 곧 그것이 삶의 목적이다.

두 번째 시조 〈빛 우럽은 이 묻엄 별름 같은 짓 않〉은 하느님이신 태허공(빛)을 우러러 받드는 이는 거짓나인 제 몸뚱이 묻는 일이나 무덤 치레 따위는 안 한다는 것이다. 다석은 몸나는 거짓나이므로 몸일은 최대한으로 간소하게 하여 예수, 석가처럼 겨우겨우 사는 것이 가장 잘 사는 것이라고 생각하고 말하고 실천하였다. 예수가 몸나를 멸망의 생명이라고 한 것은 거짓나라는 말이다. 거짓나에게는 살아서나 죽어서나 정성을 기울일 필요가 없는 것이다. 예수는 말하였다.

"영원한 생명은 얼나이니 몸나는 쓸데없다. 내가 너희에게 이르는 말이 얼이라 영원한 생명이다."(요한 6:63, 박영호 의역) 살아 생전의 육신도 아무것이 아닌데 죽어서 썩은 송장을 귀하게 여긴다는 것은 어리석기 그지없는 일이다. 몸뚱이를 참나로 착각하고 있으니 그런 짓을 하려는 것이다. 잘못된 자아 집착의 증표이다. 제나(몸나)가 거짓인 줄 알고 얼나(참나)로 솟난 예수, 석가가 얼마나 훌륭하고 거룩한지를 알 수 있다. 살아서 무소유였고 죽어서 무분묘였다. 다석은 이렇게 하는 것이 바르게 사는 것이라고 하였다. 다석은 자주 말하였다. 우리 몸은 땅에서 꾸어 온 것이다. 그러니 죽으면 불살라 흙으로 돌려주면 그만이라는 것이다. 다석은 이 땅(지구)이 인류 공동의 밥그릇이요 또한 무덤이기도 하다고 말하였다. 정말 빔(허공)를 우러러보는 이는 아주 깨끗이 없어지는 것이 거룩해지는 일이요 영광된 일이라고 하였다. 땅을 어머니로 모시는 이, 땅에서 부지런히 일해 사람들의 먹거리를 생산하는 이가 노겸군자(勞謙君子)이다.

그다음 시조 〈그러케 떨려 살겠냐〉에서도 "바닥브터 밟아 옳으는 이 좁은 땅을 갖임(마태 5:5, 류영모 의역)"을 시조의 초장으로 하였다. 다석의 풀이말로 다른 말도 있었을 터인데 받아 적은 말이 보이지 않는다. 사람이 바로 되는 길은 짐승인 제나로는 없어지게 작아지고 얼나로는 온 우주에 가득하게 커지는 것이다. 그것이 예수, 석가가 보여준 하느님 아들로서의 삶의 모습이었다. 지극히 겸손하고 지극히 성결(聖潔)한 삶이다. 겸손한 삶은 이마에 땀 흘리며 일하는 것이고 성결한 삶은 욕망을 버리는 것이다. 예수, 석가처럼 얻어먹고 사는 것은 일하는 것보다 더 겸손한 자리에 선 것이라 하겠다. "경정 경정 뛰어 높된 듯 꿈은 가지에 매달림/ 하늘 높 쳐다볼 수도 땅 못 드딜 발 발 발!" 교만한 생각으로 이마에 땀 흘리기를 미천하게 여겨 땀 안 흘리는 일을 선호하여 껑충껑충 뛰어올라 나무에 매달린 꼴이 되니, 머리로는 하늘을 쳐다볼 수도 없고 발로는 땅을 디딜 수도 없어 발발 떨게 된다고 묘하게 나타내고 있다. 높은 자리에 올랐다는 이들이 교도소 담장 위를 걸어가는 듯하니, 언제 교도소 안으로 떨어져 옥살이를 하게 될지 아슬아슬하다는 말이 바로 그 말인 것이다. 그들은 자기 자신만 알고 자기 핏줄만 알지, 위로 하느님을 생각할 줄도 모르고 아래로 어려운 이를 도울 줄도 모른다. '발 발 발'은 발(足)이란 이름씨(명사)를 발발 떤다는 어찌씨(부사)로 썼다. 발은 바르게 걸어가라고 발인데 발발 떨어서야 되겠는가?

마지막 시조 〈듣고 잡은 말씀은〉에 대해 주규식이 받아 적은 다석의 풀이말은 매우 적다. 다석은, 긇은(그른) 일을 남 모르게 하고 옳은 척만 했으면 할 때와 옳은 일을 남 모르게 해선 오히려 그르지 않나 하는 터, 이 두 가지 경우의 때(시간)와 터(공간)를 다 털어 불태워버려라 하심을 참으로 알고 나서 하는 말씀을 듣고 싶다고 한 것이다.

이 글에는 공개하기 망설여지는 배경이 있다. 다석은 애제자 함석헌의 실덕을 알고서는 그가 말과 글을 끊고 근신하기를 바랐다. 민주화 운동의 선봉장인 그의 근신, 은둔을 장준하, 고은 등은 받아들일 수 없었다. 그래서 은사의 스승인 다석에 대한 불평이 터져 나왔다. 다석이 나라를 위해서 한 일이 무엇이냐는 항의였다. 이 말을 전해 들은 다석은 그들의 항의에 어이가 없었다. 그래서 이런 글이 나오게 된 것이다. 다석은 시간, 공간을 초월해 계시는 하느님의 말씀만 듣고 싶다고 하였다. 사람 입에서 나오는 시비의 소리는 더 듣고 싶지 않다는 속마음을 드러낸 것이었다.

있고 없고를 초월한,
없이 계시는 하느님입니다.

좁게 미는 빛 넓게 피는 빛

빛 낮힌 빛 빛 낮인 몬 헤진 몬지로 - 빛깔.

몬지 지은 그릇 깰 때 맨들 맨꼭대기 - 올곧.

몬몬몸 몰몸때 빛벗 그 가온터 솟나 빛.

(1960. 10. 4.《다석일지》)

생각을 좁게 만드는 빛, 생각을 넓게 피우는 허공(빛)

빛(허공)를 낮게 느끼게 만드는 빛. 빛에서 더 낮아진 몬(물질). 몬에서 떨어져 나간 먼지. 먼지에 반사된 빛이 빛깔(色)./ 먼지(흙)로 지은 그릇(몸) 깰 때(죽을 때, 깨달을 때) 빈 맘(얼)으로 들어올려 하느님(맨꼭대기)께 닿으니 올바르고 곧아./ 몬(물질)이 모여 몸을 맘으로 말(부정함) 때 땅에 진 빛 벗고서 가고 오는 이 누리 터 박차고 얼나로 솟나 빛(허공)로. (박영호 새김)

예배할 때는 먼저 묵도하잔 말이 있는데 우리는 반대로 우리의 몸뚱이인 이 서울의 인구 포화 상태부터 먼저 생각해봅시다. 이래 가지고는 못 살아요. 청진기를 댈 필요도 없이 우리의 생리가 잘못됐다는 증거입니다. 모두 다 나는 별로 나쁜 짓 안 한다, 나는 제법 이렇게 잘 생활하고 있다, 저런 사람들은 뭘 잘못해서 그렇지 합니다. 하지만 다 잘못되고 있는 거예요. 모두 생리가 삐뚤어져 종당에는 다 못 살게 됩니다.

이 백성이 죽음을 위해서는 많이 하나 삶을 위해서는 아무것도 안 해요. 굶어 죽었다는 소리는 들어도 죽고 나면 빚을 잔뜩 지더라도 초상엔 돈을 많이 써요. 부모가 죽고 나면 부모가 끼쳐준 논밭이 날아가요. 그래야 효자라는 거예요. 그러나 그 반대입니다. 그 논밭 지켜 나가는 게 효자예요. 기독교 신자는 한 70년 동안 제사를 안 지냈으므로 복(福)을 받은 것입니다. 관혼상제를 지나치게 잘 지내는 것은 참 통곡할 일이에요. 기독교가 제사를 금한 것은 참으로 감사해야 할 일입니다. 사람 죽은 데 촛불을 켜놓고 절하고 울고 그게 뭐예요? 더욱이 성당, 예배당에 촛불을 켜놓고 있으니 그 무슨 짓이에요?

모범은 소용없는 것 같습니다. 난 젊어서는 모범을 하면 다 따라오고 잘될 줄 알았지만 그게 안 되는 거예요. 누가 모범을 따라갑니까? 예수, 석가를 모범하는 사람이 어디 있어요? 본받는 이들이 있었다면 세상이 요 모양 요 꼴 됐을 리가 없지요.

'좁게 미는 빛'은 태양의 빛을 말합니다. 빛은 좁게 미는 거예요. 문명이란 이런 좁은 데로 미는 거예요. 빛은 원수예요. 간사한 거예요. 그러면 네 생명도 빛 아니냐 하지만 그렇습니다. 통히 이 해 아래 생명은 간사한 거예요.

관(觀)이 두 개 있는데 비관 아니면 낙관이에요. 나도 젊을 때는 낙관하려고 해봤어요. 이제는 철저한 비관이에요. 이 우주란 혹이요, 사람은 그 혹 위에 물것이에요. 내가 이런 철저한 비관에 도달할 줄은 몰랐어요. 이게 내가 우주를 심판하는 거예요.

'넓게 피는 빛'란 우리의 생명이 피어 한없이 넓어지면 빛(허공)에 도달한다는 것입니다. 즉, 영생할 거예요. 빛(쏫)는 맨 처음 일체(一切)의 근원, 생명의 근원입니다. 빛는 하느님 이전인지 이후인지는 몰라요. 그렇지만 맨 처음은 빛예요. 나도 인격적인 하느님을 생각하는데, 하느님은 인격적이지만 우리 같은 인격이 아니에요. 인격적이란 맨 처음 일체란 의미예요. 있없(有無)을 초월한 거예요. 하느님을 찾는데 물질에 만족하면 안 돼요. 즉, 있는 것에 만족 못 하니 없는 하느님을 찾는 것이지요. 그래 하느님은 없이 계신 이지요. '넓게 피는 빛'라는 이런 말을 내가 30대, 40대에 들었다면 참 시원하다든지 하거나 반대를 해도 톡톡히 했을 거예요. 그때는 이와 비슷한 말도 못 들었어요.

이 해 아래 있는 것은 낮은 거예요. 나온 것은 낮은 거예요. 낮아졌으니 올라가자는 거예요. '빛'가 낮아진 게 '빛'이고 빛이 낮아진 게 '몬'이고, 몬이 헤어진 게 '몬지(먼지)'이고 이 몬지로 된 게 '빛깔'이에요. 먼지에 반사되는 빛이 빛깔입니다.

'그릇'이 있어야 살아가지만 그릇이 너무 많으면 그릇(잘못)됩니다. '깰 때'는 그릇을 깰 때요, 잘못이란 것을 깰 때입니다. 깰 때 하나만이 참 때입니다. 시간은 씻어버릴 때입니다. '몬지'는 더러운 것입니다. 그 때인 거짓을 깰 때 영원에 들어갈 것입니다.

'맨'은 아무것도 없다는 뜻이고, '맨들다'는 아무것도 없는 데서 듦, 그야말로 창조라는 의미입니다. '맨 꼭대기'에서 '맨'은 죄다의 의미입니다. 죄다 꼭꼭 대기. 만물이 죄다 매달린 데. 하나도 그것 없이는 없는 데입니다. 무극·태극의 하느님이 '맨 꼭대기'입니다. 모든 게 거기에 이르러야 합니다.

'올 곧'은 올(義)과 고디(貞, 直)입니다. '올 곧'을 붙잡아두면 그 담에는 안심입니다. 우리가 붙잡아 둘 것은 '올 곧'이에요.

'뭄(心)'은 말라는 것입니다. 왜냐하면 맘이 빈 자가 복자(福者)입니다. 맘을 비워 두자고 맘은 말자는 것입니다. 감정은 담아 두어서는 못써요. 기쁘면 껄껄 웃고 말지, 담아 두면 안 돼요. 노여우면 책상을 한번 탁 치고 그다음엔 잊어버려야 해요.

몬 혜진 몬지 다시 지은 그릇 빛깔 보인 때.
얼 떠러진 얼이 그릇 쓴 몸 다시 혜칠 뭄 터
때와 터 누리라더만 빗때 빛터 빛 빌 빙

(1960. 10. 5.《다석일지》)

몬(물질)에서 헤어져 떨어진 먼지로 다시 지은 그릇(몸) 빛깔이 눈에 모인 때. / 얼(하느님)에 떨어진 얼나가 잘못 쓴 몸 다시 헤치고 나올 맘 바탈이라./ 때와 터(시간 공간) 누리고 살려다 시간의 때 빗어내고 빛 얻은 터(공간)에 도로 갈아 빛의 세계를 비틀어버리고 얼나라이며 허공인 하느님

177

'몬지 지은 그릇', 그릇은 흙먼지로 지은 것입니다. 그릇은 그른 거예요. 옳은 게 아니에요. 사람의 몸뚱이도 몬지(흙)로 지은 그른 것입니다. 말이란 말라는 것인데 말은 의견이에요. 내 의견은 이러니까 네 말은 말라든지, 또 상대가 내게 그렇게 하는 것도 의견을 말하는 것입니다.

술을 빚는다 하지만 그것은 빚지는 것입니다. 종당에는 빚 갚을 것입니다. 꾸어 옴은 꿈입니다. 우리 생활은 꿈입니다. 거짓인 가짜입니다. 꿈은 깨야 할 것, 빚은 갚아야 할 것, 인생이란 종당에 꿈꾸고 마는 것입니다. 꿈 깨자 하는 게 바른 생각입니다.

빚을 벗고 그 근 데를 터쳐 솟아나 빛에 갑시다. 우리가 어머니 배 속에서 솟나온 게 아니라 떨어진 것입니다. 이다음에는 솟아나 빛에 가야 합니다. 떨어졌으니까 위로부터 온 얼나로 솟나야 해요.

이렇게 몇 자가 분열식(分列式)을 해서 이 속에 갖출 걸 다 갖춘 것 같아요. 말이란 정말 이상한 것입니다. 우리말도 정말 이렇게 돼야 좋은 문학, 철학이 나오지요. 지금같이 남에게서 (외국어) 얻어 온 걸 가지고는 아무것도 안 돼요.

예수, 석가는 이 물질 세계를 철저히 부정했습니다. 철저한 부정을 안 하려면 불교, 기독교 믿지 말아요. 예수·석가가 와서 맹목적 믿음인 샤머니즘에서 떨쳐 나왔습니다.

'때'와 '터'는 시간과 공간입니다. '때'는 때(垢)라 빗질해서 때를 벗어야 합니다. 그래서 '터'에 빚진 몸뚱이를 갚아버려야 자유합니다.

태양의 빛은 거짓 빛입니다. 이 빛을 비틀어 빛(허공)에 가자는 것입니다. 그게 '빛 빌 빚'입니다. 나는 빈 데 가야만 해방된다고 생각합니다. 불교나 노자는 한마디로 '공(空)'이라고 표현하면 됩니다. 그러나 기독교로는 빔(空)으로 결론 내리기가 곤란합니다.

누구 하나 못 봤지?
낮에 땟깔 돋고 몬지 탄 빛깔을 받는 낮에
죽은 허믈 앞에 가도 낯꼴 걸고 꽃테두리
드러 그 얼골 속 얼은 거저 왔다 가긴가?
(1960. 10. 5.《다석일지》)

> 누구 하나 못 봤지?
> 낮에 때깔 돋아 흰한데 먼지로 반사되는 햇빛 받는 낮에/ 죽은 허물(송장) 상여 앞에 꽃 테두리 한 망인의 사진을 들고 간다./ 그의 얼굴 속에 들어 있던 얼은 아무런 일도 않고 거저 왔다 가긴가? (박영호 새김)

'누구 하나 못 봤지'는 아무리 오래 같이 있어도 남의 영혼을 못 본다는 말입니다. 이게 서러운 것입니다. 눈은 들창, 코는 굴뚝입니다. 남을 안다면 결국 들창 보고 굴뚝 보고 알았다는 것입니다. 들창이야 종이로 발랐건 유리로 했건, 굴뚝이야 옹기로 했건 벽돌로 했건 무슨 소용이에요. 사람을 알았다는 건 결국 어느 집에 가서 들창과 굴뚝을 한번 보고 그 집을 알았다는 것과 같습니다. 그렇게 알긴 뭘 알아요? 남녀가 서로 연구한다고 쳐다보고 있지만 알긴 뭘 알아요?

'허믈'은 벗어놓은 허물, 곧 송장입니다. '낯꼴 걸고'는 사진 걸고 속을 좀 알자는 게 삶이라는 거지요. 거죽을 핥다가 그만둬요. 사진을 걸어놓고 다 가버립니다. 그렇게 겉만 보고 서로가 안다고 하겠습니까? 서로의 속(얼)을 내놓는 것같이 좋은 일이 없어요. 동지, 지기라는 게 서로 속을 터 내놓는 거예요. '얼골 속 얼', 얼의 골짜구니 속에 얼이 있어요. 우리는 남의 얼은 못 보고 그저 갈 건가요? 아무도 남의 속은 못 봤지요.

풀이

다석은 첫 번째 시조에서 '넓게 피는 빛'와 '좁게 미는 빛'을 대비하고 있다. 이는 예수가 말한 "너희는 아래서 났고 나는 위에서 났으며 너희는 이 세상에 속하였고 나는 이 세상에 속하지 아니하였느니라."(요한 8:23)와 같은 대비이다.

다석이 말한 '넓게 피는 빛'란 말은 얼핏 보면 모순이다. 무한대의 허공이 빛인데 새삼스럽게 넓게 피어날 일이 없을 것 같기 때문이다. 이는 하늘나라가 너희 마음속에 있다는 예수의 말과 같이 언뜻 생각하면 모순이 느껴진다. 하늘나라가 어찌 내 마음속에 있단 말인가. 그러면 이미 하늘나라가 아닌 것이다. 다석의 '빛'나 예수의 하느님 나라는 같은 얼이다. 내 속에 온 한긋의 얼생명이다. 그 얼이 피어나 하느님과 하나되는 것을 말한 것이다. 우리 마음속에 온 얼 생각이 무한대의 빔이요 얼이신 하느님께로 돌아가 하나되는 것이, 바다에서 구름이 피어 생긴 빗방울이 다시 바다로 돌아가는 것과 같다. '좁게 미는 빛', 우리의 몸은 태양계에서 빚어진 햇빛의 결실이라 할 수 있다. 다석은 우리의 몸생명도 빛이라고 말하였다. 다석은 우리가 풍광(風光)에 갇혔다고도 말하였다. 우리가 태양 아래서 햇빛의 공덕으로 생겨나 살아가는 몸삶에 골몰하고 있는 것을 '좁게 미는 빛'의 누리라고 말한 것이다. 그리하여 우리는 무한대의 허공을 잊어버리고 살고 있다. 별 하늘도 잊고 살고 있다. 다석은 호연지기를 잘 길러서 대장부로 살고 싶다는 맹자의 말을 좋아하였다. '넓게 피는 빛'는 맹자의 대장부론 정도가 아니다. 다석은 말하고 있다. "'넓게 피는 빛(허공)'라는 이런 말을 내가 30대, 40대에 들었다면 참 시원하다든지 하거나 반대를 해도 톡톡히 했을 거예요. 그때는 이와 비슷한 말도 못 들었어요." 없이 계시는 하느님이란 말은 다석이 처음 한 말이다.

다석이 그다음 시문으로 〈누구 하나 못 봤지?〉를 꺼낸 것은 자연스런 일이다. 제나를 넘어서 얼나를 깨달은 이를 못 보았다는 말이다. "하느님 아들이란 몸나의 생사를 넘어선 얼의 나입니다. 진리를 깨닫는 것과 죽음을 넘어선다는 것은 같은 말이에요. 죽음을 넘어서는 것은 미성년을 넘어서는 것입니다. 지식에 사로잡힌 사람은 미성년입니다. 진리와 성숙은 같은 말이에요. 죽음과 깨달음도 같은 말이에요. 그런데 이 세상에는 하느님이 주신 얼의 씨를 싹 틔운 사람이라고는 몇 사람 없어요. 얼씨를 싹 틔운 사람을 이 사람은 별로 보지 못하였어요. 이 세상에 몇천 년의 역사가 흘렀어도 얼씨가 싹튼 사람이 몇 사람 있는 것 같아 보이지 않아요. 최후의 승리를 한다는 것의 참뜻이 아직 어디에 있는지 모르고 멸망할 몸나만 바라보는 이러한 세상에 얼씨 싹튼 사람이 어디 있겠습니까? 싹이 트고 안 트고는 별 문제로 하고, 이 사람도 싹이 텄는지 안 텄는지 모르겠어요. 정신 살림이 구차하고 얼씨의 싹이 트는지도 모르는 가운데에도 이렇게 사는 것을 나는 자랑하고 싶어요. 언제나 마음이 평안해요. 옆에 있는 사람은 알 수 없지만 하느님의 씨가 마음속에서 싹이 트는 척만 하여도 이렇게 좋은데, 싹이 터서 자라난 사람은 얼마나 좋을 것이며 이러한 사람만으로 온 세상이 가득하게 된다면 이 세상이 이렇지는 않을 것입니다." 이는 다석이 1956년에 한 말이다.

세상 사람들은 그 사람의 겉모습만 알면서 그 사람을 안다고 쉽게 말한다. 다석은 이를 피상교(皮相交)라고 말한다. 겉껍데기 사귐이란 말이다. 다석은 남의 얼나를 알아주고 나의 얼나를 내보이는 것이 참 삶이라 말하였다.

1960년 10월 21일

'암'과 '옴'과 '아멘'은
모두 똑같은 의미입니다.

잠

몸살 나니 쉬고 잠 먹고 잠 뭣 뭣 뭣 흐고 잠!
마지막음 죽고 잠을! 뻔히 알며 잡아떼 잠?
잠들어 못될 잔말을 곧잘 홀람 잠고대!?
(1960. 10. 19. 《다석일지》)

잠

잠자고 자람 잠들어 이런 꿈(빛갈에 갇힌)이 벌어진다
꿈속에 잠을 자고 잠드러 꿈을 꾸단! 깰건?
불현듯 깨닳아 알 듯! 뜻의 뜻을 뜯고 잠!!

알마디 알마지 가 잠! 자브러도 모자란 꿈!
꾸워서 잘잠이며? 졸리여서 꿈을 꿀랴만
자랄잠 게으르다며? 깰꿈 꿈에 빗질가?

네가 졸리더냐? 남이 꼬이더냐? 꿈잘? 꾸잠?

못 자봤냐? 못 꿔봤냐? 뭔 바람에 잠결? 꿈결?

뒤숭숭 꿈 잠 자리란 밤낮 잠잠 고딕잠(잠고대).

(1960. 10. 20. 《다석일지》)

옴

몬 뭉킨 몸 몸 놓인 빛 빛 피힌 빛 얼키운 제

빛 핀 옳음 솟나긔대 아브 뵈올 첫자리 계

한 계계 도라긴 계계 앎 알맞이 든 봄음

(1960. 10. 21. 《다석일지》)

매우 시끄러운 데서 서로 말을 주고받으면서 말을 잘 알아들으면 그게 바로 사는 거예요. 고요한 데만 찾아서는 못써요. 서울 거리를 다니면 무엇을 사라는 소리가 나는데 이것은 배고프다는 소리예요. 내 배가 고프니 먹을거리를 구한다는 소리입니다.

오늘은 잠에 대해 생각해보지요. 과학적으로는 잠을 어떻게 생각하는지 모르나 나는 잠은 고단해서 잔다고 보아요. 고단한 것은 내 무식한 소린지는 몰라도 몸속의 노폐물이 나가지 않아서 그렇다고 생각해요. 현대인이 지나치게 섭취하기 때문에 나갈 게 나가지 못해서 고단해요. 될수록 나갈 게 나가야 깨끗한 건강을 유지할 수 있어요. 덜 먹어서 살이 안 간다 하는 이가 많은데, 실은 그렇지 않고 나갈 게 안 나가서 그래요. 나갈 게 안 나가서 몸속에 흐르니 불결하고 모든 기관을 불결하게 만드니 불건강이 돼요. 순결한 생활을 한다면 고단한 게 적어요.

모든 사람들이 걱정할 것은 걱정을 않고 걱정 않을 데에 걱정을 너무 지나치게 해요. 잘 때 자야 해요. 낮에 자지 않아야 해요. 일찍 자야 해요. 낮에 고단해도 자지 말고 밤에 숙면을 하면 몸속의 노폐물이 다 빠져나가고 정신이 맑아 깹니다. 낮에 조는 이는 숙면을 못해서입니다. 생활을 바로 하지 못한 이예요. 그 사람 몸에는 늘 노폐물이 그득하니 있어요.

'몸살 나니'는 '몸뚱이의 살이 나(我)니'라는 말입니다. 몸이 살이라 몸살이 안 날 수 없습니다. 몸뚱이는 몸살 나 아픈 거예요. 이 우주는 물질 세계라 아픈 것입니다. '쉬고 잠'이란 고단할 때는 쉬자 하는데, 즉 숨을 쉬자 하고 잠을 자고 싶다는 것입니다. 하고 싶은 것 중에 제일은 자는 거예요. 푹 자고 나면 아주 기분이 좋습니다. 소크라테스는 죽음이 잠자는 것 같다면 얼마나 좋겠냐고 말하였습니다. 죽음을 영면이라고 하지 않습니까? 이 세상에 죽기 위해 나온 건데, 그걸 뻔히 알면서도 죽긴 왜 죽어 하고 잡아떼지만 그게 말이 됩니까? 우리가 이렇게 사는 것도 잠이예요. 깨서 이렇게 오느니 가느니, 성공이니 실패니, 가르치니 배우느니 하는 게 다 잠꼬대예요. 잠꼬대도 심하게들 하지요. '잠자코' 잠드는 것이야말로 평화일 것입니다. 일체 생물이 다 죽어 잠잠하면 정말 그런 미(美)가 어디 있어요. 인류의 멸망은 멸망이 아닙니다. 하느님 나라의 평화입니다.

나는 분명해요. 이 세상은 빛깔에 갇혀 있는 거예요. 이것은 칠십 평생에 나온 한마디 말입니다. '빛'처럼 온전하고 높고 거룩하고 넓은 게 없어요. 대공(大空) 광명(光明)을 최고로 여기는 철학이 있지만 나는 그럴 수 없어요. 빛은 '빟'가 낮아진 것입니다.

우리는 광막(光幕)에 갇혀 있어요. 그래서 우리는 대단히 범위가 좁아요. 빛은 우리를 자꾸 좁게 미는 거예요. 그래서 우리는 원대한 생각을 할 수가 없어요.

때 빚진 것을 벗고, 때 빛을 벗는다는 말이 '때 빛벗어'입니다. 이 서울에 좁게 미는 것은 빛, 광명(光明), 문명(文明)이 있기 때문이에요. 빛 속에 갇혀 있는 꿈이 '이런 꿈'입니다. 잠에 꿈에 맛을 붙여놓으면 깰 생각을 안 해요. '뜻의 뜻'이란 뜻 속의 뜻입니다. 뜻과 뜯은 상통합니다. 제가 뜯어봐야 뜻을 알지요. 뜯어서 뜻을 알게 돼요.

사상가, 철학자란 꿈꾸는 사람입니다. 꿈을 단단히 꾸면 깨요. 잠 잘 못 자고 꿈 잘 못 꿔서 저도 괴롭고 남도 괴롭혀요. 또 곧 잠을 잔다가 '고딕잠'입니다. 잠이 무어냐고 생각해보니 이렇게 '잠'이라 씹히었어요. 종당 사람은 깨자는 거예요. 내가 이렇게 말하면 불교에 가까운데 불교는 깨자는 거예요.

꿈 얘기가 났으니 장자(莊子) 얘기 해보지요. '자유적지(自喩適志)'는 조금도 의심이 없어요. 스스로 뜻에 환히 맞아요. 내가 왜 나비가 됐나 하는 생각이 없어요. 본래 스스로 나비인 줄 알아요. '물화(物化)'는 몬 되어짐인데, 마지막에 가서는 되는 것입니다. 우리는 이 풍광(風光)에 막혀 잠도 꿈도 다부지게 못 꿉니다. 우리말에서 제일 긴요한 것은 '빛', '계계', '근'입니다. 이게 내 결론입니다. 우리는 어디서 와서 어디로 가나? 계계서 와서 계계로 갑니다. '예말고', 예(여기)는 말 거예요. 이건 꿈자리, 잠자린데 많은 말을 갖고 야단할 것 없이 '계' 자 한 자면 모든 게 다 있어요. 이 계가 말 가운데 말의 씨입니다. 내가 '계'를 사랑하면 계도 나를 사랑해요. 내가 하느님을 사랑하면 하느님도 나를 사랑합니다.

나는 하느님을 생각합니다. 날 위해 생각합니다. 생각의 중심이 나예요. 나는 있습니다. 내가 참입니다. 이 나는 '계'에 있는 것입니다. 하느님, 니르바나님도 다 생각하는 것입니다. 그래서 '염불(念佛)'이라 하지 않아요? 이게 나의 작문인지 기도인지 모르지만 얼마 전부터 이걸 아침에 외면 계계 매어졌다는 게 분명해요.

죽은 사람 앞에서 통곡하는 것은 이 사람도 아무도 못 만나고 갔구나, 나도 누구 하나 못 만나고 갈 건가 하는 생각 때문입니다. 누가 남의 속을 알아요. 부부 간에도 서로 모르지요. 알아주는 이를 하나도 못 만나고 거저 왔다 가는 것입니까? 먼저 자기를 알아야 합니다. 스스로를 안다면, 즉 계계서 와서 계계로 가는 것을 안다면 남도 알 겁니다.

우리말에 '음(암)'과 인도어의 '옴'은 히브리어의 '아멘'과 흡사한 음인데. 셋 모두 똑같은 의미입니다. 우리는 빛의 사상이 있지만 이런 빛이 아니고, 참빛이 있어요. 성경에는 참빛(얼의 빛) 사상이 있습니다. 옳게 오르자는 건데 이 대낮의 멀쩡한 빛을 갖고는 하느님께로 못 올라가요. 이 빛을 떨쳐버려야 홀리지 말아야 옳게 오르는 거예요.

'도라근'은 복귀(復歸)입니다. '계계' 가면, 하느님께 돌아가면 볼

것 다 보고 들을 것 다 듣고 알 것입니다. 노자(老子)도 무극에 복귀
한다고 했습니다. '얼키운 계'는 정신을 키운 '계'라는 뜻입니다.

풀이

옛말에도 삶이란 한바탕 봄 꿈(一場春夢)이라 하였다. 다석도 인용
한 장자의 꿈 비유는 백미라 할 만하다. 내가 살아온 일생을 돌아보
면 꿈을 꾼 것임을 느낄 수 있다. 역사도 인류가 꾼 꿈일 뿐이다. 사
람이 꿈을 깨는 것은 삶이 꿈임을 알 때이다. 바꾸어 말하면 이때 상
대 세계가 사라지고 없이 계시는 하느님, 곧 다석이 말한 빔·계·얼
이신 하느님이 참으로 영원하심을 느끼게 된다. 이것이 예수와 석가
가 이룬 아눗타라삼막삼보디(무상정등각)를 이룬 것이다. 사람들이
빔얼의 하느님을 모르는 것은 아직도 꿈을 꾸고 있기 때문이다.

다석은 하느님을 사랑하고 하느님의 사랑을 느끼면서 기쁨의 삶
을 살다 갔다. 하느님이 참나임을 깨닫지 못하고 행복하다는 것은
자신을 속이는 잠꼬대일 뿐이다.

여기에 나온 다석의 말 가운데 빠뜨릴 수 없는 놀라운 말이 있다.
"일체 생물이 다 죽어 잠잠하면 정말 그런 미(美)가 어디 있어요." 여
기서 우리는 다석이 얼마만큼 빔(태허공)를 사모하는지 알 수 있다.
빔 앞에서 생물이든 무생물이든 모든 있(有)은 덜업(더럽)은 것이다.
온전히 없어지면 깨끗해진다. 그래서 아름다운 것이다. '덜 없다'가
'더럽다'이다.

진리니 구원이니 하는 것은
이 꿈을 딱 깨자는 것입니다.

깨우지 무

깨워 길러 살게 흔담 뭉아 빨아 먹고 크램!

알맞 큰뒤 잡아 먹잠! ─먹는 턱엔 말 목 맥힘!

맨위가 사름이 크면, 멕히는덴?

(1960. 10. 16. 《다석일지》)

깨우지 말거나

알을 깨워서 길러 살게 하고, 새끼 낳아 모아 어미젖을 빨아 먹고 크란다./
알맞게 키워 잡아먹는다. 잡아먹을 땐 말문이 막힐 수밖에/ 먹이 사슬의
맨 위라는 사람이 크면 하느님께 잡아먹히나? (박영호 새김)

올

올에의 올은 숨실 올이, 실의 실은 날늘줄(經常編)

사름살올 숨실 올인 계위로 새틈 없는 줄(無間經)

글월줄 모르는 목숨 뉘에 숨실 풀읽오!

(1960. 10. 16. 《다석일지》)

꿈결도 곱기를 빕니다

꾸는 꿈이 이여짐을 복을 받는다들 보고
꾸던 꿈이 깨여지면 화를 입었다 보게 됨
꿈에도 깊이 많은 꿈 죄를 졌다 하지들?

(1960. 10. 16. 《다석일지》)

성경을 읽다가 몰라도 그대로 자꾸 읽어 나가야 해요. 성경이고 불
경이고 그 진리는 자기의 정도대로 알아 가는 거예요. 돈오(頓悟)나
성령(聖靈)을 받으면 한꺼번에 다 될 줄 알아도 그렇지 않아요. 석가
는 단번에 모든 것을 다 안 줄 알지만 그렇지 않습니다. 돈오 후에도
점수(漸修)를 해야 해요. 돈오도 한 번만 하고 마는 게 아닙니다. 인
생의 길이란 꽉 막힌 것 같다가도 탁 트이는 수가 있고 탁 트였다 싶

다가 또 꽉 막히고 그런 거예요.

식자우환(識者憂患)이라 하지만, 참말 알면 괜찮은데 반쯤 아니까 우환이지요. 이 세상이 괴롭고 혼란한 건 반쯤 아는 사람이 너무 많아서입니다. 그래 반쯤 깼다가 그만두려면 애초에 깨우지 말아요. 내 생각 같아서는 학교 수를 줄여야 해요. 이 학교란 사람을 반쯤 깨우고 마는 거예요. 반쯤 선잠만 깨 가지고는 잠투정만 하니 애초에 깨우지 말아야 해요. 물론 인생이란 참으로 깨자고 하는 건데 인생이 깨지 못하면 아무것도 못 돼요.

사람이 밥 먹고 잠자는 것을 바로 알기란, 더욱이 그것을 바로 하기란 정말 어려운 일입니다. 밥 먹는 데는 매디가 있어야 해요. 제때에 먹어야 해요. 끼니(끈이)는 끊었다 잇는 것입니다. 끊었다 먹어야지 이어놓고 먹기만 해서는 건강을 해칩니다. 군것질도 주전부리도 해서는 안 됩니다. 그런데 자기가 정한 것도 며칠이 못 가서 그만 그대로 못 하게 된답니다.

우리 동포가 허덕이고 사는 사정을 들으면 우리도 역시 관세음보살이 되어야 해요. 한 번 듣고 마는 게 아니라 듣고 그 사정을 잘 보아야 합니다. 여러 번 잘 되씹어야 합니다.

식(食) 문제 다음은 성(性) 문제입니다. 식은 안 먹으면 죽으니까, 살자는 인생이니까 먹어야 하지만, 그러나 안 죽으려고 먹는 사람은 없지요. 사람 노릇 하는 데 시집 못 가고 장가 못 가서 사람 노릇 못하는 법은 없어요. 식생활보다 이 남녀 문제가 더 복잡하고 괴상해요. 겉으로는 안 나타나도 속으로는 더 복잡하고 괴상하게 얽혀 있습니다. 정말 여기에 완전히 순결한 자가 몇이나 되겠어요. 이 성에 대한 생각은 먹는 데 허덕이는 사람 외에는 다 갖고 있어요. 이게 인생을 괴롭게 하고 여러 가지 복잡한 문제를 일으킵니다. 다른 일은 아직 깨닫지 못해서 그렇지만 식생활 및 남녀 관계는 인류가 별짓을 다 해본 거예요. 공산주의에서는 남녀도 공동으로 하자고 생각했지만 그렇게 안 된 것은 제도나 습관 때문이 아닙니다. 이제는 더 연구할 게 없어요.

종당에는 뭐든지 생사 문제, 남녀 문제에 귀착되어요. 이는 한없는 문제인데, 이걸 연구한다고 한 짓을 또 하고 또 되풀이하는 것은 못난 이들이에요.

깨자, 그저 깨자는 겁니다. 이것 하나만 하면 그다음 말은 안 해도 좋아요. 깨달아서는 얼(뜻) 하나 서야지요. 이 살자는 밑천이 알자, 알아서 서자(立)는 것입니다. 그저 알아 깨달아 일어서자는 것입니다. 선다는 것은 영원한 생명이 서는 것(立命)이에요.

'서자'는 '세자'입니다. 셈을 세어 나가자는 뜻이 있습니다. 하나 둘 세자와 같아요. 하나 둘 셋, 석점 찍어 앞으로 나아가자는 거지요. 왼발(左足), 오른발(右足) 또 몸, 이렇게 석 점 찍어 앞으로 나아가는 거예요. 변증법의 정반합은 '세어보고 추리하고 일으켜 세움'입니다. 이 셋으로 밀고 나가는 거예요. 어쨌든 하나를 일으켜 세우자는 거예요. 종당에는 일으켜 세우자는 것입니다. 입명(立命)하자는 거예요. 세우는 것은 세 개가 맞춰서 바로 앞으로 나아가는 거예요. 세우는 것은 정반합 세 개로 되는 겁니다. 임신하는 것을 아기가 선다고 합니다. 하느님의 씨인 얼이 내 맘속에 정착되는 것이 입명(立命)하는 것입니다. 자각(自覺)하는 것입니다.

얼, 정신, 마음이라는 것을 영혼이라고 해온 것이 어리석은 생각입니다. 얼이 떨어졌으니 이 식색(食色)에 빠졌습니다. 이 더러운 속에서 인류의 결과가 망측하게 됐어요. 옛날에는 나오는 게 반갑고 인중승천(人衆勝天)이라 하늘도 이길 것 같았는데, 이제는 틀렸어요. 자멸하고 마는 거예요. 이를 막을 재주가 없어요.

사람이 이렇게 많이 퍼지는 건 특별한 은혜를 받은 거예요. 우리가 특권을 갖고 이렇게 번성했는데 종당에 먹으려고 가축을 기르듯이 나중에 아주 톡톡한 번제를 지내려는지 몰라요. 잡아먹힐 놈이 제일 귀염을 받듯이 우리도 이렇게 특별한 은혜를 받았으니, 나중에 잡아먹힐지도 몰라요. 이 시대에는 사회 전체의 문제이므로 나 혼자서만 어떻게 된다는 것은 없어요. 전체 문제가 해결돼야지요.

되도록 애를 낳지 말아요. 이렇게 말하면 내가 애 안 낳는다고 어떻게 되겠나 하지만, 이것은 성공에 붙잡혀 있어서 그래요. 그렇게 하면 뭐가 된다는 게 아니에요.

종당에는 모든 일이 올 이치(理致)에 있는 것입니다. 그리하여 계속해서 자꾸자꾸 경상륜(經常編), 날늘줄을 합니다. 하느님의 말씀을 받아 잇고 엮고 짜서 사상의 천을 이룹니다. 그 천이 씨알의 발을 씻어준 후 닦는 수건이 됩니다.

먼 길을 언제 다 갈까 생각하면 아득하지만 자꾸자꾸 계속해서 가면, 가고 나면 그저 온 것 같아요. 성불(成佛)도 마찬가지예요. 자꾸 자꾸 하면 언젠지 모르게 번뇌를 벗어나 보리 열반에 닿아요. 기독교도 마찬가지예요.

우리 눈앞에 영원한 생명줄이 아버지 계신 위로부터 끊어지지 않고 드리워져 있습니다. 영원한 그리스도란 한 숨이에요. 한 줄이에요. 선조, 나, 자손도 줄곧 끊이지 않는 한 숨이에요. 45억이 모두 한 숨이에요. 한 줄이에요. 불연속의 연속이란 말이 있는데, 생명이란 불연속의 연속이에요. 생명은 끊어졌으면서 줄곧 이어가는 거예요. 오래 살려면 줄을 자꾸 물려줘야 해요. 실이란 곧 말씀이에요. 목숨 줄로 나온 실이 말씀이에요. 나는 다른 아무것도 믿지 않고 말씀만 믿습니다. 모든 성현들이 수백 년 후에라도 썩지 않는 말씀을 남겨놓은 걸 씹어보아요. 이렇게 말하면 종교 통일론 같지만 그렇지 않아요. 나는 통일은 싫어요. 귀일(歸一)이라야지 통일은 되는 게 아니에요.

"꿈결도 곱기를 빕니다." 나는 기도는 안 해요. 그러나 꿈결도 곱기를 바라는 이런 기도는 합니다. 뭐를 해 달라는 기도는 안 합니다. 깨던 꿈이 깨어지면, 꿈 공상이 깨어지면 아이쿠 화를 당했구나 하고 좌절합니다. 자유당도 천년만년 잘살 줄 알았다가 그 꿈이 깨지니 화를 당했어요. 공상도 너무 심하게 하는 게 잘못이에요. 지나친 꿈은 죄(罪)입니다. 고리채(高利債)가 많은데 고리일수록 꿈이 험해져요. 고변(高邊, 고리)은 못써요. 고변을 하면 그걸 얻어 일확천금의 지나친 꿈을 꾸니 못써요.

열반이니 진리니 구원이니 하는 것은 이 꿈을 딱 깨자는 것입니다. 불교에서는 화두(話頭), 공안(公案)이란 말을 잘 씁니다. 이 두 개가 똑같은 말입니다. 불교에서는 참선하는 데 화두가 있어야 해요. 어떤 말을 붙잡아 참선해야 한다고 합니다. 《금강경》이 어떠니 《능엄경》이 어떠니 하면서 어떤 게 좋습니까 하고 묻지만, 어떤 것이든지 자기 앞에 있는 것을 잡아 하면 되는 거예요. 자기 앞에 오는 차를 어떤 차든지 잡아타고 가는 것처럼 제 손에 들어오는 걸 갖고 하면 되는 거예요. 열반에 들어감이란 큰 겨를에 들어가는 것입니다. 하느님 나라처럼 좋은 안식이 어디 있습니까? 열반 나라는 하느님 나라나 같은 얼나라입니다.

말하는 존재는 다 말머리를 가졌어요. 이 말을 잘 풀어야 해요. 불교만 공안, 화두 가진 게 아니에요. 내가 말하는 것도 들은 이가 짐작해야 해요. 자기의 영양이 되도록 스스로 잘 받아들여야 하는 거예요.

말씀뿐입니다. 나는 말씀뿐이라고 합니다. 원실(元實)은, 실존(實存)은 말씀입니다. 말이란 얼의 활동입니다. 하느님의 생명인 얼이 나에게서 말씀으로 나타납니다.

어떤 인생관도 제 인생관이지, 남에게 꼭 주장할 수 없어요. 어쨌든 우리는 지금 이상한 잠을 자고 있는 거예요. 젊어선 꿈이 있어야 해요. 깨자고 꾸는 꿈입니다. 깨자고 꾸는 꿈은 꾸는 게 아니에요. 꿈을 꾸려면 바로 꾸고 그러지 않으려면 무몽(無夢)해야 해요. 그저 밤낮 남에게 얻어서 살려는 생각, 그것 못쓰는 거예요. 하느님의 말씀으로 살아야 합니다.

풀이

　다석은 큰 깨달음을 이룬 이다. 다석은 여기에서 돈오(頓悟)와 점수(漸修)를 언급하였다. 깨달은 이에게서 깨달음에 대해서 한 말씀 듣는 것은 더없이 유익한 일이라 하겠다. 깨달은 이를 쉽게 만나기가 어렵기 때문이다. 나보다 힘 있는 존재에게 제물을 바치고서 화를 면하게 해주고 복을 내려 달라고 비는 의식을 하면 종교 신앙이라 하는데, 샤머니즘의 기복일 뿐이다. 깨달음이란 영원한 생명인 얼나를 깨닫고 어버이가 낳아준 제나를 버리는 것이다. 깨달음은 짐승인 제나가 거짓나임을 아는 것과 동시에, 하느님으로부터 온 영원한 생명인 얼나를 깨달아 하느님의 생명인 얼나가 참나인 것을 아는 것을 말한다. 돈(頓) 자는 갑자기 땅속에서 싹이 불쑥 솟아 나오는 것을 나타내는 회의문자이다. 돈오(頓悟)는 마음속에 새로운 나가 불쑥 솟아 나오는 것이다. 이제까지 어버이가 낳아주신 제나(몸나)밖에 몰랐는데 하느님이 주시는 새로운 얼나를 깨닫는 것이다.

　예수가 공생애에 들어가면서 외친 첫 소리가 메타노에오(μετανοεω, 회개하라)인데 깨달으라는 말이다. 생각(맘)을 제나에서 얼나로 옮기라는 말이다. 단순히 지난 잘못을 뉘우치라는 말이 아니다. 멸망의 생명인 제나에서 영원한 생명인 얼나로 삶의 목적을 바꾸라는 것이다. 그러나 제나가 싹 죽어 없어지는 것이 아니니 계속 제나로 죽고 얼나로 솟나야 한다. 돈오는 한 번 하고 마는 것이 아니라는 다석의 말이 바로 이것이다. 석가와 예수가 얼나를 깨달은 다음에도 수시로 석가는 나무 밑에서 예수는 산속에 가서 명상 기도를 한 것도 그 때문이다. 예수와 석가는 제나(몸나)의 행운을 위해서 기도한 것이 아니라 얼나의 깨달음을 얻고자 기도하였다.

영원히 사는 것은
피나 살이 아니라 말씀입니다.

종교는 자유이므로 자기가 어떻게 믿든 자기에게 분명한 것을 믿으면 돼요. 남의 말 듣고 믿으면 그게 뭐예요. 한 마리 개(犬)가 제가 의심이 나서 짖는데 다른 개가 따라 짖어요. 사람이 그러면 그게 무슨 짓이에요? 사람은 사는 동안에 지나친 욕심을 품어요. 도교에서 도를 닦으면 신선(神仙) 된다느니, 예수 믿으면 예수가 내려와서 죽지 않고 살려서 하늘로 구름 타고 올라간다느니, 이런 것을 믿고 있어요. 살 욕심 때문에 이런 것을 믿어요. 그런데 남의 종교를 보면 유사 종교만 같아요. 그러나 자기들은 분명한 종교예요. 영생에 대한 예수의 정의는, 오직 하나이신 하느님을 아는 것과 그가 보내신 얼나를 믿는 것(요한 17:3 참조)이라고 했습니다. 예수는 도무지 비판을 안 하시는 이예요. 하지만 정 비판하고 싶을 때는 비판했어요. 결혼해서 이혼할 수 있다고 한 모세 율법을 부정하였어요. 자기도 모르는 건 모른다 했고 아버지만 아신다고 했어요. 예배는 성령으로 한다고 했으나 제도에 대해 더 비판하지 않았어요. 성전의 장사꾼들을 쫓은 일도 있으나 사회 개혁을 하자는 뜻은 아니었습니다. 그이(君子)는 참

의 말씀을 했습니다. 그런데 제도나 형식을 개량하고 비판하는 말은
안 했습니다.

참으로 살면 영생한다고 했어요. 영원히 사는 것은 피나 살이나,
뼈가 사는 게 아니고 말씀이 산다는 것입니다.(요한 12:50 참조) 말씀
이 산다는 것을 알아야 합니다. 성경에는 맨 처음에 로고스(말씀)가
있었다고 했어요. 창조주가 로고스를 만들었다고는 안 했습니다.

예수만이 말씀으로 된 게 아니어요. 개똥도 말씀으로 됐어요. 예수
교인의 생리는 이상해요. 예수만 말씀으로 됐고 우리는 딴 데서 왔다
고 생각합니다. 이게 겸양이에요 뭐예요? 말씀밖에 믿을 게 없어요.
믿을 건 우리의 몸뚱인데, 이건 언제 죽을지 몰라요. 성경에는 천지
가 멸한다고 하였습니다. 시작이 있으면 끝이 있다고 했어요. 말씀은
영원히 간다고 했습니다. 난 말씀 외에는 아무것도 믿지 않습니다.
창조 신(야훼)을 난 안 믿어요. 전지전능한 게 무언지 모르지만 전지
전능한 신이 이 세상을 이렇게 못생기게 만들었을 리가 없어요. 그러
나 함부로 말해선 못써요. 내가 이 세계와 그 만든 것을 몰라요. 그
걸 알면 정말 시원하게요? 그것은 불가사의한 것입니다.

信(신) 자가 이게 사람 인(人)에 말씀 언(言)이 붙은 게 참 이상해
요. 유교에서는 정성(誠)을 최고라 하는데 우리말로 하면 '참말'이에
요. 또 하느님은 하느님이고 하느님을 생각하는 게 사람입니다. 또
성자(誠者)는 물지종시(物之終始)라고 했어요. 물(物)의 시종을 알려
면 성(誠)을 다해야 한다고 합니다. 기독교만 말씀이 아니에요. 불교
도 말씀이에요. 설법이라 합니다. 법(Dharma)이란 진리란 말인데, 얼

나입니다.

계(하느님)가 말의 말씨예요. 이게 로고스입니다. 로고스의 괴임 본
이는 남의 말에 꾀임 안 듭니다. 이 우주는 거짓말로 가득 찬 거예요.
이런 지경을 예수는 맹세 말라, 또 아니라거나 혹은 기라거나 이외는
말하지 말라, 많은 말은 악으로 좇아 나오는 거라고 했습니다. 만약
에 사람이 예, 아니오만 한다면, 그게 꼭 틀림없다면, 절대로 변하지
않는다고 하면 그게 어떤 지경이겠습니까? 영원히 오고 가는 생명,
종당엔 한 생명으로 완성되는 그 생명인 그리스도(얼나)는 전체의 생
명이지 어떤 시대 어떤 인물의 것이 아닙니다.

날늘줄(經常綸)
졸르느니 밖에 있나? 넉넉ᄒ니 밖에 있나?
먼동안 섬기긴 넉넉히야! 가까완 졸름만!
끝끗이 온을 섬김에 제좀 끝늚 줄될줄!!
(1960. 10. 22.《다석일지》)

날(日), (칼)날, 이게 다 '날'이에요. 자꾸 늘어나는 게 '날'이에요.
'졸르느니 밖에 있나?'는 조르는 것밖에 없다는 말입니다. 바짝바짝
조르라는 것입니다. 약(約)이 바짝 조르는 것입니다. 채근(採根)도 조
른다는 뜻이에요. 자기를 졸라야 해요. 조른다는 게 빚 받는 것입니다.
간디가 빚 받는 방법을 영국에다 썼어요. 빚을 꼭 받을 때까지 조르다
가 독립을 성취했어요. 내성적인 사람, 자기 반성을 잘하는 사람은, 물

론 병적으로 그런 사람도 있지만, 자기를 바짝 조르는 것입니다.

'넉넉ᄒ니 밖에 있니?'는 많을수록 좋다는 말입니다. 다다익선(多多益善)입니다.

'먼동안 섬기긴 넉넉히야'는 원대한 것, 하느님 나라를 생각하는 데는 아주 넉넉한 생각을 가져야 한다는 거예요. 원대한 것을 섬기는 데는 많은 게 안 들어요. 먼 것은 잊어버리지만 않으면 섬기는 건데, 안 잊어버린다는 건 생각, 정신의 일이에요.

날늘줄과 꼭문이

졸름 갑갑 넉넉 그립! 넉넉 헐겁 졸름 생각!

졸르런델 졸라 들람! 넓혀온델 넓혀 갈람!

드려줘 넉넉도 ᄒ되 오랜 졸름 속에만!

(1960. 10. 25. 《다석일지》)

가까워질수록 졸라매야 해요. 고쳐 말하면 조심을 해야 해요. 인생이란 이런 거예요. 우리가 물질을 뒤집어쓰고 사는 이 자리에선 그런 거예요. 개성을 버려서는 안 돼요. 결혼 전에는 널리 생각하다가 결혼 후에는 바짝 졸라매야 해요. 더욱 조심해야 해요. 이제는 됐다 하고 방자하면 못써요. 개성이 없구나, 속았구나 할지도 몰라요. 아버지를 대하는 아들도 이래야 할 거예요. 아버지께서 주신 우리의 개성대로 살아야 합니다. 짠 놈은 짠맛을, 매운 놈은 매운맛을 내야 해요. 그러지 못하면 밖에다 버림을 당합니다. 하루하루를 졸라매어서 종당에는 영원한 생명의 줄에 잇닿아서 영원한 생명에 들어간다는 것을 믿어야 해요.

오늘날 세계가 이런 거예요. 오늘날 정치 참 어려운 거예요. 프랑스의 드골도 좀 넉넉히 하자니 국내에 불이익이 되고 졸라매자니 전세계의 생리(生理)가 그렇게 안 되니 갈팡질팡하는 거예요.

조름이 갑갑하니까 약속을 잘 안 지키지요. 이렇게 갑갑하니까 넉넉한 것을 그리워해요. 너무 넉넉할 때는 헐거워서 좀 졸랐으면 하고 생각합니다.

'드려줘'는 들어가게 해주라는 말입니다. 오랜 조름 속에서만 어려운 델 들어갈 수 있어요. 입장이 엄격해서 여간해서 못 들어가는 데 들여주면 참 기쁜데, 그것은 오랜 조름 속에서만 얻을 수 있습니다. 아무나 들어갈 수 있는 데면 기쁘지도 않을 거예요. 정말 아름다우면 제 몸이 가 닿을까 염려해요. 이 세상에 아름답다는 건 이놈 저놈이 다 가니 거짓이에요. 그런 의미에서 나는 불(火)이 아름답다고 합니다. 불은 닿을 수 없어요. 정말 아름답다면 감히 곁에 못 가는 거예요. 우러러볼 뿐이지요.

보낼 길에만 곻은 길(欽送道 美道)
참말 말야! 아름다우면 다칠세라? 손못댐!!
진물 난 꽃꼴은 뭐며? 짓궂인 손은 더럽지!!
고운 꽃은 고운 눈으로만 고히 보아 보낼길!!

얽매 잽힐 길 더런 길(束縛道 惡道)
송아지 핥는 소는 길르는―키우는―어믜 길!
바람난―큰아이들―의 물고 빨며 감돌럼은
예됨(造化)의 짓궂인 꾀임 에덴 브턴 뱀꼬리!
(1960. 10. 24. 《다석일지》)

'새낄'에서 새끼란 새로 끼쳐버린 거예요. 우리는 이 세상에 끼쳐진 거예요. 단군 할배가 이 세상에 우리를 흘려 두고 간 것이 이 세상에 끼쳐 두고 간 것입니다.

사람이 세상에 나면 탐욕으로 자라요. 젖에 밥에 탐욕으로 시작한 건데 탐욕 때문에 고생을 하게 됩니다. 사춘기의 그리움은 연정(戀情), 치정(痴情)입니다. 치(痴)의 결과로 혼인하게 되는 거예요. 사람이 정욕에 불이 붙으면 뗄 수 없는 거예요. 식(食)에 대한 탐욕에서 시작하여 그것이 그치면 치정, 곧 성욕이 일어나는 거예요. 어떤 의미로 하면 이것도 하느님이 허락한 거지요. 소위 연애할 때 남녀가 서로 얘기하는 건 참 유치한 거예요. 어리광(어리석은)을 상대방에게 하는 게 연애예요. 일찍 철이 든 사람은 이런 데(연애) 안 빠져 들어가요.

'예'는 현실계(現實界)입니다. 이 현실계는 가만 있지 않고 나아갑니다. 자꾸자꾸 되어 지나갑니다. 이래서 조화(造化)를 '예됨'이라 해요. 끊임없이 알게 모르게 변해 갑니다. 변화 속에 있는 우리는 변화하지 않는 곳도 찾아야 합니다.

이 세상에는 고운 사람이 퍽 적어요. 성모상도 더러운 눈이 보면 저런 첩이나 하나 얻으면 좋겠다고 생각할 거고, 고운 눈이 보면 그에 닿을 생각을 못 하고 성스럽게 곱게 볼 거예요. 제 눈이 곱지 못하니 고운 걸 찾아도 없지요.

에덴동산에서 선악과를 따 먹으라고 꾀는 뱀 꼬리가 쳐다봐라 쳐다봐라 꾀는데, 쳐다보면 아름다운 것 같아요. 돌아가려다가 쳐다보고 돌아섰다가 쳐다보고 하다가 결국 따 먹어버려요. 에덴동산은 몸에서 일어난 일입니다. 뱀은 남자의 생식기를 상징한 것이지요. 그게 뱀 대가리 같잖아요. 그게 먼저 요동을 했어요.

노자(老子)는 대담하게도 이 세상에 미(美)는 없고 모조리 악(惡)뿐이라고 말했어요. 나도 그렇게 생각합니다. 미인이나 꽃들은 미를 잊지 말고 영원한 미를 찾으란 뜻으로 있는 것입니다. 이 세상에 미인, 부귀는 병 아니면 죄예요. 정말 온전한 세상엔 부자 귀인이 있을 리가 있어요? 온전한 세상에는 미인도 병신도 없어요. 미인을 세상에서 권장하는 건 이 세상이 병든 세상이라 그래요. '보낼 길만 고운 길'이요, '얽매 잡힐 길'은 더러운 길이에요. 불구자에 대해서는 내가 괴로움받을 걸 저 사람이 대신한다는 생각이 들어야 옳은 거예요. 미인도 마찬가지예요. 눈살, 눈총이 제일 괴로운 거예요. 병신이나 미인은 눈총을 많이 받으니 괴로운 건데 미인은 얽매 잡힐 길에 들기가 쉬워요.

한번 움켜쥐면 놓지 않으려는 게 사랑이라는 것입니다. 좋은 걸 쥐면 놓지 않으려는 게 사람의 일인데, 이거 죽어나는 일입니다. 남자는 범방(犯房)하는 게 죽는 일이에요. 여자는 해산(解産)하는 게 죽는 일이에요. 곤충은 수컷은 교미 후 죽고 암컷은 산란하고 죽습니다. 범방은 죽는 일이에요. 죽었다 살아나는 일입니다. 죽는 게 보통이고 살아나는 건 은혜예요. 죽었다 살아난다고 죽어 나간다고 했습니다.

인간이란 한마디로 망측한 동물입니다. 이걸(죽어 나가기를) 쾌락이라고 하니 이게 이성을 가진 영물(靈物)이라고 할 수 있어요? 아무래도 무슨 잘못이 있는 거지요. 종당에는 내게서 떨어져 나갈 것을 쥐고 안고 붙잡고 해서는 뭘해요. 종당에는 떨어질걸, 이런 생각으로 나가는 차디찬 물 같은 냉철한 사람이 있어요. 이 죽어 가는, 죽어나는 세상 속에 이런 사람은 참 은혜예요. 초장은 열전(熱戰)이요, 중장은 냉전(冷戰)이에요. 냉전 쪽으로 천품을 타고난 게 강한 자는 냉전 쪽으로 가고, 열전 쪽으로 천품을 타고난 게 강한 자는 열전 속에서 죽어나는 거지요. 냉전, 열전은 분명 두 길인데 이 두 길이 다 있는 것은 자연스러운 일입니다. 냉전하는 사람이 열전하는 사람을 잘못이라 할 수는 없듯이, 반대도 마찬가지지요. 다 있을 이유가 있는 거예요. 다 자연스러운 거예요. 자연스럽지 못하면 안 되지요. 몸은 물질이니 물질의 법칙을 따르는 것이지요.

한번 맺으면 뗄 수 없는데, 요새는 이혼을 예사로 해요. 지금은 친구는 없어요. 부부 간에도 마음대로 잡아떼기도 하는데 이런 세상에 친구가 있을 수 없어요. 악수만 하면 벗 사귐의 전부라고 생각하는 세상이니 아무래도 분명 잘못된 데가 있습니다.

풀이

다석은 총론으로 시제(詩題)와는 직접 관계가 없는 자신의 그리스도론을 말하였다. 다석은 그리스도를 불교의 붓다(Buddha)와 같은 뜻으로 썼다. 얼나를 깨달은 이는 누구나 그리스도로 본 것이다. 얼나로는 모두가 하느님 아들이기 때문이다. 독생자도 하느님이 낳으신 아들이라고 말하였다.

다석은 종로 YMCA 연경반 강의를 할 때는 언제나 자신의 일기(《다석일지》)에 적어놓은 '제소리'라 할 시조 아니면 한시를 백로지에 붓글씨로 적어 와 칠판에 압핀으로 고정해놓고 풀이를 하였다. 강의 첫머리에는 거기에 직접 관계가 없는 시사 얘기나 진리 얘기를 하는 것이 예사였다.

다석은 첫째로 신앙은 자율적인 신앙이라야지 타율적인 신앙은 잘못임을 말하고 있다. 다석의 주장은 하느님이 보내신 얼나가 영원한 생명이며 하느님 아들이라는 것이다. 하느님 아들을 예수가 독점한 것이 아니며 영원한 생명도 예수만의 것이 아니다. 하느님 아버지의 것이라 누구라도 하느님이 보내신 얼생명을 참나로 깨달으면 그 사람의 것이다. 그렇다고 해서 누구의 사유(私有)가 되는 것이 아니라 본래 온통의 것이다. 예수가 "나와 아버지는 하나이다."라고 한 것은 얼나의 자리에서 말한 것이다. 어떤 사람이 예수께 무슨 선한 일을 해야 하냐고 묻자, "어찌하여 선한 일을 내게 묻느냐 선한 이는 오직 한 분이시니라."(마태 19:17)고 한 것은 예수가 제나의 자리에서 말한 것이다. 이것을 구분하지 못하여 예수의 몸이 죽은 지 사흘 만에 다시 살아나 하늘나라로 올라갔다는 황당한 말을 하게 된 것이다. 그런 생각을 저이들이 믿는 것이야 누가 시비를 하겠냐마는, 그것을 안 믿으면 이단이라 따돌리고 죽였으니 그러한 권한을 하느님이 주었던 가 예수가 주었던가? 하느님도 예수도 준 일이 없다면 그들의 정체 는 도대체 무엇이란 말인가? 그들 자신이야말로 하느님과 예수에 대 한 이단이 아닐까? 반성해볼 일이다. 하느님과 예수의 뜻을 거스르 는 일이 바로 이단의 짓이라 하겠기 때문이다.

로고스(λογος)가 성령이요 말씀이다. 하느님이 보내신 이가 얼이 요, 얼을 받으면 내게서 거룩한 생각인 말씀이 나온다. 다석은 이 말 씀(로고스) 말고는 아무것도 안 믿는다고 하였다. 창조신 야훼도 안 믿는다고 말하였다. 야훼를 안 믿으면 무신론자라 말할 것이다. 그러 면 예수도 무신론자일 것이다. 무신론자로 죽임을 당한 것이다. 성전 에 3번이나 가도 제물이라고 바친 일이 없는 예수는 야훼 신을 믿은 이가 아니다. 예수는 야훼라는 말도 안 했다. 아버지라고 말하였다. "너희 중에 누가 아들이 빵을 달라는데 돌을 줄 사람이 어디 있으며 생선을 달라는데 뱀을 줄 사람이 어디 있겠느냐? 너희는 악하면서 도 자기 자녀에게 좋은 것을 줄 줄 알거든 하물며 하늘에 계신 너희 의 아버지께서야 구하는 사람에게 더 좋은 것을 주시지 않겠느냐?" (마태 7:9~11)고 하였다. 징벌하고 저주하고 살해하는 그런 악한 신 은 하느님일 수가 없다. 예수가 말한 더 좋은 것은 영원한 생명(얼나) 을 뜻한다. 영원한 생명(얼나)으로 솟나며 아버지 하느님과 하나 되 는 것이다. 부분에서 온통이 되는 것이다. 멸망에서 영생이 되는 것이다. 그것이 곧 아버지 하느님과 하나인 것이다.

맹자가 어진 이(仁者)에겐 적(敵)이 없다고 하고, 예수가 하늘아들(天子)에겐 원수가 없다고 한 것은, 하느님의 자리에선 하나(온통)밖에 없다는 것이다. 하나밖에 없으니 배타나 대적이 있을 수 없는 것이다.

〈날늘줄(經常編)〉과 〈날늘줄과 꼭문이〉 두 시조가 공통점이 있고, 〈보낼 길에만 곧은 길〉과 〈얽매 잽힐 길 더런 길〉이 대칭으로 공통점이 있다. 다석의 말(글)이 어려운 것은, 그 자체가 언제나 영성의 하느님을 관조하고 영통하는 형이상학이어서 그렇다. 거기에 우리말의 영성적 개발과 철학적인 의미 부여에 유사음의 언어 유희(한글 놀이)까지 겹치니 더욱 이해하기가 어려워진다. 여기에 '날·늘·줄'도 그 대표적인 예이다. '날(經)'은 실(絲)이란 뜻이다. 베짜는 실에 날실이 있다. 하느님의 생명인 얼은 없는 곳이 없는 온통이지만, 사람의 생각을 통해 나온 말씀은 가는 날 여러 날이 모인 줄(編)이다. '상(常)'은 늘(영원)이다. 거기의 유음(類音)은 날(日), 날(我)이요, 날(經)이라고 한다. 이는 영원한 현재란 뜻도 되고, 선양하다, 전파하다라는 뜻도 된다. 말씀 실을 날아 사상이라는 천을 짜기도 한다. '경(經)'은 산스크리트의 Sutra(thread)와 그 뜻이 일치한다. '늘(常)'은 영원이면서 '늘이다(延長)'가 된다. 옛날엔 임금의 말씀을 윤음(綸音)이라고 하였다. 줄은 줄이면 조름(約束)이 된다. 하느님의 말씀을 세상에 펼칠 때 자꾸만 늘여야 한다. 제나를 다스릴 때는 자꾸만 졸라(約束) 짐승 성질이 날뛰지 못하게 해야 한다. 이것이 '날·늘·줄'의 뜻이다. 〈날늘줄과 꼭문이〉는 같으면서 조금 각도가 다르다. 꼭문이는 아래 구멍(입)을 꼭 물고 있다는 뜻이다. 그러니 쉽게 말하면 순결을 지킨다는 뜻이다.

〈보낼 길에만 곻은 길〉, 〈얽매 잽힐 길 더런 길〉을 보자. 미인을 보면 고운 눈으로 고이 보내는 것이 흠송(欽送)하는 아름다운 길이라면, 미인을 보면 기어이 제 손으로 꺾어 제 품 안에 속박하고야 마는 게 더러운 길이라고 하였다. 다석의 결론은 혼인하는 것을 타락으로 본 것이다. 그래서 하는 말이 될수록 혼인하지 마라, 혼인하더라도 자식 낳지 마라, 자식을 낳더라도 적게 낳아라, 성생활은 빨리 그만두라는 것이었다. 수성(獸性)을 이겨 마음을 비워야 얼나의 깨달음이 이루어진다는 것이다. 이게 석가의 모크샤(moksha, 해탈), 예수의 자유(엘류데리아)이기도 하다. 생사에 걸린 몸나(제나)를 벗어나 자유로워지는 것이다. 그런데 수성(獸性)의 노예 생활에 허덕이는 인생에서 행복을 맛보겠다니 어이가 없다. 《반야심경》에 이를 전도몽상(顚倒夢想)이라고 하였다. 전도몽상이란 '뒤집힌 꿈꿍이'란 뜻이다.

1960년 11월 4일

맹자라는 이는
민주를 완성하자 한 이입니다.

일은 - 산ㅇ이 돼서 흐기 -
그 앉아 넓고, 스면 발라! 그근 행길!!
뜻대로면 ㅇ언같이! 뜻과 달란 혼자 근단!
이딍이〔子孟子〕 또라지게도 산ㅇ이란 그렇댔!!

굄 가멸도 못느질고, 옐 가난도 못옮기고
칼날 쳐도 못 굽힌듸 제쥔 가늠! 씨알 때깗!
집에선 - 게집에서는 - 솟나 떠난 산ㅇ이!!
(1960. 10. 29.《다석일지》)

두 줌억
녜 눈갈이 멀둥멀둥흔 밑에 두 입이 맞대!
다섯가락 맞잡는 날에 열손가락질은 싱거!
두 주먹 붉근 쥔 산이 게집 뛰쳐 못솟나!?
(1960. 10. 28.《다석일지》)

210

한얼

넓은 누리에 살아 움직이란 산ㅇ이 거니!

거긔서 집이나 직힌대서야! 계집이 마땅!

웋으로 솟나갈 얼은 엄 압 므름 밝먼위!

(1960. 10. 31. 《다석일지》)

성경에서는 사람을 하느님의 형상대로 만들었다는데, 하느님이 만
드신 그대로 밝아 가는 게 인간의 제 노릇을 잘하는 아들의 일입니
다. 아버지의 온전하심과 같이 온전하라는 것입니다. 히브리의 독특
한 점은 애국 사상이에요. 구약에는 개인 사상이 없어요. 전체를 떠
나면 죽는 게 되어요. 민족 애국 사상은 히브리에 근원을 두어요. 나
는 이 세상은 안 된다고 생각합니다. 그러나 아무리 안 되는 이 세상
이지만 혹 되는 듯하면 참 기뻐요. 하룻밤 자고 갈지라도 뭐가 좀 되
는 것 같으면 나도 퍽 복을 느낍니다. 흙으로 된 세상 이 땅 위에서
는 아무것도 바로 되는 게 없어요. 그러나 8·15 때는 나도 참 복이
있다고 느꼈어요. 그런데 또 4·19가 툭 터졌어요. 내가 무슨 복이 있
어 통쾌한 꼴을 두 번이나 보게 되나 하고 퍽 기뻤습니다. 민중이 민
주주의의 시민이 된 것을 감격스러이 생각해야만 참 민주주의가 되
지요. 민중이 넋이 빠졌으면 민주주의는 됐다 다음에 해야 해요.

民主主義 市民性格 四條(민주주의 시민성격 사조)

議魄 決責 自負 分謙(의백 결책 자부 분겸)

'의백(議魄)'이란 뭐냐. 이의(異議), 이론(異論)이 있을 때 기백이 있을 것이고, 이의를 내놓을 기백이 없으면 민주주의 시민을 규정지을 수 없다는 거예요.

'결책(決責)'은 결정을 지을 만한 책임을 갖는 사람을 가리킵니다. 사람의 의견이나 결정이 완전할 수는 없으나 그 결정에 대해서는 자기가 책임을 지고 죽을 각오도 해야 해요.

'자부(自負)', 자기 짐은 자기가 짊어질 마음이 있어야 한다는 겁니다. 어떠한 악에도 굴하지 않고 위압에도 불복종하는 자부심, '아니오'라 할 수 있는 자부심 말입니다.

'분겸(分謙)'이란 자부심이 도를 지나쳐서는 안 된다는 뜻입니다. 자기 분수의 한계를 알아야 해요. 자기 분수를 안다면 겸손해지지요. 자기 분수를 알아서 겸양하는 것입니다. 그런데 이와 반대로 나보다 더 잘난 놈 없나보다 하는 이도 많아요.

노겸(勞謙)이라는 말이 있어요. 힘껏 일하고 겸손한 것입니다. 동양에서는 이를 중시해요. 성경도 노겸 사상이에요. 여기 이 시민 성격의 사조(四條)는 청년 수양의 목표입니다. 이를 서민호 씨가 묻지도 않았는데 대답을 해주었어요.

스토익(Stoic) 정신을 가져야 합니다. 외물부가필내자유(外物不可必內自由), 즉 자유가 있어야지 자유 없으면 살 수 없다는 게 스토익 정신입니다. 자유는 우리 의지에 있습니다. 내 뜻은 못 빼앗는다 하여 죽음을 무서워하지 않는 지경에 이르러야 합니다. 성경, 불경은 죽음의 종이 되지 말자는 겁니다. 죽음을 무서워하지 않는 게 성경, 불경의 의의지 다른 게 없어요.

대장부는 집 안에만 있어도 될 수 있습니다. 밖에 나간다고 '산ᄋᆞ이'가 아닙니다. 4·19혁명 때 죽은 아우들은 세계에 드러내놓은 '산ᄋᆞ이'입니다.

한문의 자(子)는 우리의 ㅣ과 같은 것입니다. 모든 게 ㅣ(몸을 가리키시며)에서 나오는 거예요. 데카르트(René Decartes)도 "나는 있다."고 했습니다. 곧 있으니 참이란 말입니다. 창세기에 하느님이 자기 형상대로 사람을 만들었다 했는데 그게 옆에서 보고 말한 소리가 아니에요. 다 요 ㅣ(이=나) 속에서 나온 말이지요. 제 속에서 나온 말입니다.

그리스도나 붓다나 그이(君子)는 같은 말입니다. 하느님 아들입니다. '산ᄋᆞ이'는 그, 대장부를 말합니다. '그 앉아 넓고, 스면 발라! 그ᄀᆞᆫ 행길!!'을 봅시다. 이 우주 전체가 그가 앉은 자리입니다. 그가 선 자리는 발라요, 그가 섰으면 바른 자리입니다. 그 ᄀᆞᆫ 데가 행길이에요.

'ᄋᆞ언'은 아우와 언니, 곧 형제 동포들입니다. 형제 동포들과 같이 가다가 뜻이 다르면 혼자 갑니다. 맹자란 이는 민주를 완성하자 한 이입니다. 이런 때에 맹자의 혼이 펄펄 뛰어야 해요. 부귀(富貴)는 순 우리말로 '가멸'과 '굄'입니다. '는질'은 '음란'이란 순우리말입니다. '날친 칼'은 날을 간 칼을 가리킵니다. '가늠'은 권리(權利)입니다. '제 쥔 가늠'이란 제가 붙잡은 권리입니다. 백성 자신의 권리입니다. '때 갊'은 때가 갈리는 것, 시대 변천을 말합니다. 씨알 때갊입니다. 백성 시대(百姓時代), 민주권 시대(民主權時代), 제2공화국이 정말 잘되면 이 방에 있는 이 사람으로만 만나지 않을 거예요. 나도 밖에 나가서 일하지요. 이런 좋은 때가 어디 있어요? 4·19혁명 때 죽은 젊은이들의 혼이 있다면 춤을 출 거예요.

제 집에서 살림하는 놈은 '산오이'가 아니에요. 여기에서 솟나 떠나야 '산이'입니다. 맹자가 우리 여기 좌담회에 나오니 좋지 않아요?

예수, 석가를 믿으려면 몸나를 초월해야 해요. 말귀가 있어야 해요. 무슨 말을 해주면 바로 알아듣고 제가 힘써야 합니다. 제가 스스로 애쓰지 않으면 소용없어요. 종교개혁을 했다지만 개혁은 무슨 개혁입니까? 루터(Martin Luther)는 영웅 유형이에요. 독일 같은 데서라야 이런 영웅이 나지 이런 데 무슨 영웅이 필요해요. 나 같은 사람이 못 하는 짓을 했으니까 영웅이지요. 가톨릭 말이 맞아요. 제가 장가가고 싶으니까 그런 게지요. 루터와 칼뱅(Jean Calvin)이 개혁했다 하지만 개혁된 게 뭐 있어요? 오늘 시간이 많이 갔는데 주먹을 휘둘렀어요. 그래, 난 주먹도 휘둘러요, 정말.

풀이

1960년 11월 4일 금요일 YMCA 연경반 강의에서 다석이 강의한 내용은 10월 28일, 10월 29일, 10월 31일에 지은 시조 3수이다. 그런데 뜻으로는 일통(一通)하니 산아이(大丈夫)에 관한 이야기였다.

맹자의 대장부론은 《맹자》 등문공 하편에 실려 있다.(본서 137쪽 참조)

다석은 《맹자》가 바이블이 못 될 까닭이 없다고 말한 적도 있다.

'민주주의 시민 성격 4조'는 국회 부의장을 지낸 서민호가 신문에 기고한 글에서 따온 것이다. 다석은 정치와는 거리를 두고 지냈으므로 가까이 알고 지내는 정치인이 극히 적었다. 이따금 다석을 찾아온 정치인은 국회의원을 지낸 김산, 국무총리를 지낸 변영만, 국회의원이었으나 6·25전쟁 때 납북된 윤기섭이 있었다. 서민호와는 개인적으로 친분이 있는 사이는 아니었다.

1960년 11월 6일

예수는 우주 혁명,
우주 해방을 하러 오신 이입니다.

오늘은 성경을 좀 볼까 합니다. 마태복음 21장 23절입니다.* 우리 집 둘째 자식은 좀 괴상한 사람입니다. 말이 뜬 사람입니다. 인사성이 없습니다. 일부러 그런 걸 피하려고 합니다. 내 친구거나 자식이거나 그중에 내 뜻에 가장 맞게 가는 사람이 그 사람뿐이라고 할 수 있습니다.

말귀가 없으면 뭘 배우려는 생각 그만두어요. 알 듯하면서 모르고 하는 게 오묘한 거예요. 꼿꼿하고 올라가는 게 옳은 도(道)지요. 옳은 도를 말하는 사람은 하늘에서 온 사람입니다. 하늘에서 오지 않았으면 세례를 받았다고 다 올라가는 게 아닙니다. 그 가운데 많은 사람이 하늘로 올라갔을 거예요.

난 대학을 반대하는 사람입니다. 출세하려 대학교수가 된다는 것은 일하기 싫어서 하는 점이 분명히 있어요. 성경에서도 교만한 자는

---

* 예수께서 성전에 들어가서 가르치고 계실 때에 대사제들과 백성의 원로들이 와서 "당신은 무슨 권한으로 이런 일들을 합니까? 누가 이런 권한을 주었습니까?" 하고 물었다.(마태 21:23)

일하지 않고 밥 먹으려 한다고 말했습니다. 그러나 이 불합리한 대학 속에도 똑똑한 청년들이 있어요. 학문에도 참이 있어요. 그래서 4·19 혁명이 일어났습니다. 그래서 나도 대학을 무시할 수만은 없어요. 4·19혁명을 한 그 사람들 때문에 나라가 잘되었어요. 나라의 주춧돌이 된다고 하여 고등고시 준비하는 이들은 안 되고, 주춧돌 되기를 버린 듯한 사람들이 턱 동량(棟梁)이 됐어요. 4·19혁명이 젊은이들이 주체가 되어 일어난 것은 무한한 희망이 있는 것입니다. 어떤 단체나 군대가 혁명을 일으킨 것보다도 젊은이들이 무수히 쏟아져 나왔으니까요. 개중에는 진리를 바로 받을 줄 아는 두뇌를 가진 젊은이가 있어요. 그래서 희망이 있는 거예요.

예수 당시에 과격한 메시아 운동을 추구하는 열심당이 있었습니다. 열두 제자 중 시몬도 거기에 들었어요. 유대 사람이 한꺼번에 학살된 경우가 많았어요. 기원전 37년 요세푸스(Flavius Josephus)가 기록한 것에 따르면, 삼천 명 이천 명이 동시에 학살당했다고 전해지고 있어요.

예수가 흥한다 망한다 하는 것은 보통 사람이 말하는 의미와는 다릅니다. 아팠다가 나으면 하느님, 부처님의 은혜라 하고 제 집이 잘되어 가면 온 나라가 다 잘되어 가는 것처럼 생각하는 그런 속알머리가 어디 있어요? 몸(肉)과 이 세계는 종당에는 멸망하고 말아요. 멸망할 것은 멸망하고 흥할 것은 흥합니다.

독생자는 유황상제강충하민(惟皇上帝降衷下民)이란 말입니다. 이 몸뚱이는 멸망하는 거예요. 멸해야 할 것이니까 멸하는 것입니다. 회개란 쉽게 말하면 몸뚱이가 참나가 아니라는 걸 깨닫는 것입니다. 몸이 죽더라도 얼은 죽지 않는다는 게 회개입니다. 몸이 나라고 하는 것이 멸망이에요.

4·19혁명 때 비겁한 건 회개를 못했기 때문입니다. 이 몸이 멸망함을 알기 때문에 용감한 것입니다. 경관의 총에 맞아 죽은 게 아니에요. 뛰쳐나올 때 벌써 이 몸뚱이는 죽여놓고 나온 거예요. 이게 영생하는 마음이요, 회개요, 견성(見性)입니다. 이 몸은 멸망하는 거예요. 이 몸이 멸망하지 않는다고 하는 게 멸망이에요. 영생할 것은 이미 영생하고 멸망할 것은 이미 멸망한 것입니다. 몸을 위하여 사는 게 멸망입니다. 몸이 다시 사는 것을 믿자는 것도 멸망입니다.

예수의 기도는 우리의 기도와 생각이 달라요.

마태복음 13장은 통히 비유입니다. 예수는 특히 농사의 비유를 많이 하였어요. 어떤 때는 포도나무 하나를 전체 생명으로 비유하고, 농장 경영한 것을 전체 생명으로 비유하기도 하였어요. 전체 생명 하나를 나타내자는 게 성경의 말씀입니다. 예수는 도무지 하늘 얘기는 안 했어요. 자연에 대해서 말했지요.

요한복음 15장 1절에서 "내가 참 포도나무요 내 아버지는 그 농부라."라고 예수가 말했습니다. 예수가 '나'라고 한 것은 예수로 나타난 얼 생명을 말함입니다. 예수의 몸뚱이를 말한 것이 아니에요. 예수는 농부의 아들이니까 농사 얘기를 많이 했습니다. '농사'는 한문이니까 우리말로 '여름질'이라 합시다. 이 우주는 지금 여름이에요. 이 여름을 지내는 데에 벌레도 많습니다 그렇지만 종당은 가을이 오고 겨울이 올 거예요. 예수도 우리도 다 이 세상에 한번 턱 나와본 거예요. 그런데 별수 없이 비유를 쓰지요. 나는 포도나무요 내 아버지는 농부라고 한 게 내가 아버지의 아들이라는 말입니다.

말이란 이 사물을 두고 만든 건데, 영원 절대의 형이상을 표현할 때는 어쩔 수 없이 비유입니다. 예수는 말씀을 늘 우리의 생각을 거룩하게 참되게 깨끗하게 해주는 거라는 뜻으로 사용했습니다. 여기서 단단히 주의할 것은, 비유는 전체가 들어맞는 게 아니라는 거예요. 예수하고 우리하고 차원이 다른 게 아닙니다. 예수, 석가는 우리와 똑같아요. 예수가 '나는 포도나무요, 너희는 그 가지'라고 했다고 예수가 우리보다 월등한 게 아니에요.

이 육신은 물질이라 멸망할 거지만 건강하면 영원한 생명을 위하여 정성껏 일을 합니다. 이 육신도 영원한 생명하고 만나면 꽤 부지해 가요. 어쨌든 위(하느님)에서 쓴다면 이렇게 오래가요. 이게 내가 잘해서 된 게 아니에요. 나는 어떤 건지 분간을 못해요. 어떤 게 잘한 건지 못한 건지, 어떤 게 은혜인지 어디까지가 하늘에서 하는 것인지 모릅니다. 어디까지가 위에서 하는 것인지 어디까지가 내가 하는 것인지 난 몰라요.

이것(몸)은 가짜 생명의 탈을 쓴 거지요. 이 몸을 버리고 아버지께로 가는 게 영생입니다. 아버지께로 간다는 것은 죽는다는 뜻입니다. 이것은 세상만 들여다보고 있는 사람에게서 들을 수 있는 게 아닙니다.

부처는 나는 것도 죽는 것도 아닙니다. 영원한 생명이니까 열반에 들어간 것도 나온 것도 아니에요. 부처가 났다, 열반에 들어갔다, 하는 것은 중생이 깨닫게 하는 방편이에요. 예수도 마찬가지입니다. 이 몸을 벗어버리고 하느님 아버지께로 가면 한량없는 기쁨이 있다고 하는 게 예수를 믿는 거예요. 회개하는 겁니다.(요한복음 17:13* 참조)

주인 일을 모르고 가면 종이에요. 알면 아들이에요. 아버지의 일을 알아서 해요. 정말 이게 복음이에요. 예수는 이 우주 혁명, 우주 해방을 하러 오신 이예요. 지금 교인들은 아들이라는데, 종 노릇 하고 있습니다. 나는 종이올시다, 나는 종이올시다, 우리는 죄만 짓습니다, 하고 있어요. 아버지는 벌써 해방을 시켜주셨는데도 말이에요. 아버지가 보신다면 이게 무슨 답답한 일이에요? 바울로가 예수의 종이라고 한 것은 아들의 자각이 있어 그런 것입니다. 아버지의 아들이라고 하나 종이라고 하나 같은 거예요. 거기서 나왔으니 종이지요. 그런데 지금 믿는다는 이들은 진짜 종이에요. 종 노릇 하고 있어요. 성경 공부는 이렇게 수천 년 떨어진 것을 한 번에 모아 생각을 해봐야 해요. 제 마음에 맞는 것만 빼서 교리를 만들어놓는 게 믿음이 아닙니다. 성경 공부가 아닙니다. 성령이란 별 게 아니에요. 올바로 살게 하는 힘입니다.

집뜰앓(家庭)

가티(같이) 오래 지내도 첨만 아직 먼거만 같아

사랑이 첫재란 ㄱ대 겉풀(꺼풀)만 흘려 늘린 게

---

* "지금 나는 아버지께로 갑니다. 아직 세상에 있으면서 이 말씀을 드리는 것은 이 사람들이 내 기쁨을 마음껏 누리게 하려는 것입니다."(요한 17:13)

얼 이은 얼운 끊지고 볼뉘 없는 뉘만 남아?

(1960. 10. 23. 《다석일지》)

일요일에 예배하러 간다면 마음을 싹 씻어버리거나 쪼갤 것은 딱 쪼개자 하는 마음으로 가거나 얻은 게 있으면 남에게 얘기하자는 마음으로 가야지, 그저 빠지지 말아야지 하는 생각으로 가서는 못써요. 우리에게 새 맛, 새 손님이란 숨쉬는 데 필요한 공기입니다.

가정이란 들러 가는 곳이지 영원한 곳이 아닙니다. 같이 오래 지내도 처음 만난 것 같아요. 아직 더 이 살림을 멀리멀리 같이 누릴 것처럼 여기는 것은 착각이에요. 이룬 가정은 머지않아 버릴 데가 있어요. 나는 잃어버리기를 잘해서 지팡이나 부채 같은 것을 안 갖고 다녀요. 꺼풀(거죽). 사랑이 첫째란 것 때문에 이 세상이 인구 폭발이 된다고 하지 않아요?

'겆풀(꺼풀)만 흘려 늘린 게', 제법 이 거죽이 70년 가는 게 다 비눗방울 같은 거예요. 불경에서는 육신이란 거품이라 했어요. 70년 가고 80년 가고 하는 이 몸뚱이는 형편없는 거예요.

'볼뉘 없는'이란 볼일(볼장) 다 봤다는 말이에요. 나는 종말관을 믿지 않는 사람이지요. 그러나 나는 다른 의미로 종말론자예요. 원자전쟁이나 40년 후 인구 폭발로 종말할 거예요. 어떤 사람은 지금이 제일 좋은 때라고, 한국이 제 할 사명을 다 할 때라고 하지만 이것은 분명 아첨이에요. 우린 제일 못된 세상을 만났어요. 공산주의, 자본주의 다 틀렸어요. 그것 가지고는 안 돼요.

히 딸린계(太陽界)

백억천조 ㄷ대 한히 눈부시게 가까오니

우리 누른 히밑이라 이 땅 누릴 누린내야!

반디불 불알밑따러 몇몇이들 빡빡빡!

(1960. 10. 21. 《다석일지》)

이 은하 우주에만도 백, 억, 천, 조의 태양이 있어요. 해는 우리를 해(害)하지 못해요. 이 눈깔, 이 껍데기가 형편없어서 그래요. 박테리아는 태양 앞에서 죽어요. 그런데 인간은 박테리아보다 얼마나 더 커요? 다 우스운 일이에요. 해가 지나는 길은 황도(黃道), 달은 백도(白道)라 해요.

나는 태양을 '반딧불'이라 불러요. 옛날엔 반딧불 잡으러 다니는 아이들이 있었어요. 오늘날 대도시 문명이라고 하는 걸 보고 경치 좋다 하는 사람들, 이들이 옛날 반딧불 잡으러 다니는 아이들과 뭣이 다르지요? 이들이 언제 철이 들려나, 언제 어른이 되려나 걱정스럽습니다.

이 쯤 밀고 ㄷ

얼 엷 뒤 깉고, 걸챔 먹 · 커서, 결냄 겯 · 걷는 땅.

잡아먹 집어씀. 더럽혀 놂을 갸운케 않앓!

이 땅을 일히 걸려서 거둘 열맨 위엤다!

(1960. 11. 4. 《다석일지》)

222

신앙에 추리가 없어서는 안 돼요. 추리하는 동안에 발전해요. '밀고'는 추리한다는 것입니다. 밀어서 밑을 보는 게 믿음이에요. 종당엔 밑 터지는 것은 아버지한테 가야 해요.

'얼 엷'은 치(痴), '걸챔'은 탐(貪), '결냄'은 진(瞋), 즉 삼독(三毒)이라 합니다. 이것은 마가복음 7장 21절의 12가지 더러운 것과 같은 중요한 거예요. 이게 세 가지 걸림이에요. 이게 밖으로 나오면 살·도·음(殺盜淫)이에요. 죽이고, 도적질하고, 음란해지는 것이에요.

중장(中章)의 전반이 살·도·음이에요. 삼악(三惡), 이것을 언제나 기억해요. 낯선 말인 '얼 엷'은 얼이 얼어 정신이 빠졌다는 말입니다. '뒤 길고'는 뒤에 떨어뜨리고 가는 거예요. 이 서울의 쓰레기에 묻혀 죽으려는 것같이 부모의 얼이 얼어 거기서 꺼풀(몸, 자식)이 길어져요. 사람이 노여움이 있어야 해요. 4·19혁명에 학생들은 노여워서 나온 거예요. 12년 동안 입에 똥칠을 해 두어도 늙은 것들은 노여움을 낼 줄 몰라요.

삼악(三惡)을 하면 개운치 않아요. 책임이 없으면 무겁지 않지요. 탐·진·치 이것이 인생의 밑천인데, 그걸로 이 세상에 나왔고 먹고 컸고 또 진취성이 있는데, 노여움이 있으면 부지런해요. 그런 것을 따라서 잡아먹고, 집어 쓰고, 더럽게 노름하는 데서는 개운치 않아요. 이게 모순이거든요. 모순을 그대로 둬요.

그러니 아버지는 농부예요(종장). 지금 이 땅은 거두고 있는 것입니다. 거둘 열매는 위에서 하는 일이에요. 우리는 모릅니다. 옛다, 너희는 몰랐지? 이렇게 추수했다 하고 내주실는지 몰라요. 말씀 그만

합시다. 자, 어딘지 모르나 가야 할 곳으로 갑시다.

풀이

다석이 말할 때마다 빠뜨리지 않는 얼나의 깨달음에 대한 가르침을 여기서도 듣는다. 탐·진·치(貪瞋痴)의 수성(獸性)을 좇아 살고 있는 몸나는 살아 있어도 산 것이 아닌 것으로 보는 것이다. 하느님이 주시는 얼나로 솟나는 것을 산 것(영원한 생명)으로 보는 것이다. 예수는 똑똑히 말하였다. "얼나는 부활한 생명이라. 얼나를 깨달은 이는 제나는 죽어도 살 것이니, 무릇 얼나를 깨달은 이는 얼나로는 영원히 죽지 아니한다."(요한 11:25~26, 박영호 의역) 그러므로 몸나를 생명으로 아는 것은 착각이요 무지인 것이다. 석가 붓다가 내 몸을 보고 내 목소리를 듣는 이는 붓다(얼나)를 못 본다고 말한 뜻을 알 수 있다. 그런데 어찌하여 석가의 몸을 불태운 재를 진신 사리라 하여 붓다로 받들며, 예수의 죽은 몸이 사흘 만에 살아난다고 기도문을 만들어 외는지 알 수가 없다. 그러고도 석가와 예수의 가르침을 바로 안다고 할 수가 있겠는가?

다석이 예수, 석가와 우리가 그 차원이 같다고 말한 것은, 예수, 석가가 영원한 생명인 하느님(니르바나님)이 주신 얼나를 참나로 깨달았지만 그들을 우리의 신앙 대상으로 삼아서는 안 된다는 뜻이다. 신앙의 대상으로는 하느님(니르바나님)이 계실 뿐이다.

〈집뜰앓(家庭)〉에서는 일반적인 가정의 일이 전제되어 있지만 다석 자신의 가정 얘기를 한 것이다. 가족은 한집에 오래 살게 된다. 그게 가족이다. 속담에 "피는 물보다 진하다." 하여 피붙이의 밀접한 관계를 말하고, 부부일심동체라 하여 부부 사이가 가장 가깝다는 것을 강조한다. 그런데 다석은 오히려 반대로 말을 하고 있다. 같이 한집에 오래 살아도 처음 만난 듯 아직 먼 것만 같다고 한다.

가화만사성(家和萬事成)이라 하듯이 사랑이 첫째라 하는 가운데 몸 껍데기를 얼려 자녀들만 생산해 가족을 늘렸다. 얼(정신)을 이은 어른은 끊어지고 별 볼 것 없는 누구누구만 남아 있다고, 가족들이 들어서 실망할 소리를 하였다. 다석은 자녀를 낳아 잘 길러 훌륭한 사람으로 만들겠다는 생각은 어리석은 생각이라고 말하였다. 그게 뜻대로 쉽게 되는 일이 아니라는 것이다. 그런데 이날 강의에서는 강원도 평창에 있는 대미산에 화전민이 일군 땅과 화전민이 지은 귀틀집을 사서 귀농한 둘째 아들 류자상을 칭찬하는 말을 하였다. 가정일을 입 밖에 잘 내지 않는 다석에게는 드문 일이었다.

다음엔 〈히 딸린계(太陽界)〉를 짚고 넘어가고자 한다. 가장자리 없는 허공에 얼로 충만한 온통(전체)을 하느님으로 받드는 다석은 없이 계시는 하느님 외에 모든 있음(有)을 부정하였다. 없이 계시는 하느님을 나타내는 글월로서 값어치만 인정할 뿐이다. 그래서 우주조차도 허공 속에 생긴 혹 같은 것이라 하는가 하면 눈 속에 들어간 티검지 같은 것이라고 하였다. 우주가 그럴진데 우주 속의 지극히 작은 태양계가 대단하게 보일 까닭이 없다. 태양도 허공에 날아다니는 반딧불에 지나지 않는다. 태양이 지나는 황도를 따라 지구를 비롯한 9개의 행성이 돌고 있고 9개의 행성은 모두 48개의 위성을 거느리고 있다. 이것이 태양계이다. 서로 충돌하지 않게 시간과 거리를 맞춰 꼬박꼬박 어김없이 돈다. 그래 '빡빡빡'이라 한 것이다.

마지막 시조는 〈이 쫌 밀고 근〉이다. 이 땅에 태어난 이는 누구나 짐승 성질(獸性)을 가진 몸을 지니고 태어난다. 이 짐승으로 어떻게 살아가야 하는가? 이것이 문제 가운데 문제이다. 수성을 탐·진·치로 나타내었다. 다석은 순우리말로 나타내었다. 걸챔(貪), 결냄(瞋), 얼 엀(痴)이라고 하였다. '걸챔'은 걸차게 채우다, '결냄'은 성내다, '얼 엀'은 얼이 얼다(얼이 썩다가 어리석음이 됨), 또는 얼려 엉키다란 뜻이다. '얼 엀'으로 자식을 두게 되고(뒤 깊고), '걸챔'으로 먹고 자라고, '결냄'으로 분발해 살아가는 땅이라 하였다. 그리하여 잡아먹고 (살생) 집어 쓰기(도둑)도 하고 치정에 빠지게도 되는데, 그리했을 때 마음이 가볍지가 않다는 것을 알게 되어 욕망을 절제하게 된다. 그리하여 몸의 욕망을 멀리하고 하느님의 뜻을 이루려고 방향 전환을 하기에 이른다. 벼가 대로 자라다가 열매로 성장하듯이 몸삶에서 얼삶으로 바뀌어야 한다. 사람을 통한 하느님의 농사라 하겠다. 이 땅을 일구고 씨를 뿌리고 거름 주어 가꾸어야 열매를 맺는다. 열매는 위에 계시는 하느님께서 손수 거두실 것이다. 몸도 자라야 하지만 정신이 빨리 자라 영원한 생명인 얼나를 깨닫는 것이 참삶의 바른 길임을 밝힌 것이다.

탐·진·치를 배격만 하지 않고 인생의 밑천이라고 긍정한 것에 유의해야 한다. 거름(퇴비)을 너무 주면 벼가 줄기만 자꾸 자라 열매 맺을 생각을 못 하듯이 몸삶이 너무 풍족하면 정신 생활을 못 하게 된다. 그래서 몸삶이 겨우겨우 사는 것이 정신 생활을 하는 데 가장 유리한 것이다. 사람으로 태어났으면 자기 자신에 대해 최소한 이 정도는 알고서 살아야 한다는 생각에서 '이쯤 밀고 가야 한다.'는 주제를 달았다. 여기서 '밀고'는 추리(推理)한다는 말이다.

하느님 아들이 군자(君子)입니다.

讀簡(독간)

可容納顏讀之美(가용납안독지미)

能才良人誦之好(능재양인송지호)

男女獨相物色文(남녀독상물색문)

貫通器量卓立高(관통기량탁립고)

(1960. 11. 11. 《다석일지》)

> **글월 읽기**
> 받아질 만한 얼굴의 아름다움을 살피고서/ 재능에다 고운 이라고 좋다고
> 칭송이다./ 남녀는 서로가 홀로 글월 읽게 되면/ (하느님의) 뜻을 꿰뚫어
> 읽어내는 기량이 높이 우뚝 서. (박영호 새김)

말씀으로 만물이 지어졌다고 했는데 그런데 만물이 나타난 게 편
지 말씀이에요. 말씀으로 만물이 나타난다고 함이 적당한 듯해요. 여
러분은 나의 말씀이요. 나는 여러분 앞에 나온 말씀입니다. 날이 맑
은 것도 이렇게 시끄러운 것도 말씀이요. 편지입니다. 그런데 이런

말씀 편지를 자꾸 보고 싶어요. 편지를 자꾸 보는 것은 전에 다 못 봤기 때문입니다. 잘 못 봤기 때문이에요. 춘하추동도 편지인데 자꾸 보고 싶은 것은 전에 잘 못 봤기 때문이지요. 모든 게 편지 읽는 것입니다. 편지 읽는 것이 아닌 게 없습니다.

이 세상에 진·선·미는 없습니다. 그러나 이를 잊지 말라고 사이비(似而非)의 진·선·미를 둔 거예요. 미(美)는 없는데. 미인이라 결혼도 하고 하는데. 이것은 그 얼굴을 용납하니까 그에 미를 인정한 것입니다.

'능재양인(能才良人)'은 신언서판(身言書判)을 구비한 자, 즉 양인(良人), 미인(美人)을 말한 것입니다. 이런 사람들은 사람 사이에서 좋게 입에 오르내립니다. 남녀는 혼자 서로 물색합니다.

마지막 구절은 도(道)를 관(貫)할 기량이 우뚝 섰다는 말입니다. 예수와 석가는 관도를 했습니다. 진리를 꿰뚫었다는 뜻입니다. 성경에도 관도가 있어요. 그걸 찾지 못하는 것은 우리의 기량이 작아서 그래요.

편지를 잘 읽으면 바른 길로 가고. 잘못 읽으면 미(美) 아닌 걸 미라고 느껴서 잘못 가게 되는 괴상한 편지가 됩니다. 기량이 커야 바로 읽지요. 예수와 석가는 이 기량을 높이려고 했어요.

중국의 공자와 맹자는 이 살림을 바로잡아보자(政治)는 게 그 목적이었습니다. 그 시대에는 이에 열을 띤 활동이 있었으나 그 후 천여 년간 열이 식었습니다. 송(宋)나라 때에 와서 사상으로 바로잡아보자는 생각이 있었어요.

그 사람이 주무숙*인데 개울가에 살면서 스스로 '염계'라고 칭하였습니다. 주렴계가 태극에 대한 그림을 그리고 태극에 대한 얘기를 하였습니다. 정명도(程明道), 장횡거, 정이천(程伊川) 같은 이들이 주 선생께 글을 배웠습니다. 오늘날 유교 철학을 볼 때는 어쩔 수 없이 이걸 보아야 해요. 성경에서 어쩔 수 없이 창세기를 보듯 유교에서 시작은 이거예요. 들어서 얼마나 이익이 있을지, 듣고 버릴지 모르지만 하여간 들어 두어요.

커극걷 그림 말(太極圖說)

없극걷(無極)이요 커극걷(太極)이다.

커극걷이 움직여 불숙(陽)이 뵈고

움직(動) 극걷(極)에 고요(靜) 고요에 움숙(陰) 보임

고요(靜) 극걷(極) 다시 움직

한움직 한고요 서로 그 뿌리 됨

쪽(너)움숙 쪽(나)불숙 둘봐(兩儀) 옳이 니러섰다(立焉)

불숙 일 움숙 맞아(陽變陰合)

물 불 나무 쇠 흙(水火木金土) 보임

다섯김(五氣) 가만히 펴 넷때(四時) 근다.

다섯행길(五行) 한움숙 불숙이오

움숙불숙한 한커극걷이다

---

* 중국 북송 때 유학자 주돈이(周敦頤, 1017~1073)를 말한다. 자는 무숙(茂叔), 호는 염계(濂溪)였다.

230

커극겆 밑은 없극겆이다(太極 本無極也)

다섯행길 이 보인데

저마다 그 한 바탈(있은) 없극겆의 참과

둘다섯의 알짬(精)이 야물게 맞나서 엉기었다(妙合而凝)

성큼 길(乾道)이 산이 이루고

몯돌 길(坤道)이 계집 이루어

둘김(二氣)이 사귀어 느껴(交感) 잘몬(萬物)이 보임(化生)

잘몬 뵈고 뵈어서 일됨 끝나잖다(變化無窮)

오직 사람(돼)서 그 빼어남 얻어 가장 령하다(最靈)

꼴이 벌써 보혔고 검(神)이 펴알린다.

다섯바탈(五性)이 느껴 움직여

잘잘못 너나(나누어) 잘일(萬事)이 나온다.

씻어난 이(聖人) 곧 바름(中正)으로써 자리를 잡고

언옳(仁義)에 고요를 기둥하였으니(主靜)

사람극겆(人極)을 세우니라.

므로 씻어난 이가 하늘 땅과 그 속알이 맞고(合其德)

해 달 그 밝이 맞고

넷때 그 차례 맞고

귀신 그 좋 언잖(吉凶) 맞다

그이(君子) 닦아서 좋고

작은 이(小人) 외지어(小學) 좋잖음

므로 말하기를

하늘길 세워 말—움숙과 불숙

땅길 세워 말—보들과 굳셈

사람길 세워 말—언과 옳

또 말하기를 비롯을 따지니 마침에 도라닿음(反終)

므로 죽고산다는 말을 앎

크다 바꿈(易)이여 이그 다 왔구나(至矣)!!!

(주렴계의 〈태극도설〉*을 류영모가 우리말로 옮김)

太 자는 大에 점이 있는데, 이 점은 '大'를 하나 더한 것과 같아요. 그러므로 '太'는 크고 큰 것입니다. 우리말로 옮길 수 없으면 아직 그 것은 덜 씹은 거예요. 그 맛을 보고는 이렇다 해야 합니다.

태초·극(太初·極), 이런 데는 저절로 '그' 소리가 나와요. 우리는

---

* 無極而太極(무극이태극) 太極動而生陽(태극동이생양) 動極而靜(동극이정) 靜而生陰(정이생음) 靜極復動(정극부동) 一動一靜(일동일정) 互爲其根(호위기근) 分陰分陽(분음분양) 兩儀立焉(양의립언) 陽變陰合(양변음합) 而生水火木金土(이생수화목금토) 五氣順布(오기순포) 四時行焉(사시행언) 五行一陰陽也(오행일음양야) 陰陽一太極也(음양일태극야) 太極本無極也(태극본무극야) 五行之生也(오행지생야) 各一其性(각일기성) 無極之眞(무극지진) 二五之精(이오지정) 妙合而凝(묘합이응) 乾道成男(건도성남) 坤道成女(곤도성녀) 二氣交感(이기교감) 化生萬物(화생만물) 萬物生生而變化無窮焉(만물생생이변화무궁언) 惟人也得其秀而最靈(유인야득기수이최령) 形旣生矣(형기생의) 神發知矣(신발지의) 五性感動而善惡分(오성감동이선악분) 萬事出矣(만사출의) 聖人定之以中正仁義(성인정지이중정인의) 而主靜立人極焉(이주정립인극언) 故聖人與天地合其德(고성인여천지합기덕) 日月合其明(일월합기명) 四時合其序(사시합기서) 鬼神合其吉凶(귀신합기길흉) 君子修之吉(군자수지길) 小人悖之凶(소인패지흉) 故曰立天之道(고왈입천지도) 曰陰與陽(왈음여양) 立地之道(입지지도) 曰柔與剛(왈유여강) 立人之道(입인지도) 曰仁與義(왈인여의) 又曰原始反終(우왈원시반종) 故知死生之說(고지사생지설) 大哉(대재) 易也(역야) 斯其至矣(사기지의)

232

뭘 찾는데 '그'를 찾는 거예요. 영원한 그를 찾는 거예요. '그그그' 하는 것을 간단히 해놓으면 극이에요. 중국이나 우리나 천연적으로 어쩔 수 없이 '그'로 된 거예요. 그이란 군자(君子)입니다. 어딘지 그가 다한 데까지 간 게 '극겆'이에요. 크고 커서 '커극겆'이 맨 처음입니다. 천년 전의 그나 지금의 우리나 어쩔 수 없이 맨 처음은 그렇게 말할 수밖에 없습니다.

'커극겆이 움직여'. 왜 움직이는지 몰라요. 아무 말도 없어요. 어쩐지 움직일 것 같아요.

陰(음), 陽(양)을 '움숙', '불숙' 이렇게 우리말로 고쳐놓았어요. 양(陽)은 불쑥 뚜렷함, 나타남의 뜻이에요. 음(陰)은 움쑥한 것 같잖아요. 우리 앞에 편지도 이렇게 불쑥 나타났어요. 태극(太極)은 채근한다고 해도 되는 게 아니에요. 그래서 서로 뿌리가 된다고 할 수밖에 없어요.

'둘봐 옳'은 우리가 서로 봐서 옳은 것을 말합니다. '둘'은 소유(所有)의 의미가 있습니다.

'물 불 나무 쇠 흙 보임'은 인도나 희랍에 나온 지수화풍(地水火風)의 사대사상(四大思想)이나 중국에서 나온 화수목금토(火水木金土)의 오행사상(五行思想)처럼 만물의 대표로 뽑은 거예요. 지금은 백여 원소를 내놓지만 그 수가 문제가 아니에요. 이건 그 시대의 자연관입니다. 자연 과학이에요.

'다섯행길'. 이 다섯이 둘이에요. 한 움쑥 불쑥이 다섯으로 보였어요. 한 움쑥 불쑥은 태극이에요. 이 뒤로 몇억만 년 후라도 사람이 맨 처음을 생각한다면 어쩔 수 없이 이렇게 생각할 수밖에 없어요.

'없극겆의 참', 참(眞)은 없는 데 가야 있다는 말입니다. 없극겆이 참입니다. 무극지진(無極之眞)입니다.

'둘다섯'은 '두 손(손가락이 모두 열 개)이 움켜쥐어'라는 뜻입니다. 기둥이 넷 있어야 바로 선다고 해요. 그러나 오묘한 것은 그것들만 있어서는 안 돼요. 그 가운데 눈에 안 보이는 기둥이 하나 있어야 설 수 있어요. 그러니 다섯 개가 있어야 다 서지요. 그래서 오(五)를 다섯이라 했어요.

제각기 개성이 다르나 그 모든 것도 극겆을 여의지 않았어요. 그래서 평등이지요. 그래서 일(一)로 온통입니다. '바탈(性)'이란 쉽게 할 소리가 아니에요. 이를 쉽사리 봐 넘길 게 아니에요. 우리가 제각기 맨 처음에 바탈을 얻어 온 걸 생각하면 정말 기이하거든요. 인격(人格)이라 하는 것이지요.

'성큼 길'은 건도(乾道), '몬돌 길'은 곤도(坤道)를 옮긴 거예요. '건(乾)'은 바짝 마른 양(陽), 건(健)과 동(同)이에요. 하늘의 성질이에요. '곤(坤)'은 땅의 성질입니다. 예전에는 지구가 도는 것을 몰랐는데, 지축(申)을 넣어놨어요. 땅은 몬돌이에요. 모든 티끌 등을 모두 모아서 돌아가니까 몬돌이에요. 그런데 꼭 이렇게 쓰라는 건 아니에요. 내일이라도 더 좋은 게 있으면 그걸 쓰지요. 하늘같이 성큼한 게 없어요. 천지(天地)란 말은 바꾸어야 해요. 천(天)이란 태공(太空)을 말합니다. '잘몬'은 만물(萬物)을 말합니다.

내가 22세 때 20세의 동생이 죽었습니다. 그때부터 나는 이 세상에는 완성된 게, 다 된 게 없다고 생각했습니다. 준공이 없어요. 일 하나를 완성했다는 것은 일감을 하나 더 만들었단 말입니다.

말씀을 하는 하느님을 누가 봤어요? 이 속에 있는, 이 속에다 위에서 출장을 보낸 우리 정신을 통해서 하느님의 말씀이 오는 거예요. 이를 말로 표현하는 자가 달리 표현했지요.

우리말에 '검'은 신(神)의 뜻을 지닌 말입니다. 영검하다는 말처럼 쓰입니다. 단군 신화의 곰도 '검'의 뜻이에요. 김수로 왕도 '검'의 자손입니다. 우리가 말하고 듣고 하는 것도 이 속에 있는 검이 펴서 알리니까 그렇지, 검이 그렇게 못하면 할 수 없어요. 춘원 이광수가 지은 《이차돈의 사(死)》에서도 하느님을 '검님'이라고 하였어요.

주무숙도 어떤 감격에서 이런 말을 냈어요. 그런데 우리는 원래부터 이런 줄로 알지요.

'씻어난 이'란 빼어난 이 중에서 거룩한 이, 곧 성자이지요. 현자는 '닦아난 이'라 해보았습니다.

'언옳'은 인의(仁義)입니다. 우리는 고요해야 해요. 망동을 해서는 못써요. 태극(太極) 무극(無極)이 다 됐다고 움직여서는 못써요. 임금 '주(主)' 자를 우리말로 기둥이라 했어요. 〈태극도설〉에 고요를 위주로 했다는 것은 크게 중요한 거예요. 주자(朱子)는 고요할 수 없다 하고 우러러 공경해야 한다고 했어요. 어떤 이가 와서 인간으로서 표준을 무엇에 세우느냐고 묻는데, '언옳'에 고요를 기둥으로 해라 하였습니다.

'넷때 그 차례 맞고'는 네 계절에 따라, 그때그때에 맞아, 춘하추동의 그때는 그때대로 좋아야 한다는 말이에요. 어느 때는 좋고 어느 때는 싫고 하는 것은 잘못 사는 거예요. 봄 탄다 하는 사람은 건강하지 않은 거예요. 적어도 계절마다 그대로 좋아야 해요. 얼음을 먹어선 못써요. 난 다 필요 없어요. 얼음도 담배도 술도 없어도 좋아요.

'그이'는 군자(君子)입니다. 하느님 아들이 군자입니다. 아직 그렇게는 못하나 그를 표준으로 닦아 간다는 것이지요.

'므로 말'이란 결론, 결어(結語)입니다. '하늘길 세워' 말하면 음양이고, '땅길 세워' 말하면 '유(柔)'와 '강(剛)'입니다. 사람길 세워서 말하면 인(仁)과 의(義)지요.

'비롯을 따지니' 어쩔 수 없이 마침에 돌아가요. 아담으로부터 죽고 살고 했지요. 죽었으니 낳고 낳았으니 죽는 거지요. 우리만 안 죽겠다는 그런 속알머리가 어디 있어요? 시종(始終)이 아니라 종시(終始)입니다. 생사(生死)가 아니라 사생(死生)이에요. 종(終)이 먼저, 사(死)가 먼저예요. 아담도 전엔 '없극겄'에서 나왔지요. 이런 것을 모르는 자는 사생(死生)의 좌담회에 참석할 자격이 없습니다.

역(易)이나 화(化)나 같아요. 이 변화의 세계에서 안 바뀌겠다는 것은 말이 안 돼요. 화(化) 하나만 알면 돼요. 이다음에 누가 대철(大哲)이 나도 좋히 '크다 바뀜이여' 이것뿐입니다. 통히 화학(化學)이에요.

풀이

한시 〈독간(讀簡)〉 다음에 이어진 다석의 풀이 말씀은 주렴계의 〈태극도설〉이다. 주렴계의 〈태극도설〉은 퇴계 이황의 《성학십도》나 주희의 《근사록》에도 실려 있다. 〈태극도설〉의 요지는 천·지·인(天地人) 삼재(三才)를 밝힌 것이다. 삼재, 곧 삼극(三極)이 우주의 기본이 된다는 것이 중국 유교의 근본 사상이다. 다석은 유교에 노자, 장자의 무(無) 사상을 도입한 주렴계를 높이 평가했다. 무극(無極)이 태극(太極)이다. 이 한 구절을 소중하게 생각한 것이다. 1960년 11월 11일 자에 '없극것(無極)'을 화두(시제)로 삼아 우리말 산문시를 쓴 것이 이를 증명해준다. 무극(無極)은 다석의 '없이 계시는 하느님'이다.

1960년 11월 13일

"오래고 오랜 연못에 개구리 한 마리
퐁당 뛰어드는 소리."

없극겆(無極)

나 있다. 예 있다. 예 나와서 있다.

나는 있다. ─다른 거는 몰라도─

나는 들릴 내다. 요한 3.12 ─

들려 갈거 들아! 들에 들었지? 나올 게 어듸 있냐?

예 없고 나 못나.

예·있·없 참 아니! 참은 뭐가?

도 모르지! 도도 모도 다 모르지!

알라 나로 알았더니 몰라 나를 다시 봄.

없다가 있, 있다가 없. 외롭 호롭 작아 아 있없.

자라다가 자기 커지다가 지기.

이미 나슨 김이니 기껏 그까짓

다 그만 둘계(兩界·有界) 이 땅!

다 들려 근 한웋!

들려 크자! 다시 업시 크자!

커극겆(太極). 없극겆(無極)

(1960. 11. 11. 《다석일지》)

이 사람은 예수 믿는 집회는 안 하는데, 예수 믿는 이들이 한자리에 모이면 기도와 믿음에 대해서나 성경 공부에 대해서 말하고파 하지요. 처음으로 믿음이나 성경 공부를 하려는 이도 많이 있겠는데 나는 그럴 자격도 없어요. 자기가 배울 생각만 하면 얼마든지 배울 수 있지 않아요? 요새는 선생도 많으니까 나는 안 해요. 기도는 될수록 혼자서 해요. 예수는 기도를 끊지 말라 했는데 50년 전 일제 시대에는 다른 사람과 싸워야 하니까, 성경을 갖고 다니는 것과 남 앞에 기도하는 게 어려운 때니까 그래도 좋았어요. 그러나 지금은 그렇게 할 필요가 없습니다.

이 사람 말은 어렵다고 해요. 난 쉽게 할 줄 몰라요. 하려 해도 안 돼요. 쉽게 하지 않는 이유는 이 사람 말은 이 세상에는 쓸데없는 말이기 때문입니다. 돈이나 건강에 대해 말하면 알아듣기 쉬울 거예요. 우리가 이 세상에 나오기 전에 있던 말이라야 영원한 말입니다. 성경, 불경이나 이 사람 말은 죽을 때와 죽고 난 후에 소용되는 말이에요. 내 말은 세상에 소용없는 것입니다.

사람들이 죽음에 다다라서는 인생이 싱겁다, 우습다고 해요. 구약 전도서에 인생의 일이 바람을 잡는 것과 같아 헛되고 헛되고 또 헛되다고 했어요. 전도서에는 헛되다 우습단 말의 연속입니다. 중국의 《서상기(西廂記)》의 〈통곡고인(痛哭古人)〉 편은 여러 번 읽었어요. 그

239

건 전도서와 같아요. 착실하다는'사람도 죽을 때 다다라서는 전도서를 안 읽은 사람도 다 전도서가 되고 말지요. 우습고 헛되면 웃고 그만두면 될 텐데, 악을 바득바득 써요. 입원을 시켜 달라, 약을 사오라는 둥 집안 식구들을 괴롭힙니다. 나기 전부터 있는 말씀은 그러지 말라는 거예요. 이 사람 말은 고요히 죽는 데 소용이 되면 소용되는 겁니다. 죽음이 없었다면 종교, 신앙도 없습니다. 이 사람 말은 이 세상에 나온 후, 나오기 전, 죽은 뒤에까지 관계 있는 말입니다.

정말 시(詩)는 사세(辭世) 아님이 없어요. 정말 진리는 죽음 때문에 있어요. 정말 노래, 사상, 말씀은 왜 죽나 하는 데서 나와요. 사세란 시가인(詩歌人)이 죽을 때 마지막으로 부르는 시가를 말합니다. 일본의 가인(歌人) 파초(17세기의 하이쿠 시인 마쓰오 바쇼松尾芭焦를 말함)는 임종에 왜 사세 하나 남기지 않고 가려는가 하는 물음에 "내가 이 세상에서 처음 부른 노래로부터 지금까지 부른 노래가 모두가 사세야."라고 했다지요. 그가 쓴 시에 이런 게 있어요. "오래고 오랜 연못에 개구리 한 마리 풍당 뛰어드는 소리." 이 우주 이 세계가 바로 오래고 오랜 연못입니다. 이 연못에 개구리 한 마리가 툭 뛰어드는 게 인생이에요. 이 인생, 이 역사가 긴 것 같아도 그 개구리가 한 번 풍 뛰어든 것입니다. 늙어 죽을 때 가서 생각하면 이게 절실히 느껴질 거에요. 원(元), 진·선·미, 본 생명에 들어가서는 길고 짧은 게 없어요.

우리말로 '나왔다'는 '나'라고 나는 말해요. 어쨌든 우리는 본디부터 여기 있었던 게 아니고 어디서 나왔다는 느낌이 이 말 속에 들어 있어요. 어디서 나왔냐 하면 우주의 임자이신 하느님으로부터 이 세상에 떨어져 나와 종당엔 고독하고 비천한 여기에 낮아져 타락한 것 같아요. 타락한 느낌이 있으니까 오르려 하고 있어요. '저'라는 건 뭐냐? 떨어진 거지. 떨어졌으니 올라가야지요. 어디서 떨어졌나요? 거기가 있을 거예요. 거기가 곧 '계'예요. '계'에서 나와 떨어졌으니 '계'로 올라가자고 하는 게 하늘 사상입니다.

나는 모든 사람은 똑같다고 믿어요. 단군, 나, 아담, 예수, 석가도 다 같다는 것입니다. 떨어졌다는 건 지극히 작은 것입니다. '저'라는 것, 떨어졌다는 것은 한 점이에요. 뭔지 모르게 한 점으로 느껴지는 데 불과한 것입니다. '계'는 저 원대한 태공(太空)이에요. ㄱ - 꺽자는 그야말로 언어도단, 불가사의입니다. 꺽자만 쳐놓아서는 음이 안 나와요 'ㅡ' 가 붙어야 해요. 그리워하고 그림을 그리고 하는 게 'ㄱ'입니다. 원대한 것입니다. 'ㅡ'는 이 세상에 있는 거예요. 저것도 너무 길게 그었어요. 이 세상에 떨어진 것은 다 찌꺼기예요. 안락의자에 올라앉으니 올라간 것 같으나 다 떨어진 찌꺼기입니다. 'ㄱ' 자 친 계계로 가야 해요.

'겇'은 거기까지입니다. 무극(無極), 태극(太極)의 극까지 올라가 우리는 한 점밖에 아닌데 원대, 영원, 절대 그것이 내가 될 때까지, 영원하신 아버지의 온전하심같이 온전해질 때까지가 '극겇'이에요.

우리가 '나'라는 데서는 의심을 안 해요. 그런데 이 세상이 괴로울 때 나라는 걸 의심하게 돼요. 의심이 있으면 나까지도 의심을 해요. 나까지 의심을 하면 문제가 달라져요. 이렇게 아프고 괴로운 나라는 게 뭐야 하고 의심을 해요. 보고 듣는 것도 다 믿기지 않고 나라는 걸 부정하고 싶고 없애버리고 싶어요. 그래서 자살도 하지요. 괴롭다 하면서도 좀 재미를 찾고 할 때에는 자기를 부정 않고 있는 것처럼 생각돼요.

'나 있다. 예 있다. 예 나와서 있다.'를 봅시다.

"내가 이를 위하여 났으며 이를 위하여 세상에 왔나니 곧 진리에 대하여 증거하려 함이로라."(요한 18:37) 여기에서 '이를 위하여'를 '이 때문에'라고 고쳐야 해요. 면하고자 기도하던 예수가 새로 정신을 차리고 한 것 같은 말이지요. '이 때문에' 하지만, 정말 때는 죽을 때입니다. 우리는 여기서 죽으려고 왔어요. 졸업(죽을 졸)하러 왔어요. 4·19혁명에서 죽은 아우들도 첨엔 망설였겠지요. 그러나 벌떡 일어날 때에 그들도 '이 때문에' 내가 왔나이다 했을 것입니다.

이건 나를 위해 하는 말입니다. 어느 날 어느 때 내가 죽을 때에 '이 때문에' 내가 왔나이다 할 수 있어야 해요. 그러지 못하면 낙제입니다. 예수가 '이 때문에' 하든지 누가 하든지, 똑같은 거예요.

우선 '나 있다.' 해요. 다른 외물(外物)은 환영일지 모르지만 '나 있다.'입니다. 다른 것은 있는지 없는지 모르지만 나는 있습니다. '나 있다.'는 것은 '나는 참이다.' 하는 말과 같아요.

생(生)을 잘 태우는 것, 불사르는 것은 생각하는 거예요. 산다는 말은, 즉 생각한다는 말입니다. "나는 생각한다. 그러므로 나는 있다."고 데카르트가 말했는데, 즉 나는 살았다 하는 것과 같아요.

니고데모가 밤에 예수께 와서 가로되, "랍비여 우리가 당신은 하느님께로서 오신 선생인 줄 아나이다. 하느님이 함께 하시지 아니하시면 당신의 행하시는 이 표적(이적)을 아무라도 할 수 없음이니이다."(요한 3:2) 예수는 니고데모에게 딴전을 했습니다. 그 표적에 대해서는 말하지 않았습니다. 거듭난다는 말이 위에서 난다는 뜻으로 번역되기도 합니다. 어머니에게서 난 것은 밑에서 난 거예요. 어머니의 하문(下門)으로 난 거지요. 권능으로 하늘에서 비 쏟아지듯 음식이 내려오는 걸 바라는 것은 밑에서 난 소리예요. 예수는 만나를 썩어질 음식이라고 했습니다. 아래로 난 건 물질인 물(정액)로 난 것이요, 위에서 난 것은 원대한 거지요. 원대한 것은 얼(靈)이 아니면 관계할 수 없습니다. 얼이 아니면 영원 절대와 상관할 수 없어요. 예수는 영(얼)을 바람에 비했어요. 예수는 바람도 어디서 와서 어디로 가는지 모르지만 그 하는 일은 알 수 있듯 얼로 남도 알 수 없으나 그 하는 일로 짐작할 수 있다고 했습니다(요한 3:8 참조). 공자는 이와 반대로 바람이 시작하는 데를 알지 못하면 덕에 들 수 없다고 했어요. 이 말을 쉽게 하자면 먼 것의 원인은 가까운 데 있다, 즉 모든 게 제 속에서 나온다고 하는 말이에요. 공자는 책임을 중시하니까 바람이 내게서 나옴을 알라고 하는 말입니다.

위로 머리 둔 건 다 하느님의 아들이에요. 거듭날 생명의 씨로서 위로 나야 그게 사람 노릇을 바로 하는 거예요. 얼로 깨야 한다는 거예요. 얼로 거듭나야 한다는 거예요. 그러지 못하면 짐승의 새끼예요. 예수가 인자(人子)라고 한 뜻이 이래요. 겸손해서 그런 거 아니에요. 맹자도 사람이면 다 사람이냐고 했어요. 그가 말한 인자(人子)란 이 땅에 있는 게 아니에요. 인자는 하늘에 있는 겁니다. 이 몸은 얼씨가 커 갈 보금자리예요. 얼의 씨는 이 보금자리에서 키워 위로 나야 해요.

예수만 들려야 할 게 아닙니다. 모세가 구리뱀을 들어 독사에 물린 자가 나았듯이 인자(人子)도 들려야 합니다. 사람의 자식도 모두 들려야 한다는 말이지요. 들리지 않으면 실패지요. 우리가 몇십 년 사는데, 거기에 그치는 게 아니라는 말이에요. 정죄하고 너는 죽을 거라 심판하고 마는 것이 아니에요. 이 몸이 죽지 않는다고 생각하면 못써요. 위로 난 얼생명을 믿어야 해요. 몸이 죽는다고 멸망이 아닙니다. 벗어질 게 벗어지고 멸망할 게 멸망하고 영원한 생명의 씨는 자랍니다.

하느님의 독생자를 믿지 않는 자는 벌써 멸망한 거예요. 독생자를 믿지 않는다면 캄캄합니다. 위로 날 생명을 알지 못하면 그게 이미 심판받고 정죄받고 멸망한 거예요. 위로 거듭날 생각을 안 하니, 그것을 모르니까 이미 죽은 거예요. 숨은 붙어 있지만 벌써 멸망한 거예요. 예수를 따르고 그를 쳐다보는 것은 빛깔(얼굴, 몸, 껍질)을 보고 따라가는 게 아닙니다. 예수의 속알(얼나)을 보아야 합니다. 그러니 먼저 제 속에 있는 속알을 따라야 합니다. 예수의 몸도 껍데기지 별수 없어요.

결혼이니 남녀 관계니 하는 것은 오르자는 게 아니라 떨어지는 일이에요. 그게 바로 멸망이요 정죄입니다.(로마서 8:4~6 참조) 간사한 것 중에 간사한 게 뱀이에요. 혓바닥이 뱀이에요. 불쑥한 것은 혀, 움쑥한 것은 목구멍이에요. 이 혀와 목구멍의 일만 자꾸 하자는 거예

244

요. 이게 멸망이에요. 빛에서는 그럴 수 없다는 거예요. 얼이 곧 빛인데, 그러니 빛에 나오기 싫다는 거예요. 구설(口舌)의 일(음행)을 자꾸 하고프니까, 그 마지막은 멸망입니다.(이상 요한복음 3장 참조)

이런 것을 듣지만 말고 자기 혼자 생각을 해봐요. 잘 씹어봐요. 속알 밝힘, 빛에서 난다, 위로 난다 등을 생각해보아요.

내가 하루 한 끼 먹은 지가 한 20년 돼요. 명년 2월 18일이 꼭 20년이 되는 날이에요. 다른 건 몰라도 일식(1일 1식)한다는 것을 호기심으로 물어보는데, 초대 불교는 이를 실천했어요. 제 좋으면 식색(食色)을 하는 거지요. 하는데 여기에 대해서 한마디 하겠어요. 이때 '제'가 무어요? 혀끝 발끝 끄트머리지요. 죽어도 좋다 하면 해도 좋아요. 그건 달관한 사람이에요. 그런 사람은 없어요. 안 죽으니까 하지요. 참을 수 없어, 또는 할 수 없이 했다 하면 좋긴 좋은데, 안 할 수 없는 것 같은 것을 안 하고 지내는 게 인생에 필요한 거지요. 인생의 의무지요. 지킬 거지요. 그런데 좋아서 한다는 소리가 무슨 소리예요? 그거야말로 정죄할 소리 아니에요?

암만 화약을 재어놓아도 불을 대지 않으면 폭발하지 않는 것같이 호르몬이 아무리 많아도 마음이 일어나지 않으면 아무렇지 않아요. 마음이 일어나서 정욕을 부채질해서 그러는 거예요. 마음을 거기에 안 쓸 수는 있어요. 대소변은 참으면 병이 나지만 마음이 가지 않으면 벼락을 쳐도 몰라요. 얼마든지 정욕에 마음을 두지 않고 지낼 수 있어요.

'들려 갈거 들아'에서 이게 모두 '들'이지 어디에 '나'가 있어요? '나다' 하는 놈이 하나도 없어요. 40년 후에 모두 폭발하고 말 거지요. "이 때문에 내가 왔나이다." 하는 이는 여기 있다, '나다' 할 수 있어야 해요. 그렇게 말할 수 있는 이는 위로부터 온 이예요. 위로 난 이라야 합니다.

'예·있·었참 아니! 참은 뭐가?'란 예라는 것, 있다 없다 하는 것은 싱겁구나, 참은 아니로구나라는 말입니다.

'알라'는 뭐 알아갈이고, '다시 봄'에서는 일생 철학을 하다가 결국 마지막에 나는 아무것도 모른다는 것을 안다고 결론지은 사람(소크라테스)을 생각해봅시다.

'있다가 없'은 있다 하다가 없어지고 만다는 말입니다. '자라다가 자기'는 자라다가 종당엔 아주 잠이 들어 죽는다는 뜻이고, '커지다가 지기'는 커지다가 쪼그라져버린다는 뜻입니다.

없는 걸로 시작해서 없다로 그치는데, 있다는 것도 종당 없는 거예요. 우리가 이를 느껴야 하는데 느끼지 못하니까 좀 느껴보자는 것이 우리가 노력해야 하는 거예요.

이미 나선 김에 인자(人子)가 들려야 하는 것도 멸망에서 구원하려 함이예요. 성령의 김, 우리를 살게 하는 김 때문에 우리가 이렇게 일어선 거예요. 이 시(詩)가 내 결론입니다. 이 세상은 그만둘 거예요. 땅에서 그만은 소극적인 뜻입니다. 위로 가서는 그만이다가 그이(君子)만입니다. 참말 참 하느님만, 그이뿐입니다.

'유계(有界)'는 있다 하는 세계입니다. 소유한 세계지요. 암만 소유가 많아도 두었다 하면 정죄받은 거예요. 있다, 가졌다 하는 건 적은 거예요. 있는 세계는 거짓이예요. 왜 이 땅은 그만둘 건가요? 우리

246

모두 들려 한웋로 갈 거니까 그만두어야 합니다.

'들려 크자'는 인자(人子)가 들려야 할 거니까 나도 들리는 데 참여하자, 그에 지원하자는 거예요.

다시 없이 크면 없는 데 들어가는데, 없는 게 내가 되는데, 없는 데 가면 없는 게 없어요. 무일물무진장(無一物無盡藏)입니다. 일물(一物)도 가지지 않으면 일체(一切)를 가진 거예요. '다시 없이 크자!' 이것만은 우리가 할 겁니다. 온통이신 하느님과 하나 되는 것입니다.

'없극겆'은 다시 없는 없음인데, 없어도 '극겆'에까지 가자는 것입니다. 순야타(허공)로 돌아가는 것입니다. 그곳이 본향입니다.

똑똑히 너는 있다 알아라, 분명히 나는 있다 알아라, 하는 게 교육의 목적입니다. 서양인은 없(無)을 몰라요. 있(有)만 갖고 제법 효과를 보지만 원대한 것을 모르고 그래 봤자 갑갑하기만 하지요. 서양 문명은 벽돌 담 안에서 한 일이예요. 낙관이니 비관이니 하는 것은 밑을 보면 다 마찬가지예요. 감각이 조금 다르지요. 적극과 소극, 있없(有無)이 둘이 아니에요. 하나예요. 종당에는 하나로 될 거예요.

생(生)의 실현이라고들 하는데, 실현이란 소유가 아니에요. 소유로 생각하면 못써요.

이 세상에 아무리 좋은 거라도 자꾸 주어서 좋은 게 없습니다. 좋다 싫다 하는 건 이 몸에서 못 떠난 거예요. 이 세상에 좋다는 건 다 간질이는 거예요. 웃으면서도 죽을 지경입니다. 간질이는 게 싫으면서도 웃지 않을 수 없는 게 이 세상입니다. 참 기가 막히지요. 견딜 수 없는 것, 가려워서 긁어버리지 않을 수 없는데도 꾹 참는 게 있어야 해요. 아니할 수 없는 것을 하지 않고 꾹 참고 지내는 게 필요해요. 이 인생은 이렇게 지나가는 거예요. 이 세상은 그렇게 해야 하는 것입니다. 죽도록 참아야 하는 길이 우리가 지금 지나가는 길입니다.

'없'은 수십 년 전부터 내가 말하고 싶은 것이었습니다. 그런데 마음대로 말머리가 트이지 않았어요. 없(無)이 내 철학의 결론입니다. 그래서 〈태극도설〉을 말한 거예요. 이걸 주렴계가 썼거나 예수나 석가가 썼거나 누가 썼거나 문제가 안 돼요. 이게 내 속에 있는 거예요. 여러분은 얼마나 실감이 날는지 모르지만 내게는 이게 내 속에서 나오는 거예요. 나는 없(無)에 가자는 것입니다. 없는 데까지 가야 얼이 크지요. '커극겆'에서 '없극겆'으로 가자는 것입니다. 태극에서 무극으로 가자는 것입니다.

풀이

다석은 주렴계의 〈태극도설〉과 장횡거의 〈서명(西銘)〉을 중요하게 생각하여 YMCA 연경반에서 특별히 강의를 하였다. 장횡거의 〈서명〉은 우주적인 대동사상을 밝힌 것이다.

다석은 〈태극도설〉에서 주요한 '무극이 태극이다'를 가지고 자신의 사상을 밝혔다. 순우리말로 '커극겆(太極)', '없극겆(無極)'으로 옮겨서 풀이를 하였다. 일찍이 노자는 없(無)이 있(有)의 근원이라 보았다. 오늘날 과학자들은 백 수십억 년 전에 대폭발(Big Bang)로 별로 가득 찬 우주가 생겼다고 말한다. 별이 나타나기 전 허공의 우주가 무극이요, 별나라가 생긴 허공이 태극(太極)인 것이다. 있(有)이 나오기 전에는 없(無)인 허공만이 있었다. 그런데 물질인 있(有)이 생겨나서 있다, 없다라는 상대적인 유무(有無) 개념이 새로 생겨난 것이다. 물질의 있(有)이 생기기 전에는 절대 무요, 절대 유라 유무의 구별이 없었다. 물질의 유와 무는 있는 것과 없는 것이 전혀 다르다. 그러므로 말은 같지만 뜻은 다르기 때문에 구별해야 한다. 이것이 하느님을 이해하는 데 매우 중요하다.

유무(有無)의 구별이 없는 절대 유, '절대 무'를 나타내고자 다석은 '없이 계시다'는 말을 썼다. 얼른 들으면 없으면 없고 있으면 있지 어찌 없이 있다는 모순된 말을 쓰는가 고개를 갸우뚱하는 이들도 있을 수 있지만, 절대 무, 절대 유를 나타내고자 하는 상대 세계에 갇힌 사람으로서는 어쩔 수 없는 표현이다. 물질의 유무(有無)를 넘어서지 못하면 참이신 하느님을 깨달을 수 없다. 물질의 상대적인 유무만 아는 생각으로 하느님이 있느니 없느니 하는 것은 말도 안 된다. 상대적인 물질의 유무를 초월한 없이 계시는 하느님에 이르러야 한다. 다석은 그 절대 무를 '계'라 하였다. 절대 무인 없이 계시는 계(하느님) 앞에서는 모든 물질(내 몸도 포함됨)이 있어도 없는 것이다. 절대 무(유)만 있다고 할 수 있기 때문이다. 모든 유(물질)는 절대 무(절대 유)의 속물에 지나지 않는 것이다. 속물도 못 되고 환상(幻像)인 것이다. 환상으로 보지 말고 없이 보아야 한다. 그러니 나 자신이 있느냐 없느냐고 다석은 계속 따지고 있다. 절대 유(절대 무)인 영원 무한의 하느님과 관계를 이으려면 없이 있는 얼(靈)로만 할 수 있다는 것이다. 그 얼이 내 마음속에 나타나서만 이루어진다. 이것은 관념도 상상도 아닌 경험이다. 다석은 얼나의 경험을 이렇게 말하였다. "우리가 뭐라고 이 짐승 같은 우리에게 그 영원한 생명을 위로부터 온 생명을 주셨으니 이게 정말 하느님의 사랑 아니에요? 이 몸이 죽지 않는다고 생각하면 못써요. 위로부터 난 영원한 생명(얼나)을 믿어야 해요. 우리의 이 몸이 죽는다고 멸망이 아닙니다. 벗어질 게 벗어지고 멸망할 게 멸망하고 영원한 생명(얼나)은 자랍니다."

종교에서 말하는 구원이란 죽음에서 놓여나는 것이다. 죽음이란 삶에서 비롯된다. 생과 사는 물질적인 상대적 존재의 필연이다. 생사란 바꾸어 말하면 유무(有無)이다. 상대적인 존재로 있어지는 것이 생(生)이요, 없어지는 것이 사(死)이다. 생하면 멸한다는 것은 불변의 법칙이다. 이것을 뛰어넘을 수 있는 상대적 존재란 없다. 생사를 뛰어넘는, 바꾸어 말하면 유무를 뛰어넘는 절대적인 무(無)만이 가능하다. 빔(空)이요 얼(靈)만이 가능하다. 하느님만이 유무, 곧 생사를 넘어선 존재인 것이다. 하느님이 주시는 얼나로 솟나는 길밖에 없다. 그래서 다석은 죽음이란 없다고 하였다. 생사 유무를 초월한 하느님만이 계시기 때문에, 모든 유무 생사에 걸린 상대적 존재는 살아도 산 것이 아니고 죽어도 죽은 것이 아니기 때문에 죽음이란 없다고 한 것이다. 멸망에서 생명으로 옮기라는 예수의 말은 태극에서 무극으로 옮기라는 말이다. 이것은 구원받은 자의 입에서 나오는 복음이다. 생사 유무를 넘어선 영원 무한의 하느님 나라는 절대 무(절대 유)의 나라인 것이다.

1960년 11월 18일
얼나로는 예수와 석가와 내가
하나입니다.

참말슴뜻
내 몸이라 먹음 없이 저 제대로 제계 근을,
바른 몸에 몸도 집도 나라 성하단 참말슴뜻
들린담 참 고요 좋음 살아 섬긴 뒤 따라.

먼저 흘거 · 뒤에 흘걸 알면 길 바로 든다 고.
속알이 다실여 살림 바롤 것은 — 커 밴 말슴!
씨알의 살림이 못돼 못다실게 속썩다!ㄴ?

한 둥그러미 테밖에 나 하늘 밑의 걱정 만들가!!
돼(뒈)지기 되게 일나니 일함 둥근 일!? 모진 일!?
아미타! 타령은 그만! 도르라미 둥글 — 남!!!

'나'라곤 '바탈한금[性命]'엔 더븐깃[與存]이 없담니다.
누리 · 나라 골랐대도, 하늘 · 땅이 갈린대도 —

한금〔命〕인 제바탈〔自性〕에는 더도덜도 없댄담.

(1960. 11. 14. 《다석일지》)

意誠(의성)

彼丈夫我丈夫誨(피장부아장부회)

或敬意且慢心催(혹경의차만심최)

書不盡言言隔意(서부진언언격의)

共鳴同感還意外(공명동감환의외)

(1960. 11. 14. 《다석일지》)

목숨이란 뭔지 모르지만 제가 그것을 느낀 게 생명입니다. 앞 사람
이 목숨의 뜻이나 목숨을 어떻게 살아야 하는 것을 다 밝혀놓았으면
우리가 연구할 필요가 없고 전도할 필요가 없어요. 다 밝혀놓지 못했
으니까 우리가 이렇게 애씁니다.

명(命)은 내 말로는 성명(性命) 외에는 없어요. 하느님이 우리로 살
게 하는 것은 제 직분을 지키는 데 있다고 했어요. 생명이라면 혈육
의 생명을 가리키는 것 같아요. 성명(性命)이라야 정신 생명을 가리키
지요. 헛소리를 안 하더라도 실성을 하면 미친 거예요. 죽었대도 옳
지요. 유교 철학은 성리학이라고 하는데, 성품을 연구하는 학(學)이
에요. 유교는 훌륭한 생명의 철학이에요. 훌륭한 종교입니다.

'한 둥그러미'는 불교의 일원상(一圓相)입니다(○: 무無·공空·태공
太空). '하늘'이라면 파란 하늘을 생각하지만 요새 사람들에게는 하

늘의 뜻이 여러 가지예요. 만 사람이면 만 사람에게 다 하늘의 뜻이
달라요. 하늘은 '한(큰) 늘(永遠)' 한량없는 공간과 한량없는 시간, 곧
우주입니다.

님은 우리말의 공경어 '임'입니다. 머리로 받드는 '임', 그래서 그
뜻에 따라 섬기자는 게 '님'입니다. 물질로 된 것은 다 땅입니다. 항
성(恒星)도 땅이에요. 하늘이란 원대한 '빔'입니다. 뭔지 모르게 큰 위
에요. 위와 밑은 절대가 아닙니다. 한늘, 한 둥그러미는 부정할 수 없
어요. 나라는 게 나와서 죽을 때까지 이 한 둥그러미 안에 있는 것을
부정할 수 없습니다.

'테밖에 나', 이렇게 칠판에 그린 밖이니 안이니 하는 이것은 안도
밖도 없어요. 한 둥그러미는 아버지 것입니다. 아버지에 순종하면 한
둥그러미가 내 것이 돼요. 공상하면 못쓴다고 하지만 이런 한 둥그러
미 공상은 해야 해요. 다른 것은 다 못 해도, 한 둥그러미만은 예수,
석가만큼 할 수 있어요. 예수, 석가보다 오래 갖고 해요. 관(觀)이라
는 것은 한 둥그러미라는 말입니다. 무슨 인생관이니 세계관이니 우
주관이니 하는 것은 다 한 둥그러미를 두고 말한 것입니다. 같은 몸
뚱이지만 넓게 혹은 좁게 살 수 있어요. '관' 때문에 그런 것입니다.
같은 집에 살더라도 같은 생각은 않고 살게 됩니다. 같은 크기의 집
이라도 넓게 혹은 좁게 살 수 있습니다. 같은 세상, 같은 집, 같은 사
회 속에 같이 사는 것 같아도 '관'이 다르면 다른 세계에 살고 있어
요. 이것은 어떻게 생각하면 대단히 긴한 말입니다. 나는 지금 노동
자 복장을 하고는 나가도 신사복을 입고는 못 나가겠어요. 다 '관'이

다르니까 그렇지요. 제가 가진 '관'을 떠나기가 싫습니다.

'바탈'은 하늘이 명령한 것입니다. 하늘로부터 받아서 할 얼생명이 바탈(받할)입니다. 그런데 우리가 한 둥그러미 테 밖으로 나와서 하늘은 잊고 땅바닥에 있는 몸 걱정만 하고 있어요. 관념을 스스로 만들어 제가 그 속에 살고 있어요. 좋은 관념으로 사는 사람은 좀 더 해방하자는 생각을 품고 있어요. 한 둥그러미 속에서 자기의 관념을 높이는 것입니다. 돈을 벌자는 '관' 때문에 도둑놈도 생겨요. 되는 것은 다 한 둥그러미에서 됩니다(成事在天). 안 되는 것은 제 속에서 제 '관'에서 안 되지, 큰 데서는 저절로 돼요. 내가 하면 된다는 것은 안 돼요. 보통 일이 없어 논다는 것은 일이 너무 많은 데서 나옵니다. 일 나면 해야지요. 취직이 일이고 실직하면 일 없다는 건 그까짓 놈의 일이 무슨 일이에요? 내가 22세 때 20세의 아우가 죽었어요. 아우가 죽을 때 나는 낙심을 했어요. 성사(成事) 하나 했다는 것은 또 하나의 일을 만들었다는 거예요. 세상에서 귀찮은 일 없애자고 자꾸 노력하는데, 그 일 마치면 또 거기서 새 일감이 나와요. 편리하게 자가용을 가지면 또 귀찮은 여러 가지 일이 따라옵니다. 내 아우가 죽었을 때 어떤 일이든지 다 되는 게 없다고 했어요. 어쨌든 이 세상은 상대 세계니까 일이 자꾸 돼 가는 거예요. 언제 일이 끝이 나나 하는 것은 안 돼요.

'돼(뒈)지기', 우리말에 마지막에 크게 되는 걸 '뒈지다'라고 해요. 일 나면 일을 하는데 되어지니 되게 하면 일이 쉽습니다. 자연에 따라 하면 일이 쉽게 저절로 돼요.

'모진 일'은 방정(方正)한 일이에요. 모질면 좋은 것 같으면서도 잘못되면 모질어져요. 둥글면 좋은 것 같아도 잘못되면 안 돼요. 둥근 것도 있고 모진 것도 있어야 해요.

염불(念佛)은 깨닫고자 생각하는 것이에요. 부처의 지경을 떠나지 말자는 염진리(念眞理)입니다. 깨달은 그 자리를 떠나지 않는 게 염불이에요.

무량광(無量光)은 무량수(無量壽)입니다. 생명의 본체입니다. 생명은 사람의 빛이라 무량광입니다. 생각이 잘 안 되면 입으로 외우는 걸 염불이라 합니다. 나무아미타불은 빛에 의지합니다. 본성의 자리가 어두운 번뇌하는 중생이 참(얼)을 깨면 성불(成佛)하는 것입니다. 그래서 불중생불이(佛衆生不二)라고 합니다. 닦는 데는 맨 처음에 염불을 하라고 합니다. 불교에선 원력(願力)이라고 하는데 한 번 생각해서 마음을 먹으면 거기에 원력이 있어 언제든지 그것이 이루어진다는 거예요.

나는 해방 후 우리나라가 무슨 나라가 되느냐 걱정을 했어요. 건국은 좀 늦게 되더라도 완전한 나라가 되기를 바랐습니다.

아미타가 중생이었을 때, 나는 성불하면 내 이름을 부르는 자는 누구라도 성불하게 하는 붓다가 되겠다는 원력을 세웠다는 겁니다. 나무아미타불 하면 부처가 된다는 거예요. 그게 이상한 암시요 최면이지요. '아미타 타령'은 그만둬야 해요. 이제 그만했으면 해요. 역(逆)해요. 그러니 그만둬요. 철학을 했거나 생명 신앙을 했거나 생명을 좀 키워 나가다가 그만 주저앉아버려요. 모두 도로 나무아미타불

255

이에요.

직선이나 반듯한 네모는 좁은 데서만 있지, 큰 데 가면 아무것도 없어요. 원만해져요. 꼿꼿할 때는 꼿꼿하고 모날 때 모가 나야 종당에 원만해요. 원만이란 아주 커야 원만이지요. 원만은 원대(遠大)를 겹친 거예요. 정말 원만은 큰 하늘이 이루는 거지, 우리가 이루는 게 아니에요. 제가 원만하려면 한 점밖에 못 돼요.

'일됨'은 성사(成事)도 되고, 변화도 돼요. 조그만 일에는 성공이 있을 수 있으나 부처나 하느님 아들의 성품에는 성공이 없어요. 죄다 불세계(佛世界)나 하늘나라가 되기 전에는 성공이란 없어요. 나 아닌 남이 해준다는 걸 믿지 말아요.

일체유심조(一切唯心造)란 마음으로 됐다, 생각으로 됐다, 말씀으로 됐다는 말입니다. 다 같은 말이에요. 맘(心)이란 '저'이고 이 아무것도 아닌 제나가 한다는데, 이건 아무것도 아닌 것 같아요. 아무 힘도 없는 것 같아요. 그래서 저기 전능한 이가 있는 것 같아서 하느님, 니르바나님 하는 거예요.

그런데 이게 어디서부터 부르터 나온 거예요. 부르터 난 것은 아무래도 여기서 부르터 난 거예요. 하느님이 만들어서 된지 몰라도 이렇게 생각하는 것도 이 나입니다. 산다 하는 데서 나와요. 산다는 것도 내가 이렇게 나와서 사니까 살아요. 이것 가지고 하느님의 씨라고, 불성이라고 해요. 이것은 예수도 석가도 나도 다 똑같아요. 이것으로 나도 가면 종당 한 둥그러미에 갑니다. 여기에야말로 평등권이 있어요. 한 둥그러미 테 밖에 나가서는 못써요. 그러면 공연한 걱정이 많아져요.

일 안 되는 이 틈바구니 속에서 좀 되는 것 같으니까 성사(成事)라고 해요. 이게 뭐 하는 짓이에요? 이것을 철저히 깨달아야 해요. 나는 전부 부정이에요. 긍정하는 것은 하나도 없어요. '나'라 하면 유심(唯心)이에요. 정신이에요. 이 얼굴도 몸뚱이도 아니에요.

유교에서 위로 오르려는 마음을 뜻하는 영성심(靈性心)을 도심(道心)이라 하고, 이 아래의 걱정을 하는 마음을 인심(人心, 짐승 노릇을 하는 마음)이라 합니다. 유심(唯心)이라 하면 도심(道心), 즉 진리심(眞理心)이란 말입니다. 도심이 만물을 만들었다고 해요. 마음의 스승 노릇 해야지요. 마음의 말고삐를 잘 잡아야 해요. 마음에 끌려가서는 못써요. 마음을 스승으로 해선 못써요.

'내 믐' 하면 자유의 지(知)입니다. 이때는 내 마음을 먹은 게 아닙니다. 내 마음을 먹어서는 안 돼요. 오늘은 뭘 하고 한번 놀까 하는 등 섣불리 군것질을 해서는 못써요. 내 뜻대로 마옵시고 아버지의 뜻대로 하소서 하는 것이 하느님의 아들이요 부처예요.

'계계 근'은 생명의 전 과정이에요. 이게 모두 내 일이요, 내 나라의 일이에요. 하느님께로 돌아가는 것입니다.

첫 연의 중장(中章)은 《대학(大學)》의 수신제가치국평천하(修身齊家治國平天下)예요. 마음을 바로 하려면 성(誠)이라야 해요. 참말로 나와야 해요. 참으로 하늘이 내게 주신 그대로 하면 불(佛)의 뜻, 진리의 뜻, 하느님 아들의 뜻이 나와요. 성(誠)을 하려면 격물치지(格物致知)해야 해요. 곧 이 우주 만상의 모든 일을 잘 알아야 합니다. 자연에 대해서 인생의 처지를 바로 해야 합니다. 이 자연에 자기가 계(하느님)에 합해야, 대자연에 순응해야 자기의 의견이 나와요. 하느님의 말씀이 나와요. 하느님 아들의 의견이 나와요. 이게 성(誠)이에요.

나는 불교의 견성(見性)이라는 것도 이 자연에 대해서 내 처지가 어떤가 하는 걸 보는 거라고 생각해요. 이게 '바탈'을 보는 것입니다. '바탈(性)'이란 남에게 듣지 않고 보지 않고 아는 것입니다. 은밀한 가운데에 계신 볼 수 없는 예수의 하느님은 이래요. 보는 게 아니에요. 견성은 보는 게 아니에요. 깨닫는 것입니다.

'성하단'은 건강하단 말입니다. '참말슴뜻'은 진리로만 나오는 나의 의견입니다. 우리 아버지의 뜻, 대자연의 뜻입니다. 어쨌든 바른 맘(心)에서 몸도 집도 나라도 세상도 바로 됩니다. 칸트(Immanuel Kant)는 선의지(ein guter Wille)만이 귀한 생명이라 하였지만, 우리말로 하면 '잘할람'이에요. 어쨌든지 모르지만 우리 마음에 '잘할람'이 있어 그게 성(誠)입니다.

'들린담'에 대해 봅시다. "내가 땅의 일을 말하여도 너희가 믿지 아니하거든 하물며 하늘의 일을 말하면 어떻게 믿겠느냐."(요한 3:12) 인생이 뭐 하려고 왔느냐 하면 들리자고 왔어요. 즉 종당에 죽는 게 '들림'이에요. 들리지 않고는 오르지 못해요. 구원받지 못해요. 나는 죽음의 맛을 좀 보고파요. 그런데 그 맛을 보기 싫다는 게 뭐예요? 이거 내던지고 들려야 해요. 정말 들리는 것은 하늘에 있는 인자(人子, 얼나)가 들리는 것입니다. 이 몸은 땅에서 나왔으니 떨어져요. 들려 오르는 것은 하늘에 있는 인자입니다. 이 속에서 키워진 인자예요. 이 몸이야 멸망이지요. 이것만 보면 멸망입니다. 요한복음 3장 16절처럼 들려 올라가는 인자를 보란 말입니다. 몸만 보지 말고 그러면, '들림'만 보고 멸망은 보지 않지요. 들린 뒤에는 참 고요해요.

그러나 여기 있는 동안에는, 지금은 땅의 일을 충실히 하여야 합니다. 유치원에 있는 동안에는 거기에 충실해야 해요. 난 이다음에 대학생이 될 테니 유치원 일은 안 한다고 해선 안 돼요.

아버지를 뵈었으면 좋겠다 하는 말의 대답은, 장횡거가 쓴 〈서명〉의 '존오순사 몰오녕야(存吾順事 沒吾寧也)'예요. 살아서 일을 좇고 죽어서 평안하리란 뜻입니다. 장횡거는 하느님의 아들이에요. 장횡거의 〈서명〉을 안 본 이는 꼭 봐야 할 것입니다. 이는 복음 말씀과 꼭 같습니다. 모든 것은 내 친구요 모든 사람은 하느님의 아들이니 사람은 서로 형제다, 효(孝) 하는 걸로 하느님을 섬겨라, 모든 사람의 아버지는 하느님이다, 이 하느님의 일을 함이 효도다, 모든 것은 하느님의 일이다, 아버지의 뜻으로 되는 일이니 걱정 말고 하라는 것입니다. '존오순사'란 내가 생존한 동안에는 순하게 일 보고 대자연의 참뜻으로 일 본다는 것이고, 몰오녕은 죽고 나면 편안할 거라는 뜻입니다. 이렇게 믿을 수 있어요. 이게 싱거운 것 같아도 모르는 거예요. 낮에 일을 바로 하면 밤에 꿈도 없이 잘 자는 거예요.

세상 사람이 '먼저 홀거·뒤에 홀걸' 몰라 뒤죽박죽이에요.

'속알'은 덕(德)입니다. 명덕(明德)은 하느님의 씨(얼)인 속알을 밝힘입니다. 명명덕(明明德), 불성(佛性)을 밝히는 것은 하느님의 아들을 기름입니다. 명덕으로 다스려야('속알이 다싈여') 그다음에 살림

이 바로 됩니다. '다실'이란 정치·경제로 살림입니다. '커 밴 말슴'은
《대학》에서 배운 말씀입니다.

'씨알의 살림'은 백성 경제예요. '못돼'는 엉망이란 말입니다. 윤리
냐 정치냐 경제냐, 어떤 것을 먼저 해야 할지 몰라 뺑뺑 돌고 있는 것
이지요. 먼저 속알이 밝혀져야 살림이 잘됩니다. 속알이 밝아져야 다
스림이 잘되지요. 속알이 근본이에요. 구경의 목적도 속알입니다. 속
알이 컴컴해서는 아무것도 안 됩니다.

'나'라는 우리 앞에 한 줄이 놓여 있는데 이것이 얼 생명줄이에요.
이 목숨줄은 몸이 죽어도 안 끊어져요. 이것은 나의 절대 신앙이에
요. 이 생명줄은 안 끊어져요. 그게 '참나(얼나)'예요.

생명은 절대입니다. 절대 자유 독립이에요. 나라고 하는 바탈(영원
한 생명)인 '한금'엔 뭐가 묻어 있는 게 없어요. 이건 아주 순수해요.
더 부를 것이 없어요. 이걸 믿어야 해요. 이건 내가 선전하는 겁니다.
하늘땅이 갈린대도 끄떡 않는 게 있어요. 이게 불성(佛性)이란 거예
요. 이건 절대입니다. 하늘땅이 무너진대도 '나(얼나)'라는 바탈과는
상관없어요. 내가 염불(念佛)하는지 크리스천인지는 모릅니다. 신앙
인지 철학인지 난 몰라요. 여존(與存) 없다는 게 정말 자유로운 것입
니다. 이 세상을 곱게 지내는 게 여존 없음입니다. 나(얼나)라고 하는
생명은 절대 자유입니다.

'더도 덜도'는 부증불감(不增不減)입니다. 이게 '바탈한금'이에요.
요새 불교와 기독교에서도 상당히 많은 사람이 신통(神通)이라는 둥
기이한 것을 구해요. 종교가들도 제법 무슨 신비한 능력이 있는 체해

요. 그렇게 하다가 많은 사람이 입신(入信)하게 되면 많은 사람을 모을 수 있으니까 제법 능력이 있는 것처럼 해요. 그래서는 그 사람들이 믿으면 많은 사람에게 전도한 게 되니까 좋다고 생각해요. 요새 종교란 게 다 이래요.

풀이

〈참말슴뜻〉은 4연으로 되어 있다. 다석은 그 시를 총괄하여 한시 〈意誠(의성)〉으로 나타냈다. 하느님의 뜻이 사람의 생각 속에 참 말씀으로 샘솟는다는 뜻이다. 정성 성(誠) 자를 파자하면, 말씀을 이룬다는 말로 '참'이란 뜻이다. 한시를 우리말로 옮겨보면 "그도 사나이요 나도 사나이로서 말씀을 가르친다. 혹 말씀을 공경하거나 혹 자만심으로 서두른다. 글은 말을 다 하지 못하고 말은 뜻에 떨어져 있다. 뜻에 함께 울려 동감하기란 도리어 뜻밖이다." "그도 사나이(장부)요 나도 사나이"란, 맹자가 말한 "순(舜)도 사람이요 나도 사람이다(舜人也我亦人也)."(이루 하편)를 본뜬 것이고, "글은 말을 다 하지 못하고 말은 뜻에 떨어져 있다."는 《주역》 계사전에 있는 말을 그대로 인용한 것이다.

다석이 화두로 걸어놓은 〈참말슴뜻〉의 요지를 간략하게 연별로 더 들어보기로 한다.

우선, 첫째 연을 읽으면 다석이 52세에(1942년) 큰 깨달음을 얻었을 때 쓴 글인 〈부르신 지 38년 만에 믿음에 들어감〉에 실려 있는 '믿음에 들어간 이의 노래'가 생각난다. "나는 시름 없고나, 이제부턴 시름 없다. 님(임)이 나를 차지하사 님이 나를 맡으셨네 님이 나를 가지셨네 몸도 낯도 다 버리네 내 거라곤 다 버렸다. 죽기 전에 뭘 할까, 남의 말은 어쩔가 다 없어진 셈이다."

'내 몸이라 먹음 없이'는 제나를 몽땅 버렸다는 말이다. 참나가 아니니 버리는 것이 참나에 이르는 길이다. 참나인 하느님(계계)께로 돌아가는 것만을 생각한다. 하느님 아버지의 뜻대로 살라는, '몸도 집도 나라'를 건전하게 한다는 참말의 뜻이 있다. "모세가 광야에서 뱀을 든 것같이 인자도 들려야 하리니 이는 저를 믿는 자마다 영생을 얻게 하려 하심이니라."(요한 3:14) 다석은 인자도 들려야 한다는 말을 제나로는 죽어야 한다는 것으로 해석하였다. 곧 몸은 땅으로 돌아가고 하느님이 주신 얼은 하느님께로 돌아간다는 말이다. 다석은 "내가 예수를 좋아하는 것은 하느님 아버지께로 돌아가자는 예수의 인생관을 자신도 가지고자 함이지, 그 밖에는 아무 관계도 없다."고 말하였다. 들린다면(죽는다면) 참으로 고요할 것이다. 이 세상에서나 하느님께로 돌아가서나 하느님 아버지만 섬기겠다는 것이다. 하느님 아버지 외에는 다른 아무것도 없다는 것이다. 이것이 예수, 석가의 사상이요 신앙이다.

둘째 연에서 먼저 할 일, 뒤에 할 일을 알면 길(道)에 바로 든다는 말은 유교 경전인 《대학》에 나오는 말을 옮겨 쓴 것이다. "지소선후 즉근도의(知所先後 則近道矣)"가 바로 그 말이다. 다석은 무엇보다도 하느님께 돌아가는 일을 가장 먼저 해야 된다고 말하였다. 삶의 목적은 하늘에 있지 땅에 있는 게 아니라는 것이다. 속알로 다스려야(德

治) 살림이 잘된다는 것을 커서 배운 것이란 곧 《대학》에서 배웠다는 말이다. 씨알의 살림이 바르게 되지 않음이 정치가 잘못되어 그렇다고 속을 썩히고 있다는 것이다. 다석의 말은 치국평천하가 그렇게 쉽게 되는 게 아니라는 것이다. 바르게 될 것 같으면 예수, 석가 시대에 잘되었어야 하는게 아니냐고 반문하였다. 정치를 잘하겠다는 것은 사람들을 속이는 말이고 지나고 보면 그 사람이 그 사람이더라고 말하였다. 그런데도 민주 정치만은 잘해야 한다고 말하였다. 또한 정치가 늘 실망을 주는 것은 집권자들에게 욕심이 많기 때문이라고 말하였다. 욕망을 절제하는 얼나를 깨달은 이가 많아야 정치도 바로 된다는 것이다.

셋째 연에서는 한 둥그러미(一圓相)가 화두가 되어 있다. 한 둥그러미는 온통이신 하느님을 도형적으로 표현한 것이다. 나는 중심에 있고 가장자리 없는 넓은 무한 허공이 둥그러미로 느껴지는 것이다. 가장자리가 없으니 둥그러미 밖이니 안이니 따로 있을 수가 없다. 한 둥그러미이신 하느님을 모르는 것을 둥그러미를 벗어나는 것으로 보았다. 하느님께로 돌아가면 걱정이 없다. 몽땅 하느님 아버지께 맡긴다. 그러면 제나가 없어진다. 제나가 남아 있으면 걱정이 없어지지 않는다. 제나는 죽게 마련이고 죽는 게 불안하기 때문이다. 시작도 없고 마지막도 없는 한 둥그러미에 들어가면 생사(生死)와 유무(有無)를 초월하게 되므로 불안과 공포가 있을 수 없다.

마지막 연에서 하느님의 생명인 얼이 내 마음속에서 샘솟는 게 하느님의 말씀이라고 다석은 말하였다. 복음서에서 생명이라는 말은 영원한 생명인 얼나를 의미하지만 한자 문화권에서 생명이라면 몸의 생명을 뜻한다. 그러므로 얼나는 성(性) 또는 성명(性命)이라 해야 한다. 복음서를 번역할 때 그리스어 '조에(ζωη)'를 '생명'이라 옮겼기 때문에 몸생명과 얼생명에 혼란이 일어났다. 하긴 성(性)조차도 남성·여성에 써서 천명지위성(天命之謂性)의 본뜻을 잃어버렸다. 맘(心)속에서 얼생명이 나오는 게 성명(性命)인 것이다. 얼나(性命)는 영원한 생명이요 절대 생명이라, 나고 죽음이 없다. 이를 '더븐 것'이 없다고 하였다. 천지가 개벽하여 하늘땅이 갈려도 얼나의 '제바탈(自性)'에는 더도 덜도 없다. '부증불감'은 《반야심경》에 있는 말이다. 이 얼나가 참나이다. 참나인 얼나를 깨닫는 것이 생사를 초월한 없이 계시는 하느님 나라에 들어가는 것이다. 아멘.

1960년 11월 20일

《맹자》도 바이블 못 될 게 없습니다.

　맹자 말씀 : 입에의 맛이나 눈에의 빛이나 귀에의 소리나 코에의 냄새나 넷굼치에의 쉬여 좋다 함이 : 바탈(性)인지라 식힘(시킴)에 있겠거늘 그이는 바탈이라고는 일르지 아니한다. 언져 아빈 아들이오, 옳에 '흐라' '섬기'오, 차리어 '손'맞이'오, 슬기에 '닦아난 이'오, 쓨어나가는 이에 하늘길이란 : 식힌지라(시킨지라), 바탈도 있겠거늘, 그이 식힘(시킴)이라곤 일르지 아니한다.

　孟子曰(맹자왈) 口之於味也(구지어미야) 目之於色也(목지어색야) 耳之於聲也(이지어성야) 鼻之於臭也(비지어취야) 四肢之於安佚也(사지지어안일야) : 性也(성야) 有命焉(유명언) 君子不謂性也(군자불위성야) 仁之於父子也(인지어부자야) 義之於君臣也(의지어군신야) 禮之於賓主也(예지어빈주야) 智之於賢者也(지지어현자야) 聖人之於天道也(성인지어천도야) : 命也(명야) 有性焉(유성언) 君子不謂命也(군자불위명야) (《맹자》진심 하편)

　(1960. 11. 16. 《다석일지》)

265

사람들이 모이는 곳에는 교육적인 의의가 있다, 그렇게들 말하고 또 그런 생각을 하고 있어요. 그런데 다다익선(多多益善)이라고 많이 모여 좋다고 하는데, 많이 모이면 도리어 허식과 술주정과 난장에 빠지고 말아요.

　사는 것은 보는 것입니다. 살려면 보고 살아야지. 정말 잘 보려면 눈을 감고 보아야 해요. 견(見)이나 시(視)가 아니라 관(觀)이에요. 눈을 뜨고 보면 한 부분밖에 못 보아요. 감고 봐야 전체를 보지요. 이 세상을 자세히 들여다본 사람이 이 세상 맛깔 본 거예요. 자기가 자기를 보는 게 자꾸 달라져요. '관'이 달라짐에 따라 생활이 자꾸 변해요. 전에 중시하던 게 지금은 우습게 생각되기도 하고, 같은 오척단구(五尺短軀)라도 이를 비관하거나 또는 아무렇지 않은 사람도 있어요. 다 '관'이 달라 그런 거예요. 사람은 '관'에서 사는 거지, 시공간의 제약에 사는 게 아니라고 할 수도 있어요. '자기 봄'으로 살지, 제가 가진 몸뚱이, 나라, 세계를 갖고 사는 게 아니라고 할 수 있어요.

　바탈(天性)이 문제입니다. 성명(性命)이 문제예요. '성(性)'이란 자는 요새 하듯 남성(男性)·여성(女性)이라는 데에만 붙을 글자가 아니에요. 우리가 배우는 것은 모든 사물의 이치를 뚫어지게 잘 알아서 그걸 잘 쓰자는 거지요. 과학이란 더욱이 그런 거예요. 우리가 자세히 잘 알 것은 어디 발붙일 듯한 길을 찾는 거지요. 그다음에는 바탈이에요. 바탈을 알자는 거지요. 세계 바탈, 내 바탈이 어떤지 알자는 게 문제지요. 공부 수양으로 깨달으려는 이들은 다 제 바탈을 좀 더 잘 보자고 노력하는 것입니다. "강아지는 잃어버리면 온 식구가 찾으면서 왜 제 바탈은 잃고 찾지 않는가?(人有鷄犬放則知求之 有放心而不知求)"하는 게 맹자가 평생 외친 거예요. 유효하려면 제 바탈을 보존하는 거예요. 맹자는 존심양성(存心養性)이라 하였어요. 바탈은 어디가는 게 아니니까 잘 보존해야 합니다. 맘(心)에 지저분한 것을 잡아넣어서 이 바탈을 팔아버려요. 그래서 실성(失性)했다는 거지요.

"제나의 몸생명을 아끼는 자는 얼생명을 잃을 것이요 제나의 몸생명을 버리는 자는 얼생명을 얻을 것이다."(요한복음 12:25, 박영호 의역) "온 천하를 얻고도 제 목숨을 잃으면 무엇이 유익하리오."(마태 16:26) 전자의 생명은 요 헐떡헐떡하는 이 생명이지요. 그런 의미에서 이것들은 다 송장이에요. "죽은 자들로 저희 죽은 자를 장사하게 하고"(마태 8:22) 예수의 말씀은 항상 겹이에요. 듣는 자가 그때그때 잘 알아들어야 해요.

전자의 생명과 후자의 생명의 뜻을 잘 생각해봐야 해요. 맹자는 바탈과 목숨을 드물게 말했어요. 그런데 노자, 예수, 석가는 밤낮으로 영생, 생명, 목숨을 말했어요. 공자는 바탈을 생각해야 하는데 굶으면서까지 하늘만 생각할 수는 없으니 어쨌든 이 어린 것들에게 먼저 밥을 먹여놓아야겠다고 생각했기에 그런 거지요. 유교를 도덕교(道德敎)라 부르고 세상일만 한다고 하면 못써요. 유교는 성명(性命)이라는 거예요. 그게 다입니다.

"나는 그의 명령이 영생인 줄 아노라."(요한복음 12:50)라고 일러주었어요. 명령(말씀)이 영생이요 말씀이에요. 이 명(命)을 모르는 자는 다 송장이에요. 사명(使命)이란 일을 시키는 것입니다. 일 중의 일은

267

이 목숨이에요. 이는(가슴을 가리키며) 하느님의 원자(原子)예요. 생명은 같은 바탈이에요. 못된 것들이 활동을 해도 이 바탈이 꿈쩍 못하게 하는 거지요. 철학이라 종교라 하는 것들은 성명(性命) 문제예요. 바탈을 자세히 보자는 게 그 일입니다. 화학자가 물질의 바탈을 잘 알아서 그 바탈을 그대로 유익하게 잘 끌고 나가자는 게 그 일이듯이, 정신적으로 우리에게 주어진 이 바탈을 그대로 잘 끌고 나간 이가 노자요 석가, 예수입니다. 난 장자, 맹자가 다 성령(聖靈)을 통했다고 생각해요. 성령을 통하지 않고는 그렇게 바탈을 잘 알 수가 없어요. 아직도 난 맹자를 다 알았다고는 할 수 없어요. 어림없어요. 장자, 맹자는 성령을 통해 인생을 통히 꿰뚫어 본 이예요. 볼 걸 다 본 이예요. 어느 날 《맹자》를 쓱 들추니까 이게 나오지 않아요? 한번 보았더니 이거예요. 이렇게도 맹자가 깊었나 하고 섬찟했어요. 이걸 지금 다 깨달은 것 같아도 내일 또 여기서 더 좋은 게 나올지도 몰라요.

'사지(四肢)'를 우리말로 '굼치'라고 했어요. '안일(安佚)'은 말고삐를 잃은 것입니다. 조금 쉬는 것은 하느님이 우리에게 허락한 거예요. 그런데 쉬는 데 탐착한즉 잃는 것입니다.

안연이 공자에게 어떻게 사람 노릇을 하는 게 좋냐고 물었어요(顔淵問仁). 공자가 이르기를, "자기가 망령된 데 가려 할 때는 스스로 자기를 붙잡아서 자기에게 돌아와야 한다(克己復禮爲仁)."라고 했어요. 안연이 "구체적으로 설명해주십시오(請問其目)." 하자 공자가 이르기를 "차림에 어긋나면 보지 말라(非禮勿視). 차림에 어긋나면 듣지 말라(非禮勿聽). 차림에 어긋나면 말하지 말라(非禮勿言). 차림에 어긋

나면 움직이지 말라(非禮勿動)."(《논어》 안연 편) 이 네 가지를 말라고
했어요. 이것은 다른 이도 말했어요. 예수도 네 눈을 다 빼버리라고
했습니다. 이 몸은 멸망할 거라는 걸 가르쳤어요. 눈을 너무 학대해
선 못씁니다. 그러나 매일 영화관에 가고 좋은 걸 되도록 많이 보라
고 보통 가르치고 있어요.

불교에서는 인간 존재의 18가지 구성 요소인 18계(6근·6식·6처)
가 벌어졌다고 하는데, 이 벌어진 게 다 두 가지예요. 즉 좋다, 싫다
예요. 그러니 36가지지요. 과(過)·현(現)·미(未)의 고(苦)니까 세 갑
절해요. 그래서 백팔번뇌입니다.

우리가 숨 쉬는 데 시키는 이가 있어요. 이것을 앎이 명(命)입니다.
이걸 누가 했든, 하느님, 다르마(法), 자연, 허공, 진리인지 모르지만
누가 했든 상관없어요. 어쨌거나 시켰다고 생각해요.

그이

다섯 벼실 볼일로 바탈이라 ─ 힘쓸라기에

언·옳·차림·슬기·거룩을 식힘(시킴)이라 ─ 망서림.

그이는 이를 바탈이라 저를 식힌다(시킨다) ─ 아니 앎.

(1960. 11. 16. 《다석일지》)

'그이'는 영원한 본 바탈이 '그'인데, 하느님께로, '그'리로 가는 이
가 그이(君子)예요. 한마디로 말하면 옳게 사는 사람입니다.

말이란 불완전한 거예요. 정말 온전한 데 대면 이 말이란 건 벙어

리 손짓과 같아요. 제법 혓바닥으로 이렇게 놀리니까 분명한 것 같지만 그런 게 아니에요. 어림없어요.

'차림'은 차리는 것, 정신을 차리는 것입니다. 손(客)을 맞기 위해 차림이 있어야 해요. 손을 맞이하는 게 임자(主)니까 '맞이'라 했어요.

'그이(君子)'는 '식힘' 즉 시킴이라고는 않습니다. 누구의 율법(律法)이라 하지 않습니다. 본 궤도에 오른 사람은 자기의 바탈이지 누구의 시킴이라 하지 않아요. 누구의 율법이다, 이것 안 지키면 벌 받는다, 누가 시켰다, 하지 않아요. 자유니까 아들이니까 억지로 하는 게 아닙니다. 아들이니까 제 바탈이라고 하고 갑니다. 시켜서 되는 게 아니에요. 제 속에서 우러나와야 해요. 제 바탈이거니 하고 걸어가야지 시킨다고 해서 되는 게 아닙니다. 시켜서 되는 것 같으면 벌써 다 되었겠지요. 5천 년을 해도 안 되는 건 제 속에서 우러나온 게 아니고 시켰기 때문입니다.

맹자는 이걸 깨달은 사람입니다. 우리 바탈은 위로 올라갈 바탈이에요. 언(仁), 옳(義), 차림(禮), 슬기(智)의 궤도에 오른 바탈입니다.

사람들이 예수 오기 전과 오고 난 후에 사람이 달라졌다고 하는데 그게 무슨 소리예요? 글쎄, 한 와성(完成)이라는 것뿐이지, 무슨 율법 시대가 있고 복음 시대가 있어요. 인생관, 세계관, 생명관에 편견을 가지기 쉬운데 편견을 가져선 못써요. 더욱이 종교에 있어서 편견을 가져서는 못써요. 요샌 그것쯤은 알아야 해요.

'다섯 벼실'은 다섯 맡은 일, 오관(五官)을 말한 것입니다. '거룩'은 성인 되잠, 성령 받잠이에요. 시키면 망설여져 시키는 걸 제일 싫어해요. 시켰다면 망설여져요. 그것도 해롭진 않는데 시키니까 강제로 하니까 싫어해요.

욥기는 정말 귀중한 책입니다. 세력을 좇아서는 못써요. 예수는 예스(Yes) 할 때는 예스, 노(No) 할 때는 노 하라고 했어요. 낯을 봐서는 못써요. 세력을 따라서는 못써요.

"너희가 하느님의 낯을 보려느냐?"(욥기) 예수의 낯, 하느님의 낯, 부자의 낯, 목사의 낯을 봐선 못써요. 과여(過與)는 더불어서는 못써요. 아무에게나 좋다고 하는 것은 대개 과여야. 과여의 정을 보통 호(好)라 합니다. 과여를 하면 그 사람에게 바른 말을 못하게 됩니다.

꼭대기 바탈을 이 속에 담아둔 게 그릇이에요. 우리 속에는 더러운 게 많이 들어 있어요. 그런데 우리의 마음속이 하느님의 성전이라고 했어요. 이게 모순 중의 모순이요, 우리의 착각 같아요. 하느님의 성전은 저 위의 나라인데 이 속에 반영이 되어서 그렇지, 우리 속에 정말 있는 게 아닐 거예요. 반영(反映)을 우리가 착각을 하는 거지요. 그래서 이 속에 있는 것 같지요. 하늘을 쳐다보려면 목이 아플테니 밑에 거울을 하나 두면 편하지요. 우리 꾀도 이러한데 하느님이 어련히 그러셨겠어요.

어쩐지 난 수십 년 전부터 맘(心)은 허공(虛空) 같다고 생각해요. 허공은 저 위에 있는 것인데 맘을 비게 하면 허공과 같을 거예요. 우리 맘을 비우면 하늘나라도 들어옵니다.

풀이

다석이《맹자》와 인연을 맺은 것은 12세 때부터였다. 수하동 소학교를 2년 다니다 그만두고 자하문 밖 서당에 다니면서《맹자》를 배웠다. 서당 선생님은 이운 김인수였다. 이때 3년 동안 배웠으나《맹자》는 책이 두꺼운 편이라 다 배우지는 못하였다. 장년이 되어서는 홀로 유교 경전을 많이 읽었다. 그런데 나이 70세가 되어서 다시《맹자》를 읽으면서 그 뜻이 깊음을 새로 발견하고 감탄했다. 여기서 다석은 맹자, 장자도 성령이 통한 이, 꿰뚫어 본 이라며 극찬하였다.

임성규라는 성균관대 철학과 학생이, 이화여대에서 정년 퇴직한 뒤에 감리교신학대학에서 강의를 하고 있던 김흥호를 찾아가 다석에 대해 알고 싶어 왔다고 했다. 그러자 김흥호는 김교신이 발행한 〈성서조선〉 158호에 실린 〈우리가 뉘게로 가오리까〉라는 다석의 시조를 보여주었다. 그 시문은 이러하다.

노자신(老子身)

노담(老聃)의 함덕(含德)이 자연생생(自然生生)의 대경대법(大經大法)이었다마는

생생지후(生生之厚)로 돌아 불사불욕(不死不欲)에 빠지게 되니

도사(道士)는 도(道)에 미혹 건질 길이 없어라.

석가심(釋迦心)

석가의 정각(正覺)도 한 번 함직도 하였다마는

272

삼십 성도(成道)에 오십 년 설법이 너무 길잣더냐.
말법(末法)의 되다 못됨은 무뢰(無賴) 진배없어라.

공자가(孔子家)

공자의 호학(好學)을 일즉 밟어보면 했다마는
명기(名器)를 일삼은 데서 체면치례(體面致禮)에 흐르니
유기인(由己仁) 극기복례(克己復禮)는 입지(立志)조차 못 봤다.

인자(人子) 예수

말슴(道)으로 몸 일우고 뜻을 받어 맘하시니
한울 밖엔 집이 없고 거름거린 참과 옳음 뵈오니
한나신 아들 예수신가 하노라.

　이 시문을 언뜻 보면 다석이 노자, 석가, 공자는 틀렸다고 보고
예수만 좋아하는 것으로 보인다. 김흥호가 임성규에게 이 시문을
굳이 보인 것도 그 때문인 것 같다. 그래서 주규식으로부터 나온
자료를 의심하는 말이, 김흥호를 따르는 이가 쓴 글에 언급되고 있
다. 그러나 그것은 다석의 생각이 바뀐 것일 뿐이다. 주규식은 다
석의 강의 내용을 왜곡할 사람이 아니다. 다석의 사상은 표현이 좀
난삽하긴 하다. 그러나 그 핵심 되는 진리는 간단명료하여 왜곡될
수 없다.
　다석이 맹자의 대장부론을 강의할 때, 그것이 바이블 안 될 게 없

다고 주장하면서 극찬한 이 말씀의 알맹이는 무엇인가? 입이 맛을 보고 눈이 빛깔을 보고 귀가 소리 듣고 코가 숨 쉬고 사지가 평안하려는 것이나 사람의 마음이 인·의·예·지의 참으로 나아가려는 성질은 본능적이고 선천적인 데가 있지만, 몸나의 짓은 타율적이고 맘나의 일은 자율적이란 말을 한 것이다. 자율적인 것이 성명(얼나)이 참나인 까닭이란 말이다. 예수도 같은 생각을 말하였다. "아버지께서 나를 사랑하시는 것은 내가 다시 (얼)목숨을 얻기 위하여 (몸)목숨을 버림이라. 이를 내게서 빼앗는 자가 있는 것이 아니라 내가 스스로 버리노라. 나는 (몸 목숨을) 버릴 권세도 있고 (얼목숨을) 다시 얻을 권세도 있으니 이 계명은 내 아버지에게서 받았노라 하시니라."(요한 10:17~18)

하느님으로부터 하느님의 생명인 얼을 받은 이는 개체만 다를 뿐 얼나로는 한 생명이다. 그러니 누가 낫고 누가 못하다는 우열이 있을 수 없다. 그런데 기독교인들은 어떻게든지 예수를 석가, 노자보다 위에 두려 하고 같게 보면 언짢게 여긴다. 불교 신도들은 은연중에 석가를 예수나 노자보다 위에 두려고 한다. 같게 보면 언짢게 여긴다. 이 얼마나 유치한 생각인가? 예수와 석가는 똑같이 제나를 죽이고 얼나로 산 이들이다. 높고 낮고가 있을 수 없다. 다 같이 얼나로는 한 생명이기 때문이다. 성현들은 사람에게 배운 게 아니라 하느님(성령)께 배우고 하느님으로부터 인증을 받았다. 하느님으로부터 얼생명을 받아 얼나를 참나로 깨달았기 때문이다. 그러니 다를 까닭이 없다. 예수는 겸손하게 내 뒤에 오는 이가 나보다 더 큰 일을 할 것이라고 하였으나, 얼나의 깨달음으로는 더 할 게 없다. 얼나의 깨달음에 대한 지식이나 행동에 대한 뒷받침으로서는 그럴 수도 있을 것이다.

이 세계는 어머니의 자궁,
우리는 모태 속의 쌍둥이입니다.

西銘(서명)

乾稱父(건칭부) 坤稱母(곤칭모) 予玆藐焉(여자막언) 乃混然中處(내혼연중처) 故天地之塞(고천지지색) 吾其體(오기체) 天地之帥吾其性(천지지수오기성) 民吾同胞(민오동포) 物吾與也(물오여야) 大君者(대군자) 吾父母宗子(오부모종자) 其大臣(기대신) 宗子之家相也(종자지가상야) 尊高年(존고년) 所以長其長(소이장기장) 慈孤弱(자고약) 所以幼吾幼(소이유오유) 聖其合德(성기합덕) 賢其秀者也(현기수자야) 凡天下疲癃殘疾惸獨鰥寡(범천하피륭잔질경독환과) 皆吾兄弟之顚連而無告者也(개오형제지전연이무고자야) 于時保之(우시보지) 子之翼也(자지익야) 樂且不憂(낙차불우) 純乎孝者也(순호효자야) 違日悖德(위왈패덕) 害仁曰賊(해인왈적) 濟惡者不才(제악자부재) 其踐形惟肖子也(기천형유초자야) 知化則善述其事(지화즉선술기사) 窮神則善繼其志(궁신즉선계기지) 不愧屋漏爲無忝(불괴옥루위무첨) 存心養性爲匪懈(존심양성위비해) 惡旨酒崇伯子之顧養(악지주숭백자지고양) 育英才潁封

人之錫類(육영재영봉인지석류) 不弛勞而底豫舜其功也(불이노이정예순기공야) 無所逃而待烹(무소도이대팽) 申生其恭也(신생기공야) 體其受而歸全者參乎(체기수이귀전자참호) 勇於從而順令者伯奇也(용어종이순령자백기야) 富貴福澤將以厚吾之生也(부귀복택장이후오지생야) 貧賤憂戚庸玉汝於成也(빈천우척용옥여어성야) 存吾順事(존오순사) 沒吾寧也(몰오녕야).

불교에서 《반야심경》을 생각하듯 유교에서는 장횡거가 쓴 〈서명〉을 알아야 합니다. 이 〈서명〉을 잘 알아야 유교를 잘 아는 것입니다.

'색(塞)'은 막힌 것입니다. 색(塞)을 기(氣)로 바꾸어도 돼요. 그득 찼다는 뜻이에요. 그득 찬 것은, 기운, 하늘, 땅이 그득 찬 그것은 내 몸이지요.

호연지기(浩然之氣)라는, 정신인지 물질인지 모르는 어떤 큰 기운이 있다고 맹자는 느꼈습니다. 무엇인지 모르지만 하늘땅에 그득 찼다고 했어요. 하늘땅에 그득 찬 올(理)이 내 바탕입니다.

내가 왜 여기(世上) 있나 하는 게 내 시(詩)예요. 일본 시인(詩人)의 말이에요. 이렇게 하면 자기를 다시 발견하게 됩니다. 스스로 자기 이름을 부르는 자는 강자(强者)입니다. 여보게 왜 이러나 하고 말입니다. 범죄를 저지르기 전에 이렇게 불러 스스로를 감시하는 자는 강자입니다.

내가 여기 왜 있나 하고 생각하면 제 주위를 둘러보고 너희는 뭐냐 하게 돼요. 다른 사람들을 쳐다보게 돼요. 그러면 '민오동포(民吾

同胞(동포)' 생각이 나요. 이 세계는 어머니의 자궁이요, 우리는 모태(母胎) 속의 쌍둥입니다. 이렇게 생각하면 동포 의식이 분명해집니다. 그러면 하늘, 땅, 강 등 모든 사물이 다 동무예요. '물오여야(物吾與也)'라는 말입니다. 대군(大君)은 우리 부모 종가(宗家)의 아들이고 '대신(大臣)'들은 우리 종갓집의 일 보는 자들이에요.

유교에서 통히 가르친다는 것은 '언(仁)'인데 이는 사랑, 새로 남, 성한 것(건강)이라는 뜻입니다. 유교에서 별것을 다 말하지만, 언 하나 이루자는 것입니다. 공자는 언을 자주 말하지 않습니다. 성치 못하면 사람이 아닙니다. 실성(失性)하면 사람이 아닙니다. 자기부터 어질고 성해 남에게 언을 베풉니다. 우리 집안의 노인을 잘 대접해서 힘이 남으면 다른 집 늙은이를 대접해요. 내 어린이를 잘 대접해야 다른 어린이에게까지 미쳐서(及) 돌아볼 줄 아는 게 유교입니다. 나도 자식 기르는 사람이라고 자주 말하는데 그 뜻입니다.

썻어난 이(聖人)는 그의 속알이 하늘 속알에 맞습니다. 현인(賢人)은 아주 빼어난 이라 쑥 솟아난 이예요. 천하에 성치 못한 사람은 내 형제인데 이들은 비슬비슬 쓰러지려 하고 또 천하에 말 붙일 데 없는 사람입니다. '우시(于時)'는 '때로'란 뜻입니다. 때로 이 식구들을 돌아봄이 자식 된 도리입니다. 날개 '익(翼)' 자입니다. 어미가 옆에 있으면 새끼는 어미가 하는 대로 날개를 부르르 떱니다. '소심익익(小心翼翼)'은 조심조심한다는 뜻입니다.

'낙차(樂且)'는 즐겨 한다는 말입니다. 좋아서 부모를 따름이 효입니다. '언을 해한 자(害仁)'는 도적이요, 마귀의 자식입니다. '제악(濟

惡)'은 모진 걸 건너게 함입니다. 언(仁)이라는 것, 사랑이란 것도 영원한 것입니다. 성경에 하느님의 형상대로 사람을 만들었다고 했는데, 하느님의 꼴이 있어요? 없습니다. 그 꼴이란 언의 꼴, 사랑의 꼴일 것입니다. '불초(不肖)'란 같지 않음을 뜻합니다. 내 이만하면 제법 크지 하는 놈들은 다 같잖은 놈들이에요.

요 조그만 사람에도 신령한 게 있는데 이 천지 우주에 더 큰 신령한 것이 있을 거다 하는 게 유교의 하늘 사상입니다.

'궁신(窮神)', 인생이라는 게 신(神)을 추궁하는 것입니다. 우리 속에 있는 얼(靈)을 추궁하는 게 인생입니다. 구하라, 찾으라, 두드려라 하는 게 영원한 생명인 얼을 찾으라는 거예요. 기도도 영원한 얼을 추궁하는 거예요. 유교도 계시받을 것은 다 받았어요.

내가 50세 이전에 장횡거를 만났는데 어떻게 내 성미와 똑같아요. 이 〈서명〉도 나와 똑같습니다. 장횡거는 토지를 개혁해야 한다고 말했습니다. 맹자도 토지 개혁을 해야 한다고 말했는데, 천 년이 지난 후에 장횡거도 이렇게 말했어요. 나도 이래요. 즉 먹을 걸 잘 해결하자는 겁니다.

태극(太極) 무극(無極)에까지 가면 유교도 불교나 노자와 다르지 않습니다.

사람의 뜻을 잇는 게 효(孝)가 아니에요. 아버지의 아버지, 영원한 하느님의 뜻을 잇는 게 효입니다. 아버지의 아버지, 영원한 하느님의 뜻을 잇는 게 우리의 일이에요. 그게 독생자(獨生者)입니다. 하느님(神)을 추구하는 이는 단군 이전의 뜻을 잇는 거예요. 장횡거는 독생자, 곧 하느님 아들입니다.

유교란 부끄럼이 없도록 게으르지 않아야 합니다. 내가 왜 여기 있나 하고 물으면 아버지 집이니까 내가 여기 있다. 그러니 어디에 있든 어디를 가든 부끄럽지 않은 것입니다. 우리는 하느님의 아들을 맡아 있어요. 이 씨를 꼭 지켜서 키우자는 게(存心養性) 우리 일입니다. 그러면 게을러지지 않아요. 독생자(얼나) 키우는 재미에 피로함을 모릅니다.

'숭백(崇佰)'은 순임금의 아버지이므로, 숭백의 아들(崇伯子)은 순임금입니다. 순임금처럼 독생자를 기르려는 자는 맛있는 술을 미워합니다. 순임금은 술맛을 보고 천년 후에 이것 때문에 나라가 망하겠다 하고는 술을 미워했다고 합니다.

'불이(不弛)'는 긴장을 늦추지 않고 힘쓰고 힘쓰는 것입니다. 자기가 힘쓰는 것을 늦추지 않은 고로 종당에 기쁜 데까지 갑니다. 이게 순임금이 이룬 것입니다.

'부귀복택 장후오지생야(富貴福澤 將厚吾之生也)'라 합니다. 부귀, 복은 나의 생을 두텁게 하기 위함이요, 가난, 걱정, 근심은 나를 이루는 데 옥(玉)으로 쓰기 위함이라는 말입니다. 이게 순종이에요. 순하게 하늘로 올라감입니다. 이렇게 순하면 죽어도 마음이 편할 겁니다. 예수 안 믿는다고 지옥 간다 해도 마음이 편할 것입니다.

《효경(孝經)》에서 증자(曾子)가 공자에게 효(孝)란 아버지에게 순종하는 것입니까 하고 물었습니다. 순종이라니, 순종이라니 하고 공자가 반문했어요. 임금과 싸우는 신하 다섯만 있어도 나라가 바로 된다는 거예요. 유교에도 있을 것은 다 있어요. 저 위에 있는 하느님께 절대 순종해야 합니다. 십자가를 져라 해도 져야지 별 수 없습니다. 하늘땅의 인(仁)이나 나의 인(仁)이나 나란히 가는 인(仁)이에요. 서명하도(西銘下圖)는 부모 섬기는 정이 극진함을 잘 나타내어 하늘 섬기는 이치를 밝혔습니다.

풀이

비로소 '시(始)' 자는 여인의 태집을 나타내는 회의문자이다. 사람의 생명이 여인의 태집에서 비롯되었다는 것이다. 그런데 사람의 생명은 우주적인 소산(所產)이다. 우주가 없었으면 태어날 수 없다. 장횡거는 자신이 우주적인 소산임을 분명히 알고서 그 생각을 〈서명〉에 분명히 밝혀놓았다. "하늘을 아버지라 땅을 어머니라 하옵고 하늘따 가득히 내 몸덩이요. 나 여기 조그마한 것이 가마득한 데 서니 하늘따에 뻗침 올곧게 다스리는 힘이 내 바탈(性)이옵."이라고 하였다. 이 한마디만 가지고도 장횡거는 제나에서 얼나로 솟난 하느님의 아들임에 틀림이 없다. 다석이 송나라 때의 여러 학자들 가운데서 장횡거를 높이 평가한 까닭이 여기에 있다. 하느님의 아들인 얼나로 솟나면 남이 없다. 모두가 한 동포이다. 이를 대동사상이라고 한다. 다석은 거침없이 "장횡거는 독생자"라고 말하였다. 얼나로 하느님 아들이란 말이다. 독선적이고 배타적인 데가 없음이 예수와 똑같다.

"'네 이웃을 사랑하고 원수를 미워하여라.' 하신 말씀을 너희는 들었다. 그러나 나는 이렇게 말한다. 원수를 사랑하고 너희를 박해하는 사람들을 위하여 기도하여라. 그래야만 너희는 하늘에 계신 아버지의 아들이 될 것이다. 아버지께서는 악한 사람에게나 선한 사람에게나 똑같이 햇빛을 주시고 옳은 사람에게나 옳지 못한 사람에게나 똑같이 비를 내려주신다. 너희가 자기를 사랑하는 사람들만 사랑한다면 무슨 상을 받겠느냐? 세리들도 그만큼은 하지 않느냐? 또 너희가 자기 형제들에게만 인사를 한다면 남보다 나을 것이 무엇이냐 이방인들도 그만큼은 하지 않느냐? 하늘에 계신 아버지께서 완전하신 것같이 너희도 완전한 사람이 되어라."(마태 5:43~48)

《다석일지》 1961년 2월 7일에 다석이 우리말로 옮긴 〈서명〉이 있어 옮겨본다.

지쪽 색임(西銘)

성큼을 아바라 하옵, 몬돌을 어마라 하옵, 하늘 따 그득히 내몸덩이요, 내 예 조그만이(커먼흐릿)카만데 스니 하늘 따 올곧이 내 받할 이옵, 씨알은 내 한배 살몸. 몬이란 내 함께 더 브름, 큰 임금이란 내 어배의 큰집 마루 아들, 그 큰 섬기는 마루집 일하기, 높은 나이 우럽음은 어른을 어른키오. 외어림을 가엽음은 내 어린 걸 얼룸이옵. 씻어난 이는 속알에 듬숙. 닦아난 이는 빼여 났음여 무릇 누리에 가쁘ㆍ들피ㆍ죽게 앓고. 외론애며 홀늙은 홀애비와 홀어미는 다 내 언 아우로서 비슬비슬 헤매이나 말 부칠덴 없는 이들이오니 때로 이들을 보살핌이 아들의 손시오 허허하며 걱정 않는 것이 어베 많기에 옹금이니다. 어기면 버린 속알이랄 거오 언을 다치면 도적이랄 거오 모짊을 건넴은 언 못 생김이오 그 꼴을 밟은 이만이 같은 이로소이다.

  됨을 알면 그 일을 잘 잇겠고 얼을 찾으면 그 뜻을 잘 잇겠습니다. 집구석에서도 부끄런 짓은 안 하는 이만 부끄럼이 없고 맘을 잡아 받할을 치는 이만 게으름이 없습니다. 맛있는 술을 미워하기는 우임금이 치기를 돌아봄이오, 꽃다운 이를 가르치기는 영 고숙이 제 같은 걸 남에게 준 것입니다. 어려움을 늦추지 않고 풀리도록 가기는 순임금이 이룬 것이고 달아날 데가 어디냐고 죽음을 기다리기는 신생의 손묶음이오, 그 받어난 몸을 성하게 세운 대로 옹글게 돌아간 이는 삼이오, 좇기에 날래며 하라는 대로 따른 이는 백기입니다. 가멸고 괴이고 좋은 번쩍임도 내 삶을 두터움으로 가람이다. 가난하고 얇고 시름과 걱정도 너를 이루는데 닦아내기를 구실처럼 되게스리다. 하고 내가 살아서는 섬기기로 따르고 내가 죽어서는 좋으리람.

  (1961. 2. 7.《다석일지》)

살신성인은 인(仁)이 살라는 명령입니다.

제대로

하늘 높고 땅 낮이니 성큼 몯돌 자리잡아

같이 모딘 터오 떼져 나눈 몬에 좋음, 언잖음!

언큼은 성큼에 쉬웁 보들모돌 대로믄.

天尊地卑乾坤定矣(천존지비건곤정의)

方以類聚物以群分吉凶生矣(방이유취물이군분길흉생의)

立命乾以易知坤以簡能(입명건의이지곤이간능)

(1960. 11. 9.《다석일지》)

이 세계가 젊은 세계라서 이렇게 갑자기 추워졌어요. 천천히 기후가 변한다면 늙은 세계예요. 아침에 천주교 신부가 방송에 나와서 계시 종교(啓示宗敎)라야 되지 자기가 스스로 윤리 도덕적인 것을 추구해서는 안 된다고 했는데, 나는 된다면 뭐가 되는지 묻고 싶어요.

자연이라면 우리말로 '저절로'인데 '저절로'라면 좋아해요. 여기서는 '제대로'. 이것은 《주역》 계사전의 맨 처음 나오는 말이에요.

'건(乾)'이란 하늘의 의미인데, 가장 성하고 큰 것이 하늘의 성질입니다. 건을 '성큼'이라 해봤습니다.

'언(仁)'은 강(剛)한 것과 유(柔)한 것을 다 겸한 말이에요. 용·예·지·의(勇禮智義)도 다 언(仁) 속에 들어 있습니다. 천지(天地)가 내 거라면 나 될 대로 될 거예요. 하늘이 성큼하면 나도 성큼하고 땅이 낮으면 나도 낮고 하늘땅 그것이 제대로라면 거기 참례한 우리도 역시 제대로지요.

'방(方)'은 공간(空間)의 의미입니다. 방이유취(方以類聚)는 같은 것은 같은 것끼리 뭉쳤다는 뜻입니다. 우리가 생각하는 공간은 같은 게 모인 거예요. 큰 빈 것은 같은 게 모인 것 같잖아요. 우리가 깨치지 못했으니 공(空)과 물(物)이 다른 것 같지, 깨치면 같을지 몰라요. 색즉시공 공즉시색(色卽是空 空卽是色)이 사실일지도 몰라요. 허공(虛空)은 그릇이요, 물질은 그 그릇을 채운 거예요. 물(物)이 없으면 그릇이 소용없습니다.

'분(分)'은 '나눈'이라는 뜻입니다. 내 눈은 무얼 하려 있나요? 내 것 지키려 있습니다. 그러니 눈은 나 너 나눈 거예요. 그러니 하나가 되려면 눈을 감아야 해요. 나는 무슨 문제든지 사람에게 묻지 말고 말(言)에 물어라 해요. 그런데 말을 찾으려고 성급하게 굴지 말아야 해요. 쉬지 않고 가면 자연히 말을 만나게 돼요. 눈이 나눈다는 것도 저렇게 쓰지 않았더라면 그 말을 찾지 못했을 거예요.

'언큼(大仁)'은 언(仁)이 이루어진다는 뜻이에요. 언이 클 대로 커진다는 거예요. 4·19혁명에 간 아우들같이 언큼할 수 있어요. 하늘나라가 있다면 그 아우들이 들어갈 거예요. 그들 차지예요. 하늘나라가 그들 나라인데 정말 언큼하지 않아요? 언큼한 놈이란 성현(聖賢)보다 좋은 거예요. 이 세상에 그 사람 좋다 하는 사람은 많아도 언큼한 놈은 없어요. 이게 슬픈 거예요. 언큼한 놈이 있어서 엉큼엉큼 걸어가면 좋지 않겠어요? 세계 구원 사상, 중생 제도(衆生濟渡) 사상이 다 언큼이에요. 이게 언이 클 대로 커진 거예요.

4·19혁명의 어린 아우들은 살신성인(殺身成仁)했어요. 예수가 십자가에 달린 것, 정몽주(鄭夢周)의 죽음이 다 살신성인이에요. 언(仁)이 살라는 명령이에요. 언이 목숨이에요. 성인(成仁)은 목숨을 이룬다는 거예요. 살신성인으로 제 목숨을 잃는 자는 생명을 얻을 것입니다.

'몬돌(坤)'은 우리 어머니입니다. 먼지 하나 버리지 않고 모아서 돌아가요. 땅이 안 움직인다고 하는 사람이 있어요. 어떻게 보드랍게 움직이는지, 움직이는 걸 모르도록 보들보들해요.

조물주니 창조주니 하는 게 다 이 마음속에 서려 있는 거예요. 하늘 알기가 제일 쉬워요. 지리학을 바로 하려면 세계를 답사해야 하지만 천문학을 하려면 당장 하늘을 쳐다보면 돼요. 바울로도 하느님 찾기는 뭘 더듬어 찾는 것보다 쉽다고 그랬어요.

노자(老子)의 자연주의도 이 건곤(乾坤)에서 시작한 거예요. 간이(簡易)하게 한 거예요. 민주주의도 간이한 거예요. 자연(自然)한 거예요. 되는 대로 제대로 하면 간능(簡能)해요. 제대로 하자는 거예요. 보들보들한 몬돌대로면, 제대로 하면 쉬이 됩니다. 제대로 가겠다는 게 언큼(大仁)이에요. 몬돌처럼 간단하면서도 수가 있는 것은 없어요. 이렇게 하늘땅을 뜯어 큰 걸 씹으니 좀 시원한 게 있지 않아요?

나 볼 일
쭉으러드는 낯 낡운금 죽으러들 글 읽고
해달 난 틈에 쉬기만 조르던 조름도 다 깨
이제는 아조 맑안히 얼 옳음만 볼일로
(1960. 11. 26. 《다석일지》)

어제 거울을 보고 쭈그러든 얼굴을 보고, 쭈그러들면서도 쭈그러들지는 않으려니 그게 뭐예요? 어제 거울이 내 얼굴을 비추었어요. 그래 내 얼굴이 쭈그러든 글(편지)을 내게 보냈어요. 그걸 읽었지요.

'해달 난 틈'은 해와 달이 난 틈이에요. 뭐 좀 해 달라는 거예요. 기도나 염불은 하느님에게 뭐 좀 해 달라고 조르는 거예요. 해와 달의 틈바구니에서 철이 없어서 우리가 자꾸 뭐 좀 해 달라고 조르는 거예요. 뭘 졸라요? 좀 쉬게 해 달라고 조르는 거예요. 그런데 아주 영 쉬라면 싫어해요. 70년을 살면 25,000번을 쉬는 걸 복습했을 터인데, 쉬는 게 제일 안식이라는 걸 가르쳐주었는데도 영 쉬라면 새파랗게 질립니다. 여기 있는 분들도 20년, 40년 뒤에는 이 말이 소용될 거예요. 40년이 그리 긴 게 아닙니다.

인도 사상도 애급(이집트) 사람도 다 맨 처음에 의식 하나가 있었다는 겁니다. 그 의식이 심심해서 만물을 만들었다고 했어요. 어쩔 수 없이 우리 생각은 이럴 수밖에 없어요. 의식이란 뜻이에요. 맨 처음에 어쩔 수 없이 어떤 뜻이 있어서 이렇게 되었다고 생각해요.

빛(○)
없든 뜻ㅣ 나와스며 말일 생각을 해내니
말 안 듣게 참듣고 · 일 없도록 참홀 사름은.
참말로 참뜻 근 음 옴 아멘 아멘 아멘.
(1960. 11. 21. 《다석일지》)

빛(○)가 실존이에요. 맨 처음에 없이(빛) 있었을 것 같아요. 없(無)하면 참으로 엄숙한 거예요. 없은 나도 안다 하고 지내버릴 수 없습니다.

시간은 미리 준비가 돼 있어야 그 시간을 잘 쓸 수 있지요. 그 시간이 되면 시간을 넘겨버려요. 시간에는 올 것을 갖고 사는 거예요. 일찍 사는 거예요. 미리미리 사는 거예요. 온 뒤에는 시간은 이미 가버렸어요. 경사년 해(年)가 왔다면 다 가버렸어요. 날은 (칼)날이에요. 날은 없는 거예요. 안 뵈는 거예요. 이제는 붙잡히지 않는 거예요. 이제만 바로 붙잡으면 부지런할 거예요. 시간은 신비한 거예요. 시간은 하느님의 명령입니다. 하느님의 명령이 아니라면 이럴 때 자꾸 계속할 리가 없어요. 명령이 그치면 시간이 계속 안 될 거예요.

'해내니'는 해가 내다라는 말입니다. 이게 다 내 속에서 우러나온 거예요. 내 속에서 우러나왔기에 잘못됐지, 하느님이나 해가 계시를 했다면 이렇게 잘못될 리가 없어요. 우린 아직 해도 다 몰랐어요. 지금도 해를 잘 몰라요.

'말일'이란 이 세계는 말 거라는 뜻이에요. 애초에 최초의 의지가 조금 하다가 말자고 시작한 거예요. 우리 일이 말라, 말자 하려고 나온 거예요. 이 세계는 소극적으로 생긴 거예요. 자꾸 번성해 나가자고 있는 거 아니에요. 종당에 말자고 생긴 세상이지요.

'말 안 듣게'와 '참뜻 근'을 봅시다. 말 듣는 것처럼 싫은 게 없어요. 우리는 말을 참 들어야 해요. 한 번 할 때 정말 잘못 들었기에 자꾸 듣고 또 듣지요. 인생의 모순이 이래요. 귀마다 다 말을 잘 들으면 말도 많지 않을 겁니다. 말을 다 잘 안 들으니 말이 많아요. 얼른 말귀 못 알아들어 말이 많습니다. 로고스(말씀)의 세계는 말이 많아요. 말이 이 세상을 심판하는 거예요. 이게 말의 계시예요. 진실로 너희에게 이르노니 이 말만은 참으로 들으라고 한 것이에요. 구세주가 와도 우리 뜻에 맞도록 구세하지 않을 거예요. 부처가 중생 제도(衆生濟渡)한다 해도 우리 뜻에 맞도록 안 해요.

이 세상은 말 거예요. 맨 처음의 뜻이 내 뜻이 돼야 해요. 그 뜻은 소극적으로 말아야 해요. 어떤 결과를 보자고 되는 세상이 아니에요. 이렇게 얼굴이 쭈그러들 듯이 이 세상은 그런 거예요. 그러니 '아멘' 할 수밖에 없어요. '옴'은 우리말이에요. '옴'은 산스크리트입니다. '아멘'은 희랍어 아멘, 히브리어 아멘입니다.

'말일' 생각을 하면서 시작한다는 게 길어졌습니다. 연극의 각본을 한번 써본 것입니다.

풀이

시 〈제대로〉는 다석이 《주역》 계사전 첫머리에서 주요 구문을 가려서 뽑은 뒤에 우리말로 새겼다. 그렇게 한 까닭을 밝히지는 아니하였으나 짐작은 간다. 이때 장횡거의 〈서명〉을 몇 주에 걸쳐서 YMCA 연경반에서 강의하고 있었다. 〈서명〉의 앞머리 부분이 《주역》 계사전에서 따온 것임을 짐작한 다석이 바로 그것을 강의한 것이다. 그때 다석은 《주역》이 점치는 점서 노릇을 하게 된 것을 안타깝게 생각한다고 하였다. 자신은 점치는 행위를 미워한다고 말하였다. 서양 학자들이 《주역》이 점서인 것을 알고는 실망한다는 말까지 하였다. 그리고 《주역》은 계사전을 꼭 읽어보아야 한다고 말하였다. '제대로'란 시제(詩題)는 자연(自然)을 우리말로 다시 쓴 것이다. 스피노자(Baruch de Spinoza)의 능산(能産)의 자연과 피산(被産)의 자연이 연상되는 신관이요 우주관이라 하겠다. 나를 포함한 우주 만물의 비롯(아버지 또는 어머니) 되시는 자연 우주를 잊지 않고 생각하는 것이 신앙이요 철학이다.

일찍이 장자(莊子)가 이런 말을 하였다. "옛날의 참사람은 났음을 기뻐할 줄 알지 못하고 죽음을 싫어할 줄 알지 못하였다. ······ 그 비롯한 바를 잊지 않고 그 마칠 바를 찾지 않는다."(《장자》 대종사편)

다음에 이어진 두 수의 시조는 〈나 볼 일〉과 〈빛(○)〉이다. 다석이 50세 때 호암 문일평이 52세로 삶을 마감하였다. 다석은 김교신이 내는 잡지 〈성서조선〉에 추모의 글을 썼다(1939년 5월호). 그리고 〈한 마리 생선〉이라는 연시조를 덧붙였다.

한 마리 생선

한 마리면 몇 토막에 한 토막은 몇 점인가
하루하루 저며내니 어느덧 끝 점 하루
하루는 죽는 날인데 만(萬)날 수만 여기네

맛 없이도 머리 토막 쬑여내여 없이 했고
세간 한답시고 가운데 토막 녹았으니
님께는 무얼 바치나 꼬리를 잡고 뉘웇네

국거리는 못되어도 찌개라도 하시려니
찌개감도 채 못되면 고명에는 씨울 거니
성키만 하올 것이면 님께 돌려보고져

오십 구비를 돌아드니 큰 토막은 다 썼고나
인간의 도마 위에선 쓸데없는 찌꺼기나
님에게 별러주시면 배부르게 5천 사람

(류영모, 〈성서조선〉 124호)

〈제대로〉를 쓴 시기는 〈한 마리 생선〉을 쓰고서 20년이 지난 때였다. 이젠 생선 꼬리조차 안 남았다. 스스로 받은 죽을 날짜도 지났다. 잠시 연기된 시간에 이 세상에서 꼭 해야 할 볼일을 보았는지 챙기고 있는 것이다. 마지막 볼일이요 꼭 해야 할 볼일이 있다. 쭈그러든 낯에 드러난 주름은 '죽으러 들 글'로 읽어야 한다는 것이다. 해와 달이 드나드는 사이에 졸음이 와서 자려다가 그 졸음조차 다 깨는 깨달음을 이뤘는데, 이제는 아주 맑은 정신으로 얼나를 깨달아 하느님 아버지께로 올라가는 것만 옳은 길이요 빠른 길로 유일한 오름길이다.

마지막 시조는 〈빛(○)〉이다. 다석은 '빛'을 '비흐'라 읽었다.

내 마음속에 없던 하느님 아버지의 뜻(ㅣ)이 나왔다. 그래서 몸나 위주의 몸삶은 그만둘 생각을 하게 되었다. 나무라는 말 안 듣게 참(진리의 말씀)을 듣고 쓸데없는 일이 없도록 참할 사람은 하느님 아버지의 뜻만을 간직하고 생각하며 살아간다. 그것만이 암이요 옴이요 아멘이다. 목사의 기도에 스님의 염불에 '옴' 할 게 아니다. 하느님의 뜻에만 '아멘'이요 '옴'을 해야 한다. 다석은 예수와 석가도 우리와 차원이 다르지 않다고 말하였다. 공자와 맹자는 입만 열면 요순 임금을 말하였다. 그런데 맹자가 말하기를 "순도 사람이요 나 또한 사람이다(舜人也 我亦人也)."(《맹자》 이루 하편)라고 하였다. 예수는 제자들에게 나는 너희들의 벗이다, 하느님이 스승이다라고 하였다. 맹자의 제자가 맹자에게 묻기를, "임금님이 사람을 시켜서 스승님을 엿보게 하였습니다. 과연 다른 사람보다 다른 데가 있는지요?"라고 하였다. 맹자가 대답하기를 "어찌 사람들과 다르겠느냐. 요와 순도 사람들과 같은 것이다."라고 하였다.

'○'는 태허공(太虛空), 곧 무극(無極)을 나타낸 것이다. 무극은 가장자리가 없는데 그것은 유한(有限)한 우리가 나타낼 수 없다. 그래서 동그라미를 그려놓고 무한의 허공을 나타내려고 한다. 모든 있음(有)이 없음(無)에서 나와서 없음으로 돌아간다. 없(빔)이 모든 있(有)의 알파요 오메가이다. 그래서 예수는 아버지 하느님이라 하고 석가는 니르바나(침묵)님이라고 하였다. 빛(비흐)가 참 계심(實在)이다. 있으나 없는 나가 없으면서 계시는 하느님을 그리면서 없어져, 없이 계시는 하느님과 하나 될 때 기쁨이 솟는다.

1960년 12월 2일

자기 혼자 있어도
조금도 부끄럼이 없어야 합니다.

언클

엉클성큼 한늘 속에 보들어운 몬돌근 땅

성큼하니 쉬 알게 돼 몬돌대로 수나위라

사람이 언클 이룰 길 성큼 몬돌 대로만

(1960. 11. 11.《다석일지》)

나는 어디서 났나. 이 물건은 어디서 났나? 이것들의 시작은 어떻게 됐을까 하고 생각한다면 맨 처음을 더듬어 올라가게 되는데, 결국 창조주, 조물주, 조화옹(造化翁)을 가정하게 됩니다. 어쩔 수 없이 인간의 생각은 이럴 수밖에 없어요. 아마 그는 전지전능한 자일 것이라고 생각하게 됩니다. 그런데 우리 자신을 돌아보면 무지무능지사(無知無能之事)가 대부분입니다. 그러니 어쩔 수 없이 타락해서, 어떻게 잘못해서 이렇게 됐을 거라고 생각하게 되었습니다. 그러고는 이 잘못에 대한 벌을 면하려고 제물을 차려놓고 자기가 좋아하는 것이니까 제사를 지냈어요. 미리는 사람을 잡아 제사를 지내기도 했어요.

294

그러나 속은 시원치 못했습니다. 그러니 예수도 십자가에 못 박혀 죽었습니다. 죄라는 걸 모르는 이가 죽었으니 모든 죄를 다 사하여 주실 거라고 생각했어요. 내가 왜 이런 말을 새삼스럽게 하냐 하면 예수 믿는 신조를 밝혀보려고 그래요. YMCA 연경반이니까 성경 얘기도 좀 해야지요. 이렇게 예수가 샤머니즘의 제물이 되어버린 거예요. 이것은 예수의 생각이 아닙니다. 이런 생각은 버리고 예수의 가르침인 영원한 생명인 얼나를 깨달아야 합니다.

〈서명〉은 유교의 진수입니다. 공자와 맹자의 마음을 가장 완전히 나타낸 것입니다. 나 조그마한 데, 멍청한 데 있구나라고 느끼는 것입니다. '혼연(混然)이란 멍청하다는 뜻입니다. 멍청이란 좀스런 것과는 반대입니다. 이 우주란 멍청한 거예요. 어린이에게는 할아버지가 수염을 당겨도 멍청하게 있으니 멍텅구리로 보이겠지요. 먹을 걸 훔쳐 먹어도 그저 멍청한 게지요. 이 우주는 참 멍청한 거예요. 이 우주가 나기 전 빔(空)는 참 멍청해요. 나란 이 조그만 육체가 아니에요. 이것만이 나라면 성큼(乾)이 아버지요. 몬돌(坤)이 어머니라고 생각할 수 없어요. 이 천지를 거느리는 올(理)이 내 바탈(性)입니다.

'궁신(窮神)'은 얼(靈)이 주인이니까 얼을 자꾸 따져 붙잡아야 한다는 것입니다. 자기 얼만 빠지지 않으면 되는 게 아니에요. 얼을 붙잡으려고 하는 게 우리의 일입니다. 어디까지 가든 얼을 붙잡자는 게 우리의 일입니다. 천지자연의 뜻이라거나 하느님의 뜻이라거나 불성(佛性)의 뜻이라거나 뭐라거나 이 뜻 하나 잡아 가야 해요. 이 뜻을 잡아 가지는 자는 양심을 가져야 해요. 첫째, 부끄럼이 없어야 해요. 자기 혼자 있어도 조금도 부끄럼이 없어야 해요. 둘째, 게으르지 않아야 해요. 성의(誠意)가 있으면 혼자 있거나 천하 사람들이 다 같이 있거나 조금도 부끄럼이 없어야 해요. 《논어》에서 군자(君子)의 잘못은 일식(日蝕), 월식(月蝕)과 같다고 해요. 군자가 잘못한 것은 천하 사람이 다 알아요. 그러나 고치면 그대로입니다. 사람이니 잘못을 하고 실수를 할 수도 있어요. 아무리 건강해도 병이 있듯이 병이 전혀 없어도 좋지 않아요. 병이 있으면 치료해야지요. 자기 식구 몇 먹이려고 해도 게으름이 떨어지는데, 영원히 갈 바탈(얼나) 기르는 데 어찌 게으름이 날 수 있겠습니까? 이상이 〈서명〉에서 다 배운 거예요.

必要正見(필요정견)
　男爾好女色(남이여호색)
　女汝慕男華(여여모남화)
　獸欲性欲論(수욕성욕론)
　人情痴情化(인정치정화)
　上下口舌樂(상하구설락)
　小大夭折禍(소대요절화)

　甚至於强暴(심지어강폭)
　失性之慘窩(실성지참와)
　色聲味觸快(색성미촉쾌)
　愛云妄發過(애운망발과)

女色男色色(여색남색색)
盈科罪科科(잉과죄과과)
(1960. 11. 30.《다석일지》)

> **반듯이 바로 보라**
>
> 사내 너는 고운 계집을 좋아해/ 계집 너는 훤한 사내를 그리워해/ 짐승의 욕망을 사람의 본성이라니/ 인정을 치정으로 만드는 어리석음/ 위 아래 구멍놀이를 즐거움이라니/ 어린 어른 일찍 죽이는 화근인가.
>
> 하물며 강압으로 못된 짓이라니/ 실성한 끔찍한 구멍놀이거니/ 모습 소리 부딪치는 맛이 쾌하다며/ 사랑이라니 지나친 억지소리라/ 여색이니 남색이니 색타령이니라/ 죄과로 가득 찬 전과 투성이 죄인. (박영호 새김)

바로 보는 것이 필요합니다. 이것만은 뚫어지게 똑바로 보아야 해요. "사내 너는 여자의 꽃다운 것을 좋아하지. 계집 너는 남자의 꽃다운 것을 좋아하지." 여기에서 피비린내 나는 인류 역사가 비롯되었습니다. 금욕자(禁欲者)들은 성욕(性慾)이라고 하지 않고 수욕(獸欲)이라고 합니다. 수욕이 어째서 바탈욕심(性欲)인가요? 바탈욕심은 위로 올라가는 것입니다. 수욕을 성욕이라고 함은 인정(人情)을 치정(痴情)이 되게 하는 것입니다. 인정(人情)이란 단순한 인정입니다. 정신분석학에서 일체(一切)가 성욕에 근원한다고 하는 것은 큰 잘못이에요. 이 사회가 망한 것은 성욕론(性欲論) 때문이라 하겠습니다.

'상하구설락(上下口舌樂)'이란 다 모두 혓바닥의 장난이란 말입니다. 위에만 아니라 아래에도 입과 혓바닥이 있어요. 사람이 음란하면 작게는 자신이, 크게는 사회가 다 화를 입어 망해요. 정말 정신분석학이 있으면 한번 분석해보고 싶어요. 정신분석 한다는 사람(프로이트를 말함)의 정신이 바른가 류영모의 정신이 바른가 한번 분석해보고 싶어요. 강간, 시간(屍姦)을 하는 놈의 세상, 이게 실성(失性) 않고 이렇게 돼요? 천지에 그득 찬 영성을 비쭉 나온 것과 움쑥한 것에 성(性)을 전부 다 붙여놓는 놈의 세상이 실성하지 않고 어떻게 이렇게 됩니까?

'실성지참와(失性之慘窩)'란, '색성미촉쾌'를 사랑이라 하니 망발이라 해도 너무 지나쳐요. 사랑이라니 말이 돼요? 언(仁)이 사랑이지, 모든 사람을 다 언이라 할 수 있어야 사랑이지요. 호색(好色)은 음욕이지 사랑이 아닙니다.

'색성향미촉법(色聲香味觸法)'에서 색이 대표된다는 뜻은 90퍼센트의 감각이 색이기 때문이에요. 음란이란 색(色)만이 아니에요. '영과(盈科)'는 '죄과(罪科)'가 그득 찬다는 거예요. 처음에 과(科)는 적게 범하여 이때에는 벌도 안 받고 고통도 없어요. 자꾸 가면 그득 차서 죽어 망해버려요. 남녀 간의 색(色)도 처음에는 작다가 나중에는 업(業, 카르마)이 무거워 어쩔 수 없이 됩니다.

풀이

〈서명〉이 짧은 글이 아니지만 그렇게 긴 글도 아니다. 다석은 매주 열리는 금요 강좌 때마다 수차례 이에 대해서 언급하였다. 1960년 12월 2일 금요일 YMCA 연경반 강의에서도 짧게나마 〈서명〉에 대해서 말하였다.

　다석은 하느님이신 '건(乾)'을 '언큼 성큼'이라 하였다. 크신 얼이라고 언큼이요 온전하니 성큼이다. 예수는 하느님 아버지는 얼이라고 하였고 또 만유보다 크시다고 하였다. 그래서 성큼이다. 크시고 언큼 성큼한 얼이요 빔(空)이신 하늘 속에 보드랍고 조용한 지구가 공전하고 자전하면서 온갖 능력을 발휘하고 있다. 사람이 얼나로 솟나는 길은 성큼(하늘) 몬돌(땅)처럼만 하면 저절로 이룰 수 있을 것이다. 천지를 보고 배우면 얼나로 솟나 하느님 아들이 될 수 있다는 것이다. 〈언큼〉이란 시조도 장횡거의 '건칭부 곤칭모(乾稱父坤稱母)'의 복습이다.

　〈필요정견(必要正見)〉을 살펴보자. 석가 붓다가 큰 깨달음을 이루고서 한 설법이 사성제 팔정도이다. 사성제는 짐승인 제나를 죽이라는 말이요, 팔정도는 제나를 죽이는 길이다. 팔정도의 첫째 정견(正見)은 바로 본다는 말이다. 다석은 여기에서 수욕(獸欲)을 버려야 한다는 것이다. 사람들은 수욕의 쾌락을 충족하는 것을 행복으로 착각하고 있다. 거의 모든 이들이 식색의 맛을 즐기면서 행복을 느끼고 있다. 그 재미가 없으면 무슨 재미로 사느냐고 되묻는다. 그것이 잘못된 생각이라고 다석은 말하고 있다. 식색을 끊고 생사를 넘어 하느님이 보내신, 하느님의 생명인 얼나를 깨달아야 하느님 아버지를 부르며 하느님께 돌아간다. 그 얼나는 너울너울 춤추며 하느님께로 돌아가 그 품속에 안기리라.

1960년 12월 4일

구원이니 성불이니 하는 것은
이 세상을 이겼다는 겁니다.

말 댏 말

일른 말 귀 안듦 일린말 말 많아 말이 말 않.

내 말뜻 듣거니 하고 말홀 맛 않듦 알아 저쳔데 귀뚜리 읊

가을뒤 겨울 망울 속 꿈틀 뜻은 말슴엄

말뚱말뚱 뜻망울 듣둥듣둥 말방울 팡 팡

빈김만 터떠리는 속 이사름 따위론 몱아!!

저리가 다 시끄럽다 졔계 크게 돌림만!!!

흙 빛휂 몸이 흙밥 내 꿔먹 빚 삶은 그만만

쉬면 힘언 일면 힘써 쓰다 졸림 졸리다 잠

숨지면 말도 근침나? 저대로 갈 뜻망울

말흐는 벙어리 울림(風樂)치는 귀먹이도 하키

말 외지ㅁ 차라리 말은 잊고 뜻먹어 보잡

300

로고스 못 듣게 지은 (사 6:9~10, 마태 13:14~15) 귀 있는 이 드
르라(마태 13:9)

(1960. 11. 28.《다석일지》)

나 어릴 때에는 중국 사람들이 연탄을 썼어요. 중국 요리는 먹으면
서도 그들이 쓰는 연탄은 본받아 쓰려고 안 했어요. 영등포에서는 연
탄을 쓴 지 꽤 오래되었지만 이 시내에 보급된 건 몇 해 안 됐어요. 지
금도 장작을 쓰는 집이 많아요. 눈에 뵈는 이해관계 되는 것도 이런데
눈에 안 뵈는 정신적인 것을 남에게 본받는 건 다 괜한 소리예요.

시편 82편*, 이건 매우 긴한 글이에요. 외워도 좋아요. 신(神)의 대
회(大會)입니다. 하느님이 너무 익숙하니까 신이라고 하지요. 다신교
가 아니라도 신의 대회가 있어요. 말하는 자는 다 판관(判官)이에요.
우리가 말하는 것은 좋다 싫다 하기 위해서 있는 거 아니에요. 자기
생각을 표현하려고 말하는 것입니다. 생각을 말함은 무엇을 판단하
는 것이에요. 예수가 요한복음 10장 30절에서 하느님과 하나라고 말
했다고 참람(僭濫)하다고 했는데 하느님과 하나 됨이란 나도 하느님

---

* 하느님께서 신들을 모으시고 그 가운데 서시어 재판하신다./ "언제까지 너희는 불공평
한 재판을 하려는가? 언제까지 악인에게 편들려는가? (셀라)/ 약한 자와 고아를 보살펴
주고 없는 이와 구차한 이들에게 권리 찾아주며/ 가난한 자와 약자들을 풀어주어라. 악인
의 손에서 구해 주어라."/ 그들은 분별력도 없고 깨닫지도 못하여 어둠 속을 헤매고만 있
으니 세상이 송두리째 흔들린다./ "나의 선고를 들어라. 너희가 비록 신들이요 모두 지극
히 높으신 이의 아들들이나/ 그러나 너희는 보통 인간처럼 죽겠고 여느 군주처럼 넘어지
리라."/ 하느님이여, 일어나시어 온 세상을 재판하소서. 만백성이 당신의 것이옵니다.(시
편 82편)

의 뜻에서 판단한다는 말이에요. 하느님 전에서 일 보는 자도 신이라고 했는데, 독생자가 와서 하나라고 한 것은 여기 시편 82편을 보고 하신 말이에요.

우리는 판단하러 왔는데, 나는 예(여기) 있다, '나는 나다' 하는 주체적 판단을 해야 하는데, 겨우 보고 듣고 하는 데서 좋다 싫다고 분별할 뿐이라면 그게 뭔가요? 이목구비(耳目口鼻)의 판단은 다른 짐승도 해요.

짐승을 기를 때는 우리가 쓸 만큼 사랑하고 길러야지 그 이상으로 사랑할 필요가 없어요. 곧 몸을 기르는 것에 우리의 전력을 다할 필요가 없어요. 이렇듯이 나를 위해 내 몸뚱이(이것도 짐승입니다.)를 길러야 해요. 이 몸을 지나치게 사랑해 여기에 전 목적을 두어서는 안돼요. 하느님의 얼(靈)이 어째서 이런 짐승 속에 있는지 알 수 없어요. 이 몸뚱이는 하느님의 얼을 기르기 위해서, 기르기 위한 한도 내에서 눈을 밝게 하고 건강하게 해야지, 이것을 전 목적으로 해서는 안 돼요. 적당히 쓰기 위해서 적당히 길러야지요. 그리하여 잡을 때 가서 짐승을 잡아야지요. 참나인 얼나는 몸나와는 달리 항상 위에서 왔다는 걸 잊지 말아야 해요.

오늘날 세상은 나라는 것을 오관(五官)과 사지(四肢)에 한정해 넣어버려요. 그래서 몸나밖에 몰라요. 신체가 건강한 자를 부러워하고 권력과 부를 쥔 자, 인기 있는 자를 부러워하는 게 다 악인(惡人)의 낯을 보는 거예요. 온 세상이 불공평한 판단을 하고 있어요.

가난한 자와 고아를 돌아보려고 하지는 않고 권력과 세력 있는 자를 쫓아다니고 있어요. 이게 다 판단을 잘못해서 그래요(시편 82:3 참조). 신의 자격을 모두 내버린다, 예수께서 인정하신 게 이 구절이에요. 지극히 높은 이의 아들이라(시편 82:6 참조), 범인(凡人)같이 죽으며 깨닫지 못하고 재판장 노릇을 하고, 자기 의지의 자유를 얻지 못하고 이 세상을 판단하니(시편 82:7 참조). 이상과 같은데 마지막에는 기도하고 말았어요. 누구든지 이 세상 인간을 판단하면 꼭 형편이 시편의 82장과 같아요. 더도 덜도 없어요.

이 세상에 나와서 판단을 하자는 것인데, 그래서 처음에는 제법 사회, 인류, 고아를 위해서 무언가 하려고 해요. 그러다가 판단을 못해서 다 잘못에 빠져요. 권력을 잡은 놈을 부러워해서 곧 못된 놈의 낯을 봐서 바로 판단을 못해요. 제법 내가 옳게 판단해야지 하고 생각하다가 그만 권력 쥔 자를 부러워해서 잘못에 빠져버려요. 한번 거짓을 하기 시작하면 짐승보다 더 못한 데 떨어져버려요. 그래서 예수께서 "네 눈을 빼고 지옥에 들지 않음이 유익하니라." 했어요. 이 엉터리 같은 눈이 그만 허영을 좇아가버려요.

이사야 6장*을 보아요. 인간의 마음이 하느님을 그린다면 어쩔 수 없이 하느님은 높고 깨끗하다고 그 거룩한 모양을 표현할 수밖에 없어요. 신약의 다볼산(변화산)에도 어쩔 수 없이 빨래로도 그 이상 깨끗이 할 수 없는 이라고 표현할 수밖에 없어요.

우리도 이 육근(六根)에 붙잡히면 짐승에게 잡혀 먹혀버려요. 이 짐승을 따르지 말고 자기 갈 길을 가야 해요.

거룩하고 거룩하시다 하고 판단할 수밖에 없어요. 이사야 6장 9절에서는 눈과 귀가 어두운 상황을 말하고 있습니다. 독립하고 자유로워져서 만유(萬有)를 판단하는 게 위로부터 오시는 빛이에요. 미친 개의 눈에는 몸뚱이밖에 보이지 않듯이 짐승의 눈에는 짐승밖에 뵈지 않아요. 이 짐승은 빛을 보지 못해요.

이사야의 생명관은 지극히 높은 자의 아들이 되는 것이에요. 신(神)과 같은 성질이에요. 예수께서도 우리 아버지는 농부라 했어요. 전능하신 농부가 농사에 실패할 까닭이 없어요. 하느님은 기를 건 다 길러 거두어 가십니다.

이사야 53장에서는 의인이 고난받고 이기는 걸 말했어요. 그렇게

---

* 우찌야 왕이 죽던 해에 나는 야훼께서 드높은 보좌에 앉아 계시는 것을 보았다. 그의 옷자락은 성소를 덮고 있었다./ 날개가 여섯씩 달린 스랍들이 그를 모시고 있었는데, 날개 둘로는 얼굴을 가리고 둘로는 발을 가리고 나머지 둘로 훨훨 날아다녔다./ 그들이 서로 주고받으며 외쳤다. "거룩하시다, 거룩하시다, 거룩하시다. 만군의 야훼, 그의 영광이 온 땅에 가득하시다."/ 그 외침으로 문설주들이 흔들렸고 성전은 연기가 자욱하였다./ 내가 부르짖었다. "큰일났구나. 이제 나는 죽었다. 나는 입술이 더러운 사람, 입술이 더러운 사람들 틈에 끼어 살면서 만군의 야훼, 나의 왕을 눈으로 뵙다니…"/ 그러자 스랍들 가운데 하나가 제단에서 뜨거운 돌을 불집게로 집어가지고 날아와서/ 그것을 내 입에 대고 말하였다. "보아라, 이제 너의 입술에 이것이 닿았으니 너의 악은 가시고 너의 죄는 사라졌다."/ 그 때 주의 음성이 들려왔다. "내가 누구를 보낼 것인가? 누가 우리를 대신하여 갈 것인가?" "제가 있지 않습니까? 저를 보내십시오." 하고 내가 여쭈었더니/ 주께서 이르셨다. "너는 가서 이 백성에게 일러라. '듣기는 들어라. 그러나 깨닫지는 마라. 보기는 보아라. 그러나 알지는 마라.'/ 너는 이 백성의 마음을 둔하게 하고 귀를 어둡게 하며 눈을 뜨지 못하게 하여라. 눈으로 보고 귀로 듣고 마음으로 깨달아 돌아와서 성해지면 어찌 하겠느냐?"/ 나는 "주여, 어느 때까지입니까?" 하고 여쭈었다. 주께서 대답하셨다. "도시들은 헐려 주민이 없고 집에는 사람의 그림자도 없고 농토는 짓밟혀 황무지가 될 때까지다./ 야훼께서 사람을 멀리 쫓아내시고 나면 이곳엔 버려진 땅이 많으리라./ 주민의 십분의 일이 그 땅에 남아 있다 하더라도 그들마저 상수리나무, 참나무가 찍히듯이 쓰러지리라. 이렇듯 찍혀도 그루터기는 남을 것인데 그 그루터기가 곧 거룩한 씨다."(이사야 6장)

고난받고 죽은 자가 이긴다고 여기 53장에 그려놓았어요. 예수가 태어나기 칠팔백 년 전에 이런 그림을 그려놓았습니다. 그런데 이것은 예수만이 그런 게 아니고 말하는 사람, 지극히 높은 자의 아들이라는 자각이 있는 사람, 판단을 하는 사람에게 다 해당되는 그림이에요. 4·19혁명 때 죽은 아우들도 다 이와 같아요. 가엾다면 그렇게 가여울 수가 없지요. 그 아우들이 뭐예요? 다 바른말 한 사람들이지요. 권력자에 비굴하지 않은 사람들이지요. 이겼다 할 수 있는 사람들이지요. 그들은 바른 뜻을 나타낸 거지요. 예수, 석가가 구원이니 성불이니 하는 것은 위로 올라갔다는 거예요. 이 세상을 이겼다는 거예요. 예수, 석가가 별 게 아니에요. 다 바른말 한 사람이지요. 종교, 신앙 하는 것도 우리가 바른말 하자는 거예요. 바른말은 스스로부터 해야 해요. 그저 말씀이에요. 말씀뿐이에요. 이 세상에서 큰일이란 말씀을 바로 받아 바로 전하는 거예요. 이게 큰일이지 달리 큰일이 없다고 할 수 있어요. 그런데 우리는 말만 해서 되는 게 아니고 그것을 실제로 행해야 된다는 생각이 꽉 박혀 있어요. 말은 내가 하는 게 아니에요. 이 입이 하는 게 아닙니다. 재판장이 하는 일이지요. 모든 게 판단하는 것밖에 없어요. 말이자 일이고 일이자 말인 것은 판관의 일이에요. 이 세상 대부분의 일은 짐승을 먹이고 양을 치는 것밖에 없어요. 그런데 아무래도 뜻이 있어요. 뜻이 있어 이것을 판단하는 일이 말인 것 같아요. 이 세상에 있는 일은 있다 없어질 거예요. 꿈속에서의 일입니다. 양을 칠 때 하는 일은 그때만 필요하지, 그건 그만둘 거예요. 영원히 갈 말씀만이 있는 것입니다. 오직 뜻 하나밖에 없어·

요. 신이 되신 것도 신의 아들이 되신 것도 뜻이에요. 영원히 갈 말씀이란 이 혓바닥으로 하는 말이 아니에요. 입을 꽉 다물어도 뜻만 있으면 영원히 갈 말씀이에요.

이 세상에 왜 책이 많이 나와요? 책을 읽어도 깨닫지 못하고 깨달아도 그대로 행하지 않으니 책이 많이 나오지요. 모든 게 모순이지요.

'말이 말 않'이란 어불성설(語不成說)이란 말입니다. 우리말에 "말이 말 아니다."라는 말에는 큰 뜻이 있어요. 이 말 많은 세상에서는 말을 말아야 해요. 말 많은 세상에서는 맹세하는 증서를 많이 써요. 예, 아니요 하고 그 이상 말라는 거예요. 자꾸 덧붙이면 그 속에 딴 뜻이 들어 있는 것입니다.

'귀뚜리 옮', 이사야고 뭐고 다 귀뚜리입니다. 말 안 듣는 놈들은 말 좀 듣게 하려고 한 거예요. 4·19혁명 때 그 아우들은 다 영리한 귀뚜리예요. 정도의 차이는 있어도 다 귀가 뚫렸지요. 퇴지 한유(韓愈)가 소리는 다 불평에서 나온다고 했는데, 무슨 소리든지 불평에서 시작합니다. 물건을 떨어뜨리면 소리가 나는 건 아프단 말이에요. 이 우주가 한숨을 쉬고 있는 거예요. 오늘도 이 사람이 한마디라도 참말(眞言)을 한다면 그것도 귀뚜리예요.

닭이 알에서, 알이 닭에서, 움에서 나무가, 나무에서 움이, 능히 크게 또 작게 할 수 있음이 조화(造化)입니다.

불평하기 때문에 평안케 하기 위해서 뜻이 나온 것이 이 상대계(예, 여기)입니다. 절대계(계, 거기)란 우리 판단이 미칠 수 없는 곳입니다.

빚지는 삶은 그만둡시다. 원조니 하는 건 그만둡시다.

이 우주가 불평하니까 평안케 해주려고 하는 뜻이 있어 말을 하는 거지요. 그래서 이 우주가 평안하다면 내 말도 그칠 거예요. 이 우주가 평안치 못하는 한 나도 말을 계속했으면 좋겠어요. 내가 지금 죽으면 말을 못할까 봐 걱정이에요. 말 못할 것이 섭섭해요.

'말뚱말뚱'이란 이것은 혼자 있는 표현이에요. 잠을 자고 있는 데는 말뚱말뚱이 아니에요. 말뚱말뚱은 혼자 있다가 누가 있으면 말하려고 대기하고 있는 거예요. 이렇게 말을 듣지 않는 세상에 혹시 예수·석가가 말뚱말뚱하고 있는지 몰라요. 말을 할까 말까 하고 있는지 몰라요. '뜻망울'이라 함은 이렇게 뜻이 꽉 차 있다는 말이에요. 누구에게 얘기하고 싶도록 뜻이 충만해 있다는 뜻입니다. '듣둥듣둥'은 들을 듯 들을 듯이란 말입니다.

알아낸다는 건 거짓이에요. 모르는 줄을 알아야 해요. 불교는 불가사의예요. 철학도 불가사의가 옳습니다. 주께서는 모르는 게 없는 줄 압니다 했지만 예수도 모르는 게 있다고 했습니다. 그러니 우리는 아무것도 모릅니다 하고 아버지께로 가야 해요.

참말 한마디 못하면 그게 벙어리지요. 참 말씀 듣지 못하면 그게 귀머거리지요. '말 외지마', 나는 성경 구절 같은 것은 외우지 말라고 합니다. 뜻을 먹어보고 난 후에는 말이 아무 소용이 없어요. 당나귀 귀는 로고스(말씀)를 못 들어요. 우리의 귀는 당나귀 귀와 같이 지어졌어요. '귀 있는 자 드르라'에서 귀는 지존자(至尊者)의 아들인 얼나의 귀는 말씀을 듣는 귀라는 말입니다. 지존자(하느님)의 아들이란,

위로부터 오신 빛이란 자각을 가진 자와 위로 올라갈 뜻을 받아 가진 자를 말해요. 그게 귀 있는 자입니다.

旣定處分(기정처분)
始地終天性靈事(시지종천성령사)
身坤體乾命神運(신곤체건명신운)
物以群分藐予處(물이군분묘여처)
方以類聚全爾分(방이유취전이분)
(1960. 11. 28.《다석일지》)

이미 나눠져 낱동으로 정해져
땅에서 비롯한 목숨 마치고 하늘 받할인 얼로 섬기리/ 땅의 몸은 하늘을 법 받아 얼목숨으로 옮긴다./ 몬(물질)의 떼로 나눠 조그마한 나 여기에/ 곳곳에 떼무리 지었으니 너희는 왼통에서 나뉘었다. (박영호 새김)

'시지종천(始地終天)'은 땅에서 시작해서 하늘에서 마친다는 뜻입니다. 이게 믿음이에요. 이 껍데기(몸)로 말하면 어쩔 수 없이 어미의 모태(母胎)에서 나왔어요. 그래 땅에서 시작하지요. 땅에서 간다는 게 불신(不信)이에요. 땅에서 시작했다는 것은 우리가 하늘에서 떨어져 갇혔다는 뜻이에요. 하늘이 영원하면 우리도 영원하다는 생각을 가져야 해요.

'성령'은 얼나(靈我)입니다. 하느님께 보내신 이입니다. '성령사(性靈事)'는 바탈 얼의 일이라는 뜻입니다. '신곤(身坤)', 몸은 땅을 어머니로 합니다. 어머니인 땅은 몬돌(坤)이에요. 모든 걸 하나도 빠뜨리지 않고 모아서 돌아야 갑니다. '체건(體乾)'은 성큼(乾)에 몸을 세운다는 말입니다. 체(體)는 법 받는다는 뜻이에요. 하늘을 법 받는다, 하늘을 체(몸) 받는다입니다. '명신(命神)'은 목숨 검, 한검(단군)입니다.

'물이군분(物以群分)'은 떼지어 나뉜 몬(物)에 조그마한 내가 여기 앉아 있다는 말입니다. 떼지어 나뉜 몬은 이 태극의 우주입니다. '전이분(全爾分)'은 '온전한 당신이 나눴습니다.'라는 뜻이에요. 나는 5척밖에 나눠 가진 게 없는데 이것도 온전하신 아버지가 나눠주신 거예요. '방이유취(方以類聚)'는 같이 모인 터입니다.

'기정처분(旣定處分)', 이렇게 생각하면 무엇을 밝혀놓은 거냐 하면 기정처분이에요. 신학에서 말하는 예정설인데 예정 안 된 게 어디 있어요? 너는 어떻게, 나는 어떻게 다 미리 정해진 거예요. 모든 게 회의요 불가사의예요. 또한 예정됐어요. 〈기정처분〉을 씹어보면 실존을 느낄 수 있어요. 생명을 미워한다는 게 그만 말하자는 거예요. 이 누리에서 목숨을 그만 말하자는 이는 영생에 들어갈 거예요.

저대로 갈 뜻망울을 저절로 우리는 아버지의 뜻망울 속에 들어갈 거예요. 곤충이 가을에 겨울 망울 속에 들어가듯이, 자연도 가을이면 다 정리하고 제 망울에 들 듯이, 우리도 하느님의 뜻망울로 찾아갑니다.

풀이

후세 사람들이 《주역》의 본문 뒤에 보충하는 말을 단 것을 계사전(繫辭傳)이라 한다. 다석의 〈말 덩 말〉은 그 계사전을 순우리말로 옮긴 것이다.

다석은 사람이란 먹고 싸고 싸우는 짐승 그대로라 이상한 게 하나도 없는데 말을 가진 게 이상하다고 말하였다. 이날 다석의 강의를 간추리면 이렇다. 성경에서는 천지 만물도 말씀으로 지었다고 하고 말씀만이 남는다고 했다. 말 가운데 으뜸가는 말이 말의 말씨라 한다. 사람을 알려면 그 사람의 말을 알아야 하고 반대로 그 사람의 말을 알면 그 사람을 알게 된다. 사람으로서 꼭 들어야 할 말을 들으면 죽어도 좋다고 했다.(朝聞道夕死可矣,《논어》) 말을 알자는 인생이고 말을 듣고 끝내자는 인생이다. 한 사람의 총결산은 그 사람이 한 말로서 한다는 것이다. 예수는 마지막 날에 너희들이 한 말이 너희를 판단한다고 했다. 어떤 사람이 쓰는 여느 말이 그 사람을 판단하는데 왼통(전체)이 된다. 사람을 판단함에 많은 말이 필요하지는 않다. 그 사람이 쓰는 한두 마디 말이 그 사람을 판단하게 한다. 그런데 이 세상에서 바른말 하는 이도 드물고 바른말 듣는 이도 드물다. 이를 안타깝게 생각한다는 것이 〈말 댓 말〉의 요지이다.

다석의 생각은 이러하였다. 경전의 성구를 외우려고 들지 말아라. 차라리 말은 잊고 하느님의 생명인 뜻을 먹어보자꾸나. 그게 영원한 생명의 길이다. 하느님 말씀을 귀 없는 귀, 곧 마음의 귀를 열어젖히고서 듣자는 말이다. 이 땅에서 낱동(개체)으로 태어나서 구원받는 길은 온통이신 하느님과 얼로 이어지는 것뿐이다.

다석이 지은 한시 〈기정처분〉은 우리 삶이란 어떻게 살아야 하는지 이미 정해져 있다는 말이다. 그렇다고 운명론이나 예정론과는 다르다. 우리의 생명을 내신 하느님께서 바라시는 바가 정해져 있다는 것이지, 내 삶에 의지의 자유까지 없다는 말은 아니다. 예수의 말씀 대로 생명의 길인 좁은 문으로 갈 것인가 멸망의 길인 넓은 문으로 갈 것인가를 가려서 가는 것은 우리의 뜻대로 할 수 있다. 그러나 하느님이 바라시는 길은 멸망의 길인 넓은 문으로 가지 말고 생명의 길인 좁은 문으로 가는 것이다. 그것은 예수와 석가가 처음으로 분명히 밝혔지만, 이미 그전부터 정해져 있었다는 말이다.

맹자는 "거룩한 이가 다시 온다 해도 내 말을 바꾸지 않는다(聖人 復起不易吾言矣)."(《맹자》 등문공 하편), "대저 진리는 하나이다(夫道一 而已矣)."(《맹자》 등문공 상편)라고 했다. 이미 정해진 것이 아니면 맹자가 이렇게 끊어서 말할 수 없는 것이다. 그렇다면 그 하나인 진리는 어떤 것인가? 맹자가 여러 가지로 말한 바 있지만 이 말을 듣고 싶다.

"제나 마음을 다하면(죽이면) 바탈을 알고(얼나를 깨닫고), 얼나를 알면 하느님을 안다. 제나가 죽은 마음에 얼나를 키우는 것이다. 하느님 아버지를 섬기는 것이다. 몸나가 일찍 죽고 오래 사는 것은 다른 게 아니다. 제나를 거느리고서 하느님의 뜻을 좇는 것이 영원한 생명인 얼나를 세우는 것이다."(《맹자》 진심 편)

다석은 뭐라고 하였는가? 몸나로 땅에서 비롯하여 얼나로 일하다 (기도하다) 하느님 품으로 돌아가는 것으로 마친다. 이것은 예수, 석가는 말할 것 없고 노자, 장자, 공자도 그 생각이 일치한다. 이 분들이 난 시대를 야스퍼스(Karl Jaspers)는 인류 정신 문화의 기축 시대라고 이름하였다.

우리의 몸나는 여인의 모태에서 비롯하였다. 그래 '시(始)'이다. 몸 뚱이의 제나는 땅에서 비롯하여 땅에서 마치고 얼나로 목숨 옮기는 (遷命, 메타베베켄, 復活) 것이라고 예수가 말하였다. 예수는 영원히 사는 것은 얼이지 몸은 쓸데없다(요한 6:63 참조)고 분명히 말하였는데, 무엇 때문에 몸이 다시 사는 것을 믿는 어리석은 생각을 하게 되었는지 모르겠다. 바울로는 예수의 가르침을 뒤집어버렸다. 그러고는 예수의 가르침을 좇는다니 어이가 없다. 몸은 땅을 떠날 수 없으니 땅에 돌려주고 정신은 하느님(乾)을 법 받아 얼숨을 쉬어야 한다. 이게 하느님의 아들이 되는 길이다.

나는 나2네,
허공을 건너는 나2네입니다.

예
나 있다.
뭄에
뭄 있다.
몸에
몸 있다.
따에
따 있다.
빟에

있않 안있
없밖 밖없

나 없다.
않에 없 밖에 없

나는 나그네

빛 건넬 나그네

뭄은 '날개'. 몸은 '배'.

따는 '빛 건니엄배' 일됨 따름

산으이 뉘라 나라면서 따만 따르며, 집터믄 몸 때믄 흐고 트러

백혀만 있어서, 못 먹을 맘만 집어먹어랴다 한 꼬믈 티끌로

하나 — 빛 —

웋로 계셔 —

흔으빛 앞.

알론 떨어진 따에 따라 닿진지라. 거슬러오를 우리는 아들로서

계계 도라근 참말로 옳을 뜻을 뭄날개에 태워 띠우므로만!

나는 나그네로 무엇에구 잽혀 있을수는없는 참나라다!

나 다시 살라! 다시다시 살. 늘어 늘살 나 예 있다.

(1960. 12. 5.《다석일지》)

길 — 예 예 올 옳음 —

먼저 예 옛사름 됐고 이제 예 우리 옳을 길!

예 좋다고 오래 있어 살덴가? 더 예 올라만!

참 서울 가는 길이란 예예 줄곧 올 옳음!!

(1960. 12. 7.《다석일지》)

노자는 이렇게 말했습니다. "얻기 힘든 물화(物貨)를 귀히 여김은 도둑질을 권장함이다." 금이나 백금을 귀히 여김은 그 물질 자체가 귀함이 아니에요. 그저 남보다 잘하려는 경쟁심 때문에 왜 귀한지도 모르고 덮어놓고 귀하다고 해요.

참사람이 되려면 나라는 게 뭔가를 규정해야 합니다. 우선 참을 찾으려 하는 자는 제가 참인가 아닌가를 알아야 해요. 데카르트는 "나는 예(여기) 있다. 고로 나는 참이다."라고 말했어요. 나 있는 '예'라는 사실이 보통으로 쓰니까 그렇지, 이게 여간한 사실이 아니에요. 예 사는 게 삶이지, 이제 내가 예 살지 않으면 참삶이 아니에요. 다른 사람은 자기를 인정함으로써 인정하는 거예요. 내가 예 있으니까 타인이 있음을 인정하는 거지요. 타인을 실감은 할 수 없어요. 예는 있다 두었다가 쓸 수 있는 게 아니에요. 예에 살지 않으면 다음 순간 예는 계가 됩니다. 계는 사는 게 아니에요. 예에서 만족해야 합니다. 예에서 무엇을 찾아야 해요. 진·선·미를 찾아야 해요. 그러다가 보통은 중간에서 그만둬요. 땅 위에 참된 진·선·미는 없습니다. 참된 진·선·미는 하느님뿐이십니다.

'ㅇ'는 아들이 자라는 모습입니다. 하느님 아버지와 하나가 됩니다. 그래도 하느님을 흔ㅇ님이라고 하였습니다. 우리말 우리글에는 글자 모양에도 뜻이 있고 소리에도 뜻이 있습니다. '예'는 몇만 년을 두고 이어 왔습니다. 자꾸 이어 오니까, 그게 예 있다입니다. 이 자리가 예인데 이 자리는 끊임없이 나아갑니다. 이어 이어 갑니다.

나 있다, 이 생각은 가끔 해요. 나 있다고 하면 어디에 있나요? 어쩔 수 없이 맘(心)에 붙어 있다고 합니다. 보통 맘에 있다는 생각이 안 들어요. 맘은 몸에 있어요. 뭔지 알 수 없지만 하여튼 몸에 맘이 있는 것 같아요. 몸은 '따'에 있다. 따(지구)는 '빟(空)'에 있다. 이렇게 하는 게 쓸데 없는 것 같지만 정신의 하이킹이에요. 하이킹을 하자니 코스가 있어야 되지 않겠어요?

있다 없다라는 게 확실치 않아요. 우리의 오관(五官) 밖으로 느낄 수 있는 물질이 더 많이 있을지 몰라요. 흔히 물질이 아니면 없다고 알아요. 있다는 것은 적은 거예요. 우리가 감각을 통해 알 수 있는 건 대단히 적은 것입니다.

'있않 안있'은 '있않에 안 있다'입니다. 보통 존재한다는 물질 속에 공간이 있습니다. 공간이 없는 게 없습니다. 집 한 칸에 있는 공간을 다 뽑아버리면 그 크기가 성냥통 하나만큼 작아진다 합니다.

'없밖 밖없'은 '없밖에 바깥이 없다'는 것입니다. 이렇게 생각하면 있없(有無)도 한 가지만 아니에요. 일률적으로 있다 없다 할 수 없어요. 있다고 있는 게 아니고 없다고 없는 게 아니에요. 그러니 나 없다고 할 수도 있어요.

우리가 산 것을 뒤돌아보면 우리는 빛에도 소리에도 향내에서도 살았어요. 몸은 여기 있지만 맘은 다른 걱정 속에 살 수도 있습니다. 어디 다친다면 다친 그 속에서 살아요. 나는 밖에도 안에도 없다, 나는 나그네다, 이 말 하려고 이렇게 썼어요. 기독교도는 말할 것 없고 불교의 비구니, 우바새 다 나그네라고 할 수 있어요. 나는 계서 나온 나그네입니다. 허공을 건너갈 나그네입니다. 불교는 계계(절대계)

에 가야 한다고 합니다. 바라밀다(波羅密多)로 가야 한다고 합니다. 이 세계는 상대계입니다. 이게 있으면 저게 있다, 아름다움(美)이 있으면 추함(醜)이 있다, 이게 상대 세계입니다. 불교는 허공에 간다고 표현합니다. 나는 빈(空)로 '건넬' 거라고 합니다. 날개는 비행기입니다. '나는 틀'이라고 할 필요 없어요. 몸은 배입니다. 이 몸뚱이를 그쯤 알고 써야 해요. 사(事)는 변(變)입니다. 일됨은 변화, 따름은 순종입니다.

생명은 산〇이예요. 육체와 남녀가 문제가 아니에요. 위로 올라갈 뜻만 있으면 다 산〇이입니다.

'뉘라(世也)'란 이름을 떨치려고 나라! 하고 출마(出馬)하는 것입니다. '트러백혀'는 그 일에 틀어박힌다는 거예요. 출마하는 사람은 그 일에 틀어박혀 있어요. 지기는 싫고 이기자니 범칙(犯則)을 해야 해요. 이기고 싶으니 마음만 먹으면 별짓을 다해요. 그러다가 마지막에 한 점 티끌로 돌아가고 말아요. 나그네의 길은 가지 않고 한 티끌로 변하자고 그러느냐 입니다.

'흔〇빛'는 큰 우리의 아버지입니다. 모든 것을 하신, 위로 계신 '흔〇빛'는 없이 계신 하느님이십니다. '닿진지라'는 아래로 떨어져서 땅에 닿아져서라는 말입니다. 닿았으면 아무리 곱게 닿아도 닳져져요. 대면 다친다, 닫힌다(閉)도 됩니다. '계계 도라근'은 계계(하느님 나라) 돌아갈 길이요 일입니다. 우리에게는 이 일밖에 없어요.

'믐날개'에는 참말로 하느님께로 오를 뜻을 태워야 해요. 우리가 믐을 비울 때에는 위로 오르자는 뜻을 내야 해요. 이 땅의 무엇에고

잡혀 있을 수 없는 그 얼이 참입니다. 있다는 건 예(현재) 있다는 뜻입니다. 이쯤 하이킹을 하고 나서 그 속뜻을 예(여기)라고 표시한 겁니다.

'올'은 하느님께로 올라가는 것이 옳다는 것을 말해요. 또는 올(일찍), 올(다음에 올), 이것이 겹친다는 게 이상한 일이에요. 또 이게 사실이에요. 빛건늠을 이렇게 옳게 해야 방구석을 봐도 부끄럽지 않다는 거예요. 베드로가 변화산(다볼산)에서 장막을 칠까? 하는 건 예가 아니에요. 예란 그런 게 아니에요. 자하문 밖에 와서 예가 좋다, 예서 살자 하는 건 예가 아니에요. 예란 그런 데가 아닙니다. 맨 꼭대기에 올라가자고 하는 생명의 본바탈인 하느님 계신 데를 '참 서울'이라고 할 수밖에 없어요. '예예'는 자꾸 나아갈, 변화할 예(여기)입니다. 가만히 있을 데가 아니에요. 시간과 공간을 초월한 영원한 현재가 예입니다. 하느님께서 계시는 자리가 예입니다.

풀이

다석은 이미 1918년 28세 때 육당 최남선이 내던 잡지 〈청춘〉에 실린 '오늘'이라는 글에서 깜짝 놀랄 이야기를 했다.

"인생이라 하면 '인생이란 무엇이냐?' 할 필요도 있겠으나, 아생(我生)이라 하면 벌써 문제는 아니니 인생이 마치 꿈일는지 모르되 아생으로 사실뿐이니라. 꿈까지도 아생의 사실임일새라. 아생이 충실하야 당장의 사실을 사실로만 대하야 총명하게 발발하게 생활할 것이면, 몽환적 사실은 몽환인 만치 신속히 지나가고 마침내는 사실스러운 사실만으로 채워질 줄을 믿노라. 그러나 사실로 대한다든지 아생으로 산다는 극의(極意)는 어디 있는가? 가로대 오늘살이(今日生活)에 있다 하노라. 오늘, 여기, 나라 하는 것은 동출이이명(同出而異名)이라 하지 않으면 삼위일체라 할 것이니, 오늘이라 할 때엔 여기 내가 있는 것은 물론 여기라 하는 곳이면 오늘 내가 사는 것이 분명, 나라 하면 오늘 여기서 이렇게 사는 사람이라 하는 뜻이로다. 무수지점에 광겁 시간에 억조 인생이 살더라도 삶이 실상은 오늘 여기 나에서 볼 뿐이다. 어제라 내일이라 하지만 어제란 오늘의 시호(諡號)요 내일이란 오늘의 예명(豫名)일 뿐, 거기라 저기라 하지만 거기란 거기 사람의 여기요 저기란 저기 사람의 여기가 될 뿐이다. 그이라 저이라 하지만 그도 나로라 하며 살며 저도 나로라 하고 살 뿐이다. 산 사람은 다 나를 가졌고 사는 곳은 여기가 되고 살 때는 오늘이로다. 오늘! 오늘 산 오늘!!"(《청춘》 제14호)

적지 않은 책을 보았지만 이렇게까지 따진 이는 다석 말고는 보지 못하였다. 이 강의에서는 현재의 찰나인 '예'의 자리에서 나를 성찰하고 있다.

다석은 마침내 영원한 시간도 하느님이요 무한한 공간도 하느님이요 제나를 넘어선 성령도 하느님인 것을 깨달은 것이다. 하느님은 너희 속에 있다는 예수의 말씀이 바로 이것을 가리킨다. 그래서 다석은 '예'의 순간에 하느님과 입맞춤을 하고, '예'의 공간에서 하느님과 포옹을 하고, 마침내 짐승인 제나를 넘어 얼나로 솟나 하느님과 내가 하나인 데 다다랐다. 예수가 "아버지와 나는 하나이다."라고 한 그 자리이다. 석가가 말한 윤회를 벗어버린 니르바나님의 자리가 그 자리이다. 장자의 상아(喪我) · 좌망(坐忘)의 자리요, 노자의 황홀(恍惚) · 무극(無極)의 자리가 그 자리다.

하느님은 진이면서 선이면서 미입니다.

밖에 없다

계계 그저 못 있고

나너 갈러난데.

왼홀이 섭섭!

예다 맞나면 '예서 맞나! 우리가' 하고 반겨 속삭이지만

예예 일돼 근.

다시 너도 나도 그도 저도

혜진 대로 빛에 있다.

다 한 계계로 도라근.

뒤에쳐져 '나만 널 멀리 하는줄 아냐?'

한다던지 '네조차 날 잊을 줄은 몰랐다'고 하던지 깨어진 말방

울 소리나 같다 할가?

(1960. 12. 7. 《다석일지》)

'밖에 없다'는 제목은 나뿐이란 말입니다. 마침내는 하느님 한 분

뿐입니다. 나! 하면 참 평안해요. 평안을 잃어버리면 사는 게 아니에요. 우리! 하면 편안해요. 그러나 나! 우리! 하면서 이게 어디서 와서 어디로 갈 건지를 생각해봐요. 어디 있느냐 하면 예(여기) 있다고 합니다. 예라는 것도 비교하려니까 그렇지 나는 나에 있다, 나는 나다 하면 다예요. 그것밖에 없어요. 그런 까닭에 밖에 있다 할 수 없지요.

절대의 아버지께는 조금도 부족한 게, 아쉬운 게 없어요. 그게 아들로서 제계(彼岸)에 있는 거예요. 그런데 어째서 우리가 이렇게 됐는지 몰라요. 그래서 이렇게 너, 나로 갈라졌어요.

'왼홀'이란 외롭고 홀홀함이에요. 이 현상계의 나라는 것은 참 형편없는 거예요. 재주도 힘도 아무것도 없어요. 그야말로 외롭고 홀홀해요. 맨 처음의 뜻이 고독을 느껴 이 천지를 창조했다고 하지만 이것도 인간이 생각해낸 것이지요. 이건 인간이 그런 거지 절대의 그 자리는 외로울 리가 없어요. 이렇게 갈라져 나와도 서로 통할 수만 있다면 참 좋을 거예요. 이렇게 나눠져 나온 게 고독이에요. 이 몸뚱이라는 데가 감옥 독방이에요.

'예'란 데는 정지한 데가 아니에요. 서로 만났다고 서로 속삭이고 그건 일시적이에요. 또다시 헤어져서 공(空)의 극(極) 하나로 돌아갑니다. 빛(空)로 돌아갑니다. 빛에서 와서 종당에 그리로 가야 합니다. 그리로 갑니다. 이게 내가 믿는 거예요. 교회 계신 분들이 들으면 허무 사상을 갖고 어떻게 믿느냐고 할 것입니다. 아무래도 뭐가 있어야 좋아해요. 하지만 빛에 가야 편안해요. 빛는 아무것도 없다는 것과는 달라요. 태공(太空)이에요. 일체(一切)가 거기에 담겨 있어요. 모든 게 허공에 담겨 있습니다. 이걸 믿지는 못해도 한번 생각은 해 두어요.

도라근
한 먹는 입 어딜 갈 제 '잘 다녀오' 바라드시
우리 이승 나올 제도 잘 다녀감 맞따졌지.
님계셔 기다리실 걸 곰곰생각 흠도 좋음.
(1960. 12. 6. 《다석일지》)

'한 먹는 입'은 한 식구란 뜻이에요. '잘 다녀감 맞따졌지'는 서로
작별 인사를 얘기했는지 몰라요. 오래 묵지 않겠다고 장담을 하고
나왔는지 몰라요. 내가 이런 말 하면 도리어 이상하게 생각해요. 이
런 생각 좀 해야지요. 이렇게 생각도 안 해보고 갑자기 죽으면 어쩔
줄을 몰라 해요.

참 잘 아름답(眞善美)
참 잘 아름답고자 하나 잘 알자 보니 답잖!
잘아(자라) 잘 되자는 거지. 이만흐면 잘이란 없!
참 찾는 목숨 찬 참엔 참에 늘삶 아름답!
(1960. 12. 5. 《다석일지》)

'참 잘 아름답'은 진 · 선 · 미의 순우리말입니다. 이 세상에서는 보
통 흔히 이만하면 진(眞)이지 선(善)이지 미(美)지 하려고 합니다. 이

세상에서는 진·선·미가 없어요. 절대에는 이 세상처럼 진·선·미가 따로따로 있지는 않을 거예요. 하느님은 진이면서 선이면서 미입니다.

풀이

낱동(개체)과 온통(전체)의 관계를 살피고 따지고 자리매김하는 것이 종교이다. 이 세상엔 많은 낱동들이 있다. 이 낱동들은 계계인 온통(하느님)으로 돌아간다. 온통에 얼로 그저 있었으면 좋았을걸 나와 너로 갈라져 이 누리에 태어났다. 그래서 외톨(욀홀)이 되어 외롭고 홀홀하다. 외로울 고(孤)에는 외 과(瓜) 자가 들어 있다. 멜론(melon)에는 '외롭다(lone)'는 낱말이 있다. '외롭다'에도 외가 들어 있다. 이것은 낱동들이 짊어진 어쩔 수 없는 운명이다. 낱동(개체)이 외로운 것은 온통을 잃은 데서 느끼는 종교적인 감정이다. 외로운 낱동끼리의 사귐은 아무것도 아니다. 온통이신 하느님 아버지께로 돌아가야만 외로움이 사라진다. 그래서 예수가 말하기를 너희 아버지(하느님)께서 온전하신 것같이 너희도 온전하라고 한 것이다. 온전으로 돌아가는 것이 귀일(歸一)이다. 다석은 귀일을 '계계 도라근'이라고도 했다. 낱동끼리는 부부가 돌아누워도 남이요, 친구가 돌아서도 적이 될 뿐이다.

알아주느니 몰라주느니, 멀리하느니 가까이하느니, 모두가 부질없는 소리이다. 다석은 깨진 말방울 소리 같다고 하였다. 공자의 제자들도 사람들과 사귀었다. 그런데도 늙어서 하는 말이 나를 알아주는 이는 하느님뿐이라는 것이었다. 하느님께서 알아주면 그만이다. 다석도 사람들의 비방과 칭송에 수미산처럼 움찍도 하지 말라고 하였다.

참을 찾는 목숨은 찬참(얼나를 깨달아) 늘삶(영생)에 드는 것이 진·선·미 하다는 것이다. 온전하라는 온전 전(全) 자는 온통인 빔(空)이요 얼(靈)에 둘러싸이는 걸 드러낸 글자이다. 그 온전하시고 온통이신 아버지께 돌아가는 것이 삶의 궁극적인 목적이다. 땅에 있는 거짓된 진·선·미에 홀려 두 번 없는 일생을 헛되이 보내는 것은 어리석은 일이다. 예수와 석가의 삶을 보면 그들이 얼마나 슬기로운 사람이었는지 알 수 있다. 이 세상 사람을 측은지심, 자비심으로 대하였지 집착하는 일이 없었다.

1960년 12월 16일

책임을 제 스스로 단단히 지고서
옆의 사람에게 책임을 묻는 게 자유입니다.

저(얼나)라는 생각 외에는 생각이 없어요. 모든 게 저가 원점(中心)이 되어서 나와요. 저라는 게 확실하건 확실하지 않건 문제 붙일 것은 이것밖에 없어요. 저가 제일이라는 운동을 해도 내가 일등이다 하는 생각은 아니에요. 거죽에서 무엇이 비쳐와서 그러는 건 철없을 때 하는 소리고 저를 생각하면 묵은 것도 새것도 없다는 거예요. 저가 중심이에요. 불교의 중도(中道), 노자의 수중(守中), 유교의 《중용》 모두가 저로 돌아가요. 그런데 누구든지 인과(因果)라는 데에 다 붙었어요. 원인과 결과, 이게 병이에요. 무슨 원인으로 이런 결과(好惡)를 얻었나요? 제가 도장을 하나 꾹 찍어 뭐가 되면 어깨가 으쓱해서 좋은 결과를 맺었다고 해요.

제게 긴요하면 좋은 결과이고 제게 좀 싫으면 나쁜 결과라 하는 것처럼 싱거운 게 없어요. 열매 실(實) 자를 진실, 성실에 갖다 붙이는 것은 잘못이에요. 열매가 뭐 대단해서 이런 데다 붙여요? 이 저라는 건 예사롭게 저거니 하고 갈 게 아니에요. 이게 정말 실(實)이라면 대실존(大實存)이에요. 이놈이 잘됐다면 잘된 건데, 못됐다면 단단히

326

못된 것이에요. 이 저(얼나)라는 게 진실이니 할 정도가 아니에요. 이
사람 생각은 늘 저를 떠나지 않고 저에서 모든 게 나와요. 이것을 모
르면 내 말 못 알아들어요.

온일 올로
올 타고 가야지 그릇지게 지곤 못 다다름
제 지겟담 고맙지만 미욱 마침내 등짐 됨
큰 땅에 버려 둔 대로 맨져 감이 어떠리
(1960. 12. 8.《다석일지》)

'올 타고 가야지 그릇지게 지곤 못 다다름', 진리의 길로 타고 가야
지 부자연한 지게를 지고는 이루지 못해요. 지게를 지겠다면 고맙지
만 미욱한 것입니다. 옳은 길은 도리(道理)예요. 요새는 진리(眞理)라
지만 예전엔 도리라 했지요. 길을 찾고 길을 알아 가야지요. '그릇지
게', 우리 지게는 '그게'라 해요. 그건 그릇된 거예요. 인류는 증기기
선과 화약을 발명하지 않았을 때가 더 행복했어요. 원자를 분열시키
지 않았다면 더 행복할지 몰라요. 이게 '그게'예요. 그걸 갖고는 안심
입명(安心立命)을 못해요. 사망률이 적다느니 편리하다느니 하는 걸
무슨 굉장한 복지인 것같이 생각을 해요. 이게 복지가 될 까닭이 없
어요. 우리가 단단히 속고 있는 거예요. 다 신경과민이 돼버렸어요.
약을 모르고 사는 세상이 돼야 합니다.
　짐승은 안 붙여놓으면 새끼를 안 낳는데 인간은 왜 산아(産兒)를

제한할 수가 없어요? 안 먹으면 죽는다, 안 먹고는 못 사니까 먹는다는 말은 맞아요. 그러나 너무 많이 먹어요. 편히 살 수 있는데도 배탈이 나서 고생을 해요. 이제는 대를 잇기 위해 지구가 빌까 봐 혼인을 한다는 건 있을 수 없어요.

사람은 도리로 살아가는 거예요. 이치와 도리를 벗어나면 죽어요. 따뜻하게 지내자고 연탄을 쓰지만 이치에 벗어나면 죽어요. 올(理) 타고 가지 않으면 망하는 거예요. 망하고 말아요. 수레바퀴는 만들지 않고 지게를 지는 건 올을 무시하고 올을 안 타려고 하는 거예요. 생각을 하지 않는 거예요. 일이란 약게 해야 해요. 즉 올을 타고 해야 해요.

아이를 정말 잘 인도함은 애가 따라올 만큼 걸으면서 제가 걸어오는 대로 아이를 내버려 둬야 해요. 바쁘면 업고 가서 놓아두고 따로 제 볼일 봐야 해요. 교육이란 학생을 제대로 내버려 두어야 해요. 제가 올을 타고 갈 수 있도록 내버려 두어요. 늙은이에겐 늙은이의 일을, 젊은이에겐 젊은이의 일을 하도록 내버려 두어야 해요. 늙은이에게 젊은이의 일을 요구해선 안 돼요. 일이란 왈칵왈칵 해선 안 돼요. 조금씩 만져 가며 해야지요. 모든 일에 올을 타야 해요. 올을 타지 않으면 보기도 싫고 괜한 노력을 하게 돼요. 어머니인 몬돌(지구)이 꼭 안고 있는 걸 떼어내 무거워 고생을 하지 말고 손으로 만져 굴려 가서 종당에 내가 소용되는 곳에까지 옮겨 가는 게 수레바퀴예요. 이게 올을 타고 가는 거예요.

'마침내 등짐 됨'에서 등짐이란 배반(背反)을 말해요. 지게를 지는 건 순종하는 게 아니에요. 중국에서는 바퀴를 일찍 만들었는데 우리는 바퀴를 안 만들었어요. 이게 순종하지 않음이에요. 고맙지만 미욱한 것이에요. 스위치나 핸들은 조금씩 만져 가면 돼요. 이게 우리 마음의 이치에도 적용돼요. 심법(心法)에도 억지스러움 없이 해야 해요.

내버려 둔다는 것은 위임(委任)이란 뜻인데, 두레박 둘을 매놓고 쓴다는 것은 지구 중력에 위임하는 거예요. 두레박 하나만 갖고 지구 중력에 대항하는 것은 순종하지 않음이에요.

'저절로'가 참 좋아요. 억지로 하려고 하지 말아요. 닿는 데까지 해야지요. 저대로만 하면 제 갈 대로 갈 수 있어요. 자연(自然)은 제대로 살아야지요. 무리를 말아야 해요. 자연을 돌아가는 대로 두고 그것을 조금씩 만져야지요. 과학자는 무리는 안 해요. 이것은 제 스스로 얻어야지 말로 알아선 소용없어요.

히 돌리기

얼 높을 큰 바퀴 돌게 일고 눕, 먹고 잠도 돐
일인아침 사름 올볼 햇 일에 뜨거운 뭄 먹어
여름짓 가을 열매건이 도론 겨울 망울 쉴
(1960. 12. 8.《다석일지》)

큰 얼을 높이 돌게 하느라 이렇게 태양계란 공장을 만들었는지 몰라요. 우리가 이 조그마한 것도 소용없는 일을 왜 하느냐고 하는데 저 점잖은 태양이 소용없는 일을 하겠어요? 우리가 이렇게 움직이라고, 또 모르게 활동하라고 태양이 비추고 하는 거지요.

'일인아침 사룸'이란 아침 일찍 일어나 일하는 아침 사람이라는 뜻이에요. 햇 일에 뜨거운 마음을 먹은 자연은 아무리 우리에게 봉사를 해주려 해도 주인 되는 내가 뜨거운 마음을 먹지 않으면 아무것도 안 돼요.

낮 가린 뉘 얼골 막음
네가 내 낯 내가 네 낯을 못 잊게 된 사이래도
내가 너만 네가 나만 바라고 그저 있겠냐?
너나골 사괴여 드나듦 얼얼 얼운 계계근
(1960. 12. 10.《다석일지》)

낮 가린 세상에 얼골이 막혔다는 것은 사람과 사람 사이에 생각이 통하기가 어렵다는 말입니다. 이 현상계란 종이 한 겹도 안되는 살갗에 가려서 속을 못 봅니다. '얼골'이란 얼이 든 골짜기입니다. 우리가 서로 마주 서고 있으나 얼골에 든 얼끼리 잘 통해지지 않습니다. 얼이 얼려야, 정신과 정신이 단단히 얼려야 정말 어른이에요. 성령 충만한 어른이 돼야 해요. 얼을 빠뜨리라고 얼을 넣어준 게 아니에요. 어른이 되라고 얼을 넣어준 거지요. 이렇게 돼지와 꼭 같은 껍질을 위해 일해서 나중에 서로 폭발하라고 만든 게 아닐 거예요. 맹수나 짐승은 서로 폭발하는 일이 없는데 왜 인간만이 이런 문명을 갖고 있느냐 말입니다.

우리가 서로 사귄다는 게 낯바닥까지예요. 얼골 깊이 들어가 얼을 알려고 안 해요. 이게 기가 막혀요. 그저 얼굴이 훤히 생기면 그게 좋다고 해요. 얼굴이 보살같이 생겼다면 그대로 믿어버려요. 그런 사람은 잊지 않아요. 거의 모든 사람이 이래요. 우리가 얼굴 가죽에 막혀서 이런 짓을 합니다. 우리 얼골이 얼의 골이란 걸 깨달아야 해요. 인생을 논한다면 이 정도는 생각해야 해요. 철이 들지 않았다면 내가 하는 이 말을 못 알아들을 거예요. 스스로 얼나를 깨달아야 사람이 됩니다. 깨닫지 못하면 짐승 그대로입니다.

스스로 깨 사람
여섯 뿌리 부림치로 한 몸덩이 잡은게 됨
아브 모신 ㅇ들 '나'라 일깰 잽이 몸속 '나'라
바탈이 몬 잡아 일깸 몬에 잽현 아니다
(1960. 12. 12. 《다석일지》)

'부림치'는 사환, 곧 심부름하는 이지요. 나란 여섯 가지(六根, 눈·귀·코 등 몸의 여섯 기관)의 부림치를 가진 한 몸뚱이로 된 기계예요. "아브 모신 ㅇ들 '나'라", 이건 예수의 인생을 보는 눈이에요. 절대의 아버지가 계셔, 그의 아들 노릇 하는 게 나라는 거예요. 예수는 말했어요, 내 나라는 이 세상에 없다(요한 18:36 참조)고. 예수같이 국가 부정 사상이 없어요. 그러나 예수같이 나라를 사랑하는 이가 없어요.(누가 19:41 참조)
'잽이'는 역할이라는 순우리말입니다. 나의 맡은 바는 일개 잽이입니다. 모든 걸 일깨울 잽이를 내가 가졌는데 그게 몸속의 얼나입니다. 저라는 것, 나라는 것은 그 책임이란 게 참으로 무거운 거예요. 아들이란 책임이에요.

영혼 불멸은 성경엔 없어요. 그것은 희랍 사상에서 다 왔어요.

자유는 제 마음대로 한다는 게 아니에요. 전능자도 제 마음대로 못하는데 그 이외 딴 게 어떻게 제 마음대로 해요? 자유란 내가 한다는 뜻으로, 유기(由己)예요. 책임을 제 스스로 단단히 지고서 옆의 사람에게 책임을 묻는 게 자유입니다. 그게 열반에 든 사람입니다. 4·19혁명의 어린 아우들은 책임을 단단히 묻지 않았어요?

육근(六根)은 부림치지 '나'가 아니에요. 여기에 내가 팔려선 안 돼요. 아들은 종의 심부름을 해선 안 돼요. 아들은 종에게 끌려다녀서는 못써요. 육근이 다 몬인데 이걸 내가 꼭 잡아 일깨워줘야 해요. 이게 뒤집혀서는 실성(失性)이요, 실진(失眞)이요, 멸망입니다. 눈 잘생기고 코 잘생기고 눈이 잘 뵈고 몸이 성하고 하는 데 끌려다녀서는 멸망이에요.

이 사람은 아침저녁 기도에 "밝은 속알에 더욱 나라 찾아지이다." 라고 하는데, 이게 정말 밝게 뚫린다면 하느님 아들 될 게 아니에요? 정말 "나"라 '예' 있다 할 수 있어야 해요. 눈·귀·코에, 얼굴에 붙어 있을 나가 아니에요.

정신이 물질에 휘감겨서는 못써요. 언제든지 정신이 물건을 부려 써야 해요. 육근, 여섯 부림치는 눈, 귀, 코, 입, 몸, 뜻(眼耳鼻舌身意)입니다. 불교에서 잘 쓰는 말입니다. 몸나의 감각 기능을 육근(六根)

이라 합니다.

풀이

〈온일 올로〉와 〈히 돌리기〉에는 자연의 이치대로 살아야 한다는 주장이 담겨 있다. 다석은 빼어난 영성인이지만, 또 한편으로는 과학적인 사람이었다. 영성인으로서 신비하지만 미신된 점이 없고 과학적인 사고를 하지만 인과(因果)의 사고를 넘어서기 때문에 답답하지가 않고 시원하다. 불교도들이 모든 현상을 다 인연으로 설명하려고 하는 것은 과학적이고 합리적인 듯 보이지만 미신적이고 미혹되기 쉽다. 다석은 과학과 우리의 삶에 대하여 이렇게 말하였다.

"우리가 사는 상대 세계에서는 기껏해야 정신을 차린다는 것이 인과관계에만 그치는 것입니다. 인과관계에 대해서만 정신을 차리고 있어요. 과학이니 물리니 하는 것은 인과율이에요. 인과율이 지배하는 상대 세계 너머 계시는 하느님에게까지 이르는 과학이 되어야 참 과학입니다. 그러나 새로운 발견과 발명을 할 때에 얻는 쾌락을 위하여 과학을 한다거니 과학을 위한 과학을 한다는 그따위 소리를 하고 있는 것이 요새 과학이에요.

물리를 연구하고 그 물리에서 과학을 발달시켜 그것을 이용하면 참 기쁘고 좋은 것입니다. 기쁘고 좋은 것이 자기에게만 그치는 것이 아니라 두고두고 모든 사람에게 유익한 것이에요. 대부분의 학문이 과학인데, 그 결과는 모두가 인과율을 발전시키는 것이에요. 소위 학문이라는 것이 말이나 생각하는 이치가 인과의 굴레 안에 있는 것이 아니라면, 또 살아가는 데 사람의 욕심을 채우기 위해서 발전시키고 이용할 가치가 없는 것이라면, 또 탐지한 결과가 아무것도 아니고 그게 참을 수 없고 괴로움에 어쩔 줄을 모르는 것이라면, 학문 연구를 그렇게 하지 않을 것입니다. 따라서 문명이라든가 생존에 대한 맛을 모른다고 하더라도 인과율의 작용으로 대개가 끝장이 납니다. 이 세상에 인과율이 아닌 것이 어디 있어요? 그러나 영원한 생명인 진리는 인과율 너머에 있습니다."

〈낯 가린 뉘 얼골 막음〉과 〈스스로 깨 사람〉 두 시는 품은 뜻이 같다. 제나를 넘어 얼나로 솟나 하느님 아버지께(계계)로 돌아가자는 말씀이다. 다석이 남긴 1천 7백여 수의 시문은 거의 모두 내 마음속의 얼나를 깨달아 하느님 아버지께 돌아가자는 생각으로 일관되어 있다. 사도신경이 처음부터 끝까지 믿는다로 일관된 것과는 대조적이다. 종교학자 오강남이 시원스런 바른말을 하였다.

"(종교에는 표층 종교와 심층 종교가 있는데) 가장 큰 차이점을 하나만 들라고 한다면, 표층 종교가 주로 무조건적인 '믿음'을 강조하는데 반해 심층 종교는 '깨달음'을 중요시한다는 것이다. 표층 종교는 잘 믿기만 하면 지금의 내가 이 세상에서도 잘되고 죽어서도 어디 좋은 데로 가게 된다고 믿지만, 심층 종교는 지금의 내가 아니라 내 속에 있는 참나를 발견하고, 그 참나가 결국은 내 속에 있는 신적 요소라는 사실을 깨달으라고 가르친다."(오강남·성해영, 《종교, 이제는 깨달음이다》)

오강남이 말한 표층 종교는 껍질 신앙, 옅은 신앙이란 뜻인데 어떤 신조를 믿는 교의, 신앙을 말한 것이다. 심층 종교란 깊은 신앙인 속 알 신앙이라는 뜻으로, 나의 참나(얼나)를 깨닫는 자각 신앙을 말한 것이다. 다시 말하면 제나(몸나)를 참나로 알고 종족 보존을 위해 사는 기복 신앙이 표층 종교이고, 얼나가 참나임을 깨닫고 얼나를 증거하는 영성 신앙이 심층 종교이다.

"종교, 이제는 깨달음이다."라고 말한 이가 오강남이 처음은 아니다. 이미 2천 년 앞서 예수가 같은 뜻의 말을 하였다. "아버지께 참으로 예배(기도)하는 이들은 참인 얼로 예배(기도)드릴 때가 오나니 곧 이때라 아버지께서는 이렇게 자기에게 예배(기도)하는 이들을 찾으시느니라. 하느님께 예배(기도)하는 이는 참인 얼로 예배(기도)할지니라."(요한 4:23~24, 박영호 의역)

예수는 제자들이나 민중들과 함께 어떤 의식(儀式)의 예배를 올린 적이 없었다. 예수는 제자들의 요구에 못 이겨 기도의 말씀을 가르친 적은 있으나, 사람들이 보는 데서 중언부언 말로 하는 기도를 올리지 말라고 하였다. 남들이 볼 수 없는 골방에서 명상 기도를 올리라고 말하였다. 예수는 스스로 말하였듯이 머리 둘 곳 없이 동가식 서가숙(東家食 西家宿) 하는 몸이라 골방조차 없어 저녁이나 새벽에 홀로 외진 산속에 가서 명상기도를 하였다. 명상기도 가운데 하느님과 얼로 교통하는 것이 예수가 올리는 예배(기도)의 전부였다. 이것만으로도 예수가 의식 예배를 올린 것이 아니라 깨달음 기도를 올린 깨달음의 신앙이었음을 알 수 있다. 예수가 "참인 얼로 예배(기도) 드릴 때가 오나니 곧 이때"라고 한 것은 예수 자신으로 인하여 깨달음 신앙이 비롯된다는 말이다.

예수가 진리 전파의 공생애를 펼치면서 외친 첫 소리가 "회개하여라. 하늘나라가 다가왔다."(마태 4:17)이다. 메타노에오는 단순히 뉘우치라는 말이 아니다. 얼나(하느님 나라)를 참나로 깨달으라는 말이다. 예수가 이 세상을 떠나면서 제자들에게 마지막으로 가르친 말이 얼나를 의지하라는 것이었다. 보혜사가 곧 하느님의 생명인 얼이다. "보혜사를 너희에게 주사 영원토록 너희와 함께 있게 하시리니 저는 진리의 영(얼)이라 세상은 능히 저를 받지 못하나니 이는 저를 보지도 못하고 알지도 못함이라. 그러나 너희는 저를 아나니 저는 너희와 함께 거하심이요 또 너희 속에 계시겠음이라."(요한 14:16~17)

석가도 마찬가지다. 첫 법륜을 굴릴 때 한 말이 사성제 팔정도인데, 이는 제나를 넘어 얼나(Dharma)를 깨달으라는 말이다. 마지막엔 자등명 법등명(自燈明 法燈明)을 의지하라고 말하였는데, 다른 누구도 의지하지 말고 제 마음속 얼나를 깨달아 의지하라는 말이다. 어떤 사람이나 어떤 교의에 의지하지 않는 자율적인 신앙인이 되라고 한 것이다. 그런데 지금에 와서 자율적인 자각 신앙인은 눈을 씻고 찾아보아도 만날 수 없다. 모두가 스스로 얼나를 깨달을 생각은 못 하고 누구의 말이나 어떤 주장에 얽매여 정신적인 노예 상태에 빠져 있다. 멀쩡한 사람이 바보 노릇을 하고 있는 것이 기막힐 뿐이다. 믿더라도 얼나를 깨달은 다음에 하느님이 참나임을 믿어야 한다. 깨닫기 전에 믿는 것은 미신(迷信), 맹신(盲信), 혹신(惑信)에 빠져 남에게 속고 스스로를 속이며 멸망해 가는 것이다.

본디 붓다(Buddha)란 '깨달은 이'라는 뜻이다. 산스크리트 '깨달다(budh)'에는 여러가지 뜻이 있다. 짐승인 제나의 삶은 전도몽상(顚倒夢想)이라 얼나를 깨달아 그 꿈에서 깬다(awake)는 뜻이다. 제나의 삶은 무지몽매한 삶이라 얼나를 깨달아 대지(大智)에 이른다는 뜻이다(intelligent). 제나의 삶은 어둠(無明)이라 얼나를 깨달아 광명(光明)을 놓는다는 뜻이다(lighting). 제나의 삶은 어리석음(愚痴)의 삶이라 얼나를 깨달아 성현(聖賢)이 된다는 뜻이다(wise). 얼나를 깨달은 하느님 아들도 없고 얼나를 깨달은 바이로카나(Vairocana, 비로자나)도 없다. 십자가상이나 불상 앞에 무릎 꿇고 복을 달라 은총을 달라는 무리들뿐이다.

신앙의 대상은 하느님(니르바나님) 한 분뿐이다. 예수도 석가도 그 밖에 누구도 신앙의 대상이 되어서는 안 된다. 그건 우상 숭배일 뿐이다. 예수가 제자들에게 나는 너희들의 벗이라고 한 까닭이 여기에 있다. 얼나를 깨닫지 않고 믿기만 하면 미신, 혹신, 광신에 빠지고 만다. 이를 샤머니즘이라고 한다.

"네가 마음의 스승이 되어야지,
마음을 네 스승으로 하지 말라."

계 예 계
때 애낄 때 틈낸 때며 터 쓸 터에 놀린 터란
그록흔 속알 넘친 계 재 혜아림의 남긴 듬숙
높멀큰 한늘 옳을(오를) 빛 솟나 살뜻 계 예 계
(1960. 12. 13. 《다석일지》)

지극히 높은 데 계신 완전한 아버지에게로 가자는 게 예수의 인생
관이라고 생각해요. 나는 이렇게 생각해요. 나도 이러한 인생관을 갖
고 싶어요. 이런 점에서 예수와 나와 관계가 있는 거지, 이밖에는 아
무 관계가 없어요. 이걸 신앙이라 할지 어떨지 예수를 믿는다고 할지
어떨지 난 몰라요.

뭐든지 논리적으로 밝아야 한다고 하는데 논리적으로 아무리 밝
아졌더라도 실생활에서 구현하지 못하면 아직 논리적으로 완전히 밝
지 못한 것입니다.

천상천하에 유아독존이란 형이상하(形而上下)에 나밖에 없단 말입

니다. 높단(尊) 말이 낮은 데 대한 게 아니에요. 저밖에 없단 말입니다. 난 무식해서 잘 모르지만 요새 철학자들이 말하는 실존이란 말도 이 '나'라는 게 정말 참 확실합니다. 그저 쉽게 보낼 게 아니란 말이 아니겠습니까? 혼자 나서 혼자 죽는데 그사이에 무슨 짝이 있을 리 없습니다. 더불어 수도(與修道)하잔 말에 석가가 한 답이에요. 정말 자유 인권을 주장하는 사람은 불법(佛法)을 통한 거예요. 성불(成佛)한 것입니다. 유물(唯物) 사상의 세계에서도 인류 멸망 전에 자유를 주장할는지 몰라요. 그들도 사람이기 때문이지요. 덴마크에선 감옥과 경찰을 없앤다는데도 이혼, 사생아, 자살자가 많으니 지상천국 같은 데서도 어쩐지 불안이 더 많아요. 반성할 때가 있을 거예요. 자유니 인권이니 해도 정말 그 뜻이 뭔지 몰라요.

'계'라 하면 곧 예예요. 예서 곧 계지요. 가는 것도 오는 것도, 여기도 거기도 중간도 아닌 거예요.

믿음으로써 구원이니 혹은 행(行)으로써 구원이니 하고 싸우지만 도(道)와 행이 둘이 돼서는 안 돼요. 도 따로 행 따로 있는 게 아닙니다. 도즉행행즉도(道則行行則道)라야지요. 가면 길이고 길이면 가는 거지요. 통히 가는 거예요. 안 가는 놈이 어디 있어요? 땅덩어리도 제 갈 길 가는 것입니다.

'때 애낄 때', 시간은 곧 돈이라고 안 해요? 때를 아끼다가 이렇게 일요일에 우리가 모이는 것은, 모일 수 있는 틈은 무슨 은혜예요. '터'란 안 쓰이는 터가 없어요. 다 쓸 수 있는 터지요. 그런데 이렇게 군색한데도 그냥 놀리는 터가 있어요. 이게 무슨 은혜예요? 이런 게 모두 무슨 거룩한 속알이 있어 그런 거예요. 우리 조그만 속알이 아닌 무슨 거룩한 속알이 넘친 '계'가 있어 그런 거예요.

'한늘'은 우주입니다. 적어도 높은 생각 하는 이는 '높멀큰' 것을 생각해요. 우리 머리보다 더 '높멀큰' 것을 생각해요. 솟아나가야만 산다는 뜻이 우리에게는 줄곧 있어요. 이게 아버지의 뜻이에요. 간다 해야 알아듣기 쉬워요. 제가 예서 계로 가고 있어요. 차표를 벌써 사 가지고 탔어요. 예서 가고 있다는 걸 알아야 해요.

나는 위에서 은혜가 쏟아지는 믿음을 갖지 않았습니다. 여기서 이렇게 하는 이상 더 은혜를 바라지 않아요. 이렇게 이 정도라도 할 수 있는 게 위에서 오는 게 없으면 아무것도 안 돼요. 이걸 생각하면 영원한 감사를 드리지요. 이것도 위로부터 오는 게 없으면 안 돼요. 너희가 이 세상에서 필요한 건 다 있다고 예수는 말했습니다. 이 자리에서 할 수 있는 이것도 위로부터 오는 게 없으면 아무것도 안 돼요.

뜻
맞 맛 지내가는 예 예어 도라가는 계 말 뜻
빈계 한뜻 맨꼭대기 한뜻 아바 아들 한뜻
옿로만 솟아날 사름 우러럽긴 한뜻 근
(1960. 12. 14. 《다석일지》)

여기서는 '맞 맛'이 문제예요. 뜻이 맛이에요. 정말 맛이에요. 뜻은 한뜻이어야 해요. 이러쿵저러쿵하는 뜻은 못써요. 빈(虛)다는 게 뭔가 하면 지극히 거룩한 거예요. 지극히 거룩하다면 빈 걸 거예요. '옹로만(위로만) 솟아날 사람' 될 뜻이 가장 공경할 뜻입니다.

살사리

살은 살너멀 못 귀·눈이 얼·뜻을 못듣·보
숨내·살뜻·모른 코·입·냇내 싫고 남살 맛나
잘 먹고 빨랜 잘 빨래 제 살거니 꿈질꿈
(1960. 12. 14. 《다석일지》)

짐승처럼 살로만 사는 살림, 육체의 살림을 '살사리'라고 했습니다. 이 육체의 살림은 살 너머는 못 갑니다. 이것 정말 잘 생각해봐야 해요. 묵념을 해봐요. 눈은 살 안에는 못 들어갑니다. 그래서 관상보다 더 깊이 못 봐요. 살에 가서 막힙니다.

'남살'은 남의 살이란 말입니다. 정말 어린애를 잘 기르려면 깨끗하고 더러운 걸 잘 구별할 수 있도록 길러야 해요. 또 한편엔 더럽고 정(淨)한 게 없다고 가르쳐야 해요. 물건엔 더럽고 정한 게 없어요. 자기에게 받아들일 필요가 있는 것은 깨끗한 거예요. 자기에게서 나온 것은 다 더러운 거예요. 물건에는 더럽고 정한 게 없어요. 그저 우리 마음이 정하다 하면 받아들이고 더럽다 하면 내버리지요.

참으로 사람이란 우스운 것입니다. 잘 먹고 빨래는 잘 내봐요. 그러면 제가 잘 살거니 해요. 이게 다 꿈지럭거리는 거예요. 버러지 노릇 하는 거예요. 난 살(몸)의 일은 부정해요. 모든 게 살을 위해 하다가 그만둔다는 건 정말 서운한 일이지요. 난 이를 부정해요. 그저 남 먹는 것, 남 입는 것에 빠지지 않겠다는 게 '살사리'입니다. 요새 모두 애쓰는 것은 육체의 건강, 수명 연장 이런 데 신경을 써요.

깬 살림
솟날 내겐 뉘 낮고 빚 옳을 묨은 몸 더럽대
나 없 올만 덧없 몯만 올본 올히 맑게 몸일
햇쌀에 제 먹이 이받 절로 졸림 적었습
(1960. 12. 14. 《다석일지》)

이 세상이란 낮은 곳입니다. 이 세상이란 내가 깔고 앉을 거예요. 세상에는 높은 게 없어요. 난 이 세상은 내어놓겠어요. 그러나 빚(空)만은 못 내놓겠어요. 이 몸뚱이를 정한 걸로 알면 빚를 싫어하는 거예요.

사사로운 일이 없어야 해요. 올(理)만이 사사가 없어요. 진리에는 사사로움이 없어요. 제법무아(諸法無我)라 했는데, 진리(法, Dharma)에는 내가 없어서 내가 좋아해요.

마음은 덧없는 거예요. 심무상(心無常)입니다. 난 예수 믿소 하고 그다음에 하는 말이 보통 마음 하나만 잘 쓰면 되지 합니다. 이 사람은 마음이 덧없다는 걸 모릅니다. 즉심시불(卽心是佛)이라고도 하지만 마음이 모든 죄악의 괴수라고도 했습니다. "네가 마음의 스승이 되어야지, 마음을 네 스승으로 하지 말라."(《대반야경》)고 석가가 말했습니다. 마음을 따라가선 안 됩니다.

나도 인젠 잘하겠다, 인젠 그러지 않겠다 하는 '인'은 속이는 거예요(인=이다음에). 이제 해야겠다 해야 해요. 인제 일어나야지 하면 속아요. 이제 일어나야지 해야 일어나집니다. 꽉 붙잡지 않으면 게으름에다가 다 흘려버리고 말아요.

1960년은 아직도 오지 않았어요. 12월 31일에 가야 온 해예요. 온 해면 간 해예요. 왔다고 온 해라고 축하하자 하면 망년회밖에 못해요. 이 생명의 시간이란 게 모두 이래요. 시간은 일찍 미리미리 해야 해요. 마음을 맑게 해야 해요. 어쨌든 이 세상 떠날 때는 마음이 시원해야 해요. 그렇지 못하면 아직 준비가 안된 거예요. 의지하지 않을 곳에다가 의지했기 때문에 죽을 때 시원하지 못합니다. 자아(自我)란 것까지도 의지할 것 못 됩니다.

이 세상은 졸리는 세상이에요. 학교 가면 숙제 해야지요. 시험을 치러야지요. 그런데 제일 못 견디는 것은 제가 저한테 제 양심에 졸리는 거예요. 산골 깊숙이 먹을 것 좀 준비해놓으면 졸릴 게 없어요. 빚을 지면 빚에 졸리니까 그렇지 빚이 있더라도 졸리지만 않는다면 빚도 귀찮지 않지요. 맘살림 하면 빚에 졸리지 않아요. 마음의 일을 맑게 하면 이 세상에서 떠날 때 시원할 거예요. 양심에 졸리는 것을 절로 졸린다고 합니다.

풀이

《반야심경》 맨 끝에 나오는 "아제아제 바라아제 바라승아제 모디

사바하"는 산스크리트를 그대로 음역한 것이다. 이를 만트라(만다라)라고 한다. 다석은 "만은 마음이고 트라는 그릇이라는 뜻인데, 만트라는 마음을 담은 그릇"이라는 뜻이라고 말하였다. 그런데 다석의 글이야말로 정신을 담은 그릇임을 느끼게 한다. 그것도 높고 멀고 큰 한늘(우주)까지 담겨 있다. '계' 한 글자에 온통인 하느님이 들어가 계시는 성전인 셈이니, 그 글자 한 자의 무게가 얼마나 나가겠는가? '계 예 계'는 계가 예(여기)에서 계(하느님께)로 간다는 말이다. 그것이 나에게 내려진 천명(天命)이요 성명(性命)이다. 바꾸어 말하면, 제나로는 죽고 얼나를 깨달아 하느님께로 가는 것이 삶의 목적이요 가치이다.

다석은 한자나 한글의 어원을 밝히는 뜻풀이를 즐겼다. 그리하여 한 글자 속에 철학 개론 한 권이 들어 있다는 말을 하였다. '계 예 계'에 바이블 한 권이 들어 있다고 말해도 좋을 것이다. 한 점(긋)이 된 내가 높고 멀고 커다란 온통(전체)이신 아버지 하느님을 우러르다 돌아가 하나가 되는 것이다. 그것이 거룩한 아바와 아들의 한뜻이다. 화살로 과녁의 정곡을 맞추었는데, 그다음에 쏜 화살이 정확히 먼저 쏜 화살의 꽁무니를 맞추는 일이 있다고 한다. 이를 중시(重矢)라고 한다는데, 아바의 뜻과 아들의 뜻이 그처럼 맞아떨어진다. 예수가 아버지와 나는 하나라고 한 지경이 바로 그렇다. 다석이 뜻 얘기를 하다가 '뜻' 자 위에 디귿(ㄷ)을 제사상에 떡을 괴듯이 여러 개를 겹쳐 쌓아놓고는 "이만하면 뜨뜻(따뜻)하지요?"라면서 파안대소하던 모습이 떠오른다.

다석의 하느님은 예수가 말한 만유보다 크신 얼이요 빔이신 하느님이지, 예수를 오른쪽에 둔 황제 같은 사도신경의 인태신(人態神)이 아니다. 빛, 곧 빔이 무한 허공이신 하느님을 뜻한다. 사람은 겨우 돈이나 추구하고 이성(異性)이나 그리게 마련인데, 다석은 언제나 이처럼 하느님을 그리고 우러른다. 다석의 마음속에 영원한 생명인 얼나가 임재(臨在)하고 있다는 증거이다. 일생 동안 자신을 낮추고 숨기며 산 다석이 다음과 같은 깜짝 놀랄 소리를 하였다. "우리는 이 껍질(몸)을 쓰기 전, 또 벗어버린 뒤에 어찌 될 줄은 모릅니다. 이것을 안다면 나도 거만할 수 있을 겁니다. 그러나 영원한 생명이 있는 것은 틀림없습니다. 영원한 생명이 나에게도 나타났으니, 시간·공간을 초월하여 영원한 생명인 얼나가 존재하는 것만은 틀림없습니다." 영원한 생명이, 하느님의 얼이, 예수와 석가에서와 마찬가지로 다석의 마음속에도 샘솟은 것은 다석의 말씀과 금욕으로 충분히 증명된다.

다석의 시 〈살사리〉는 제나로만 사는 몸살이와 얼나를 깬 이의 몸살이를 살펴본 것이다. 예수는 거침없이 말하였다. "너희는 아래에서 왔지만 나는 위에서 왔다. 너희는 이 세상에 속해 있지만 나는 이 세상에 속해 있지 않다."(요한 8:23) 그렇다고 예수가 음식도 안 먹고 뒷간도 안 간 것은 아니다. 예수가 삶의 목적을 몸살이에 두지 않고 얼살이에 두었다는 말을 그렇게 나타낸 것이다.

주권이 씨알에 있다는 게 민주입니다.

말슴
내 뜻 일러 내는 이 있는가 너희를 내고 내
너희는 바람을 늘 불지만 티끌어 회오리
뜻 맞힐 바람은 옳로 잘몬 옳에 한옳로
(1960. 12. 15.《다석일지》)

뭔지 나를 끌어당기는 데가 있어요. 싫으면서도 아니 끌려갈 수 없는 게 부자유(不自由)입니다. 이게 종(노예)입니다. 주권(主權)이 씨알에 있다는 게 민주(民主)예요. 그런데 평등이라는 것도, 가장 가까운 사이에서도 속박이 있습니다. 상호 불신의 의심이 있어요.

용납이란 용서해준다는 건데, 그건 겉으로만 그렇지 잠재의식에는 아무래도 가시가 들어 있어요. 어떤 때에 그것이 상처로 터집니다. 그러나 겉으로 보면 화평한 것 같습니다. 통히 상대 세계란 이런 데예요. 그러면서도 겉으로 용납한다는 것으로 다 된다고 생각합니다. 안 되는 걸 뻔히 보면서 (화평한 것 같아) 된다고 해요. 안 되면 안 된다는 걸 알아야지요. 이렇게 상대 세계는 붙잡을 수도 놓을 수도 없는 데입니다.

이 세상은 즐거움과 기쁨과 춤이 사라진 지 오래입니다. 더구나 양반들은 노래와 춤을 해선 안 된다는 거예요. 사람의 본성에는 뭔지 어려워하는 게 있어요. 나는 통히 잔치 예식은 싫어해요. 크리스마스는 으레 싫어해요. 그러나 어린애들은 즐겁게 자라도록 해줘야 해요. 군것질 버릇이 들지 않을 정도로만 맛있는 걸 먹여야 해요. 군것질이나 게으름은 악이니까 이런 버릇 들지 못하게 해요. 자식을 기르면서도 이 다음에 철이 나면 잘 되겠지 하고 내버려 두지 말고 잘 분간을 해줘야 해요.

난 어제 크리스마스 방송을 들었는데 하루 종일 크리스마스예요. 중앙 방송국이 예배당이 되었어요. 그런데 고마운 건 방송에서 어둔 것을 피하라고 했어요. 뭐든지 하나만 주장하는 건 참 꼴 보기 싫은 거예요.

1960년 전에 예수가 난 게 아니에요. 기쁘다 구주 오셨네 하는 것은 오늘 내 가슴속에 예수가 나셨다고 할 수 있는 사람만이 부를 수 있는 것입니다. 그리스도란 바로 된 생명, 바로 된 목숨이에요. 본래 면목이란 거예요. 속박당하고 포로가 되지 않는 거예요. 그리스도란 애초에 있는 자유예요. 성탄이란 바로 내 일이지 남의 일이 아니에요. 남이 어떻게 산다는 걸 알아요? 순간순간 성탄이 돼야지요. 가슴에서 순간순간 그리스도가 탄생해야지요. 성불(成佛)해야지요! 끊임없이 끊임없이 얼나로 솟나야 해요.

해가 빛이 안 된다는 이건 정말 성경에만 있는 훌륭한 사상이에요. 이 영원한 생명의 본자리가 바로 영광이에요. 이렇게 된다면 해(태양)도 더럽게 생각될 거예요. 그렇게 된다면 그밖에 훈장, 명예가 무슨 영광이 될 까닭이 없어요. 조금 있다 지고 수증기가 가리면 어두워지고 하는 해가 무슨 빛이에요? 조금 다치면 아프고 조금 일하면 피로하고 그러다가 시시하게 죽고 마는 이 몸이 무슨 생명입니까? 난 이 세상엔 진·선·미가 없다고 해요. 진·선·미란 영원해야 되는데, 있다가 없다가 또 있다가 없다가 하는 것은 진·선·미가 아닙니다.

형이상(形而上)은 신비예요. 결코 기적을 찾지 말아요. 신비한 형이상의 세계는 아주 큰 걸 알아야 해요. 무언지 큰 게 있다는 걸 알아야 해요. 마음으로 골똘하면 무엇이 귀에 들리든지 눈에 나타나요. 그게 내 마음속에서 된 일인지 또는 객관적으로 소리나 환상이 있었는지 어떻게 알아요? 주관적으로 됐다고 단언할 수도, 객관적으로 있었다고 단언할 수는 없는 거예요.

난 기도하고 찬송하고 성경 해석은 안 해요. 그런데 요새 난 참선이에요. 참선으로 기도하는 게 요새 내가 기울어지는 데예요.

풀이

주규식은 이날의 말씀을 들은 장소는 밝히지 않고 날짜만 적어놓았다. 당시 모임에 나오는 어떤 분이 일요일에 자신의 집에서 다석 선생을 모시고 일요 모임을 하니 시간이 되는 이는 오라고 광고의 말씀을 한 사실이 기억난다. 이 사람은 바빠서 참석하지 못하였다. 그

날이 마침 성탄절(크리스마스)이라 성탄절에 대한 말씀을 한 것 같다. 그리고 한 해를 보내면서 그해에 있었던 중요한 일에 대해서 반성하고 회고하는 말을 한 것을 볼 수 있다.

이날 강의를 자세히 들여다보면 이름은 밝히지 않았지만 누구 얘기를 하는 건지 알 수 있다. 다석이 유일한 제자라고 아끼던 함석헌이 실덕하여 다석을 노엽게 하였고 슬프게 하였다. 그 언짢은 여운이 가시지 않아서 연말에 말씀을 하게 된 것이다. 공자의 말대로 구이경지(久而敬之)로 아름답게 끝나는 사귐은 서로가 하느님을 저버리지 않을 때만 가능한 일이다. 다석이 얼마나 마음이 허전한가를 헤아릴 수 있다.

다석은 말씀이라 안 적고 '말슴'이라 적기를 잘하였다. 마루 꼭대기(하느님) 숨 쉼을 생각하여 '말슴' 또는 '말숨'이라 하였다. 다석의 말숨에 대한 말씀을 들어본다.

"말숨은 숨의 마지막이요, 죽음 뒤의 삶이라고 할 수 있습니다. 말숨 쉼은 영원한 생명으로 사는 것입니다. 말숨을 생각하는 것은 영원을 생각하는 것입니다. 말숨이 곧 하느님이십니다. 말숨(성령)을 쉬는 것이 하느님을 믿는 것이요, 하느님으로 사는 것입니다. 말숨은 우리 마음속에서 타는 얼(참)의 불입니다. 우리 마음속에 영원한 생명의 불꽃이 타고 있습니다. 하느님의 말숨이 타고 있습니다. 하느님의 말숨이 타고 있는 성화로(聖火爐)입니다. 하느님의 말숨을 숨 쉬지 못하면 사람이라고 하기 어렵습니다." 의정부에 있는 수도교회 목사 김부겸은 월간 전도 잡지를 내는데, 잡지 이름을 〈말숨〉이라고 하였다. 그가 밝히기를 다석 선생님의 말씀은 요한복음의 '로고스'라고 말하였다.

'내 뜻 일러 내는 이 있는가?'란 하느님 당신의 뜻을 읽어내는 이가 있느냐는 뜻이라고 다석이 말하였다. 하느님께서 사람을 내는데, 그 이유는 하느님의 뜻을 읽어내는 이가 나오기를 바라서이다. 예수는 아버지 하느님께서 참인 얼로 기도(예배)하는 이를 찾으신다고 말하였다. 그 말이 그 말이다. 너희(사람들은)는 바람(생각)을 일으키지만 티끌 먼지의 회오리바람만 일으킨다. 사람들이 일으킨 사상의 바람이 겨우 공산주의나 자본주의뿐이다. 그리하여 세상을 더 답답하게 하고 더 어둡게 한다. 그래서 이데올로기라면 투쟁과 갈등만 일으킨다. 하느님의 뜻을 맞힐 바람(사상)은 저 하느님께로만 솟아오른다. 마치 장자가 말한 곤이 대붕이 되어 9만 리 장천을 솟아올라 남명으로 향하는 것과 같다. 예수와 석가의 사상이 그러하였으나, 예수 석가가 떠나가자 그 사상도 변질되고 오도되어 하느님의 거룩한 힘을 잃어버렸다. 요즘은 예수, 석가 사상의 본질을 찾아보기가 어렵다.

기독교가 쇠퇴하는 것을 걱정하는 사역자들이 없지 않지만, 예수의 가르침을 바로 가지면 멸망할 까닭이 없다. 걱정할 것은 내가 좇고 있는 신앙 사상이 예수의 가르침에서 얼마나 가까운가 하는 것이다. 예수의 가르침에서 멀다면 교회의 번창이 무슨 의미가 있겠는가?

저 꼭대기에 있는 기(氣)가 흘러내려와 통하는 게 도(道)입니다.

盡其心者知其性也(진기심자지기성)

知其性則知天矣(지기성즉지천의)

存其心養其性所以事天也(존기심양기성소이사천야)

(《맹자》 진심 편)

풀이 : 그 마음을 다하는 이는 그 바탈(얼나)을 알고 그 바탈 (얼나)을 알면 하느님을 안다. 마음을 다잡아 그 바탈(얼나)을 받들면 하느님 섬김이 된다.

기(气)는 구름을 상형한 상형문자입니다. 기(气)는 구름으로 대표됩니다. 인간은 기운(气運)을 원해요. '二' 이것은 위를 표시합니다. 원(元) 자는 충분히 숨 쉴 수 있도록 사람이 앉아 있는 모습이에요. 사람이 앉아 머리 위에 하나(절대)를 이고 있는 것이 으뜸이란 글자입니다. 건강하게 숨쉴 수 있는 자세로 앉은 모양이 원(元)이지요. 원(元)과 기(气)는 상사(相似)예요. 기(气)는 생지원야(生之元也), 즉 기는 만물 생성의 근원입니다. 원(元)은 기지시(气之始)입니다. 천지 현상을 기(气)라 해요. 기(气)는 만물 생성의 근원이 됩니다. '气+米=氣', 빵이 있어야 기운이 난다고 하여 '米' 자를 붙였어요. 나는 성령도 바람으로 봐요. 바람이란 기(气)의 움직임입니다.

《중용》은 공자가 가진 뜻을 손자인 자사(子思)가 적어서 《예기》라는 책에 넣었던 바, 그 뒤에 이것만을 《예기》에서 떼어서 보급하고자 더 많은 주(註)를 붙여서 단행본으로 만든 것이 《중용》입니다. 《중용》의 원본은 109자인데 이것이 원경(原經)이고 《중용》의 제1장이며, 자사(子思)의 주(註)가 2~32장까지예요.

속 씀, 곧 줄곧 뚫림이 '중용(中庸)'이에요. 저 꼭대기에 있는 기(氣)가 흘러 내려와 통하는 게 도(道)입니다. 도란 달리 생각할 것이 아니라 길입니다.

심(心)·성(性)·기(氣)·리(理) 이 네 가지가 유학(儒學) 철학의 근본입니다. 그래서 유학을 심성(心性) 이기지학(理氣之學)이라 해요. 이 넷을 잘 분간해야 합니다.

진리 그 자체로부터 말하면 하늘이에요. 품수(稟受)한 걸로 말하면 성품이라고 합니다. 모든 사람 속에 실존하는 걸로 말하면 심(心)이라고 합니다. 받은 것(性)은 많을 수도 있고 적을 수도 있습니다. 또 이다음에 더 받을 수도 있습니다. 한 번만 주는 게 아니라 줄곧 지금도 품수해 좋습니다. 이것이 심성(心性)이라는 성(性)이에요. 성품은 지금도 하늘하고 통해 있습니다.

장횡거 선생은 유태허유천지명(由太虛有天之名), 태허로부터 하늘의 이름이 있다고 했습니다. 사람이 허공을 아는 까닭에, 허공으로 말미암아서 하늘이라는 이름이 있다는 것입니다. 동양에서는 조화(造化)라면 자연과 동의어예요. 화(化)는 '되어 가다'이고 조(造)는 나아갈 조입니다. 우리 몸속에 갇혀 있는 혼이 서로 오고 갈 수 있는 길이 말(言)이에요. 말로써 상통할 수 있습니다. 허(虛)를 알고 기(気)를 알고 하는 게 내 것입니다. 그 내 것인 허기가 합해서 성(性)이라는 이름이 있어요. 성품(性品)이 있습니다.

품수(稟受)해 받을 수 있는 성(性)이 지각과 더불어 합하여 '심(心)'이란 이름이 생겼습니다. 성(性)을 잊어버리고 남녀에만 갖다 붙이니 이게 실성(失性)한 시대예요.

정말 혁명하려면 복명(復命)해야 해요. 성(性)을 찾아야 합니다. 심신(心神)의 본체요 만유의 근원인 성을 잊어버렸어요. 이것을 찾지 않고는 혁명 완수는 불능이지요. 유교의 성명(性命)은 복음서의 생명(生命)과 똑같은 의미입니다. 성명은 천품심질(天稟心質)이라, 하늘이 주신 마음의 바탈입니다. 마음은 궁리(이치를 찾음)하자는 것이에요. 용심(用心)하면 궁리(窮理)가 되고 궁리를 자꾸 찾으면 품부(稟付)함을 더 받고 그 바탈을 다해 가면 이지어명(以至於命) 할 수 있습니다. 성경은 궁리진성 이지어명(窮理盡性 以至於命, 이치를 궁구하고 성을 다함으로써 명에 이른다) 하면 다 표시됩니다. 모든 경전은 하느님의 선지서(先知書)예요. 자꾸 들추어 보는 것은 마음의 양식이기 때문입니다.

맹자는 진기심자지기성야(盡其心者知其性也) 지기성즉지천야(知其性則知天也), 마음을 다하면 바탈을 알고 바탈을 알면 하늘을 안다고 하였습니다. 하느님의 곳간이 얼마나 크겠어요. 이건 하느님의 곳간을 송두리째 상속받는 것이 됩니다. 존기심양기성소이사천(存其心養其性所以事天), 마음을 꼭꼭 잡아서 그 바탈을 기름이 하늘 섬김이라는 것입니다. 마음을 잡아 그 바탈을 알아 길러야 해요. 마음을 덜 쓰니 품수(稟受)를 못 하지요. 마음을 다해서 성(性)을 알면, 성품(性品)을 더욱 알면, 태허(太虛)의 기화(气化)의 곳간을 알아 하늘을 압니다. 이렇게 되면 하느님의 곳간이 내 것이 됩니다. 하느님의 곳간에서 영생합니다. 하늘을 알아야 해요. 바이블도 하늘을 자꾸 찾는 거예요. 하느님을 아주 온전히 앎이 하느님의 아들인 거예요. 하늘 곳간까지 완전히 알아야 해요. 이 학교(이 세상)에 있는 동안에 하느님을 다 알지는 못해요. 이 성(性)에 관한 얘기를 널리 크게 하여 이걸 찾아야 원혁명(元革命)을 하는 거지요. 이 성(性)이라는 게 예수가 말한, 하느님의 보내신 자(者)입니다. "하느님의 보내신 자를 믿는 것이 하느님의 일이니라."(요한 6:29) 이 성(性)이라는 걸 잘 씹으면 요한복음 6장 29절과 같은 맛이 납니다. 성품(性品)의 '성(性)' 자를 믿는 게 한웋님이 시키신 일입니다. 수십 년을 읽어도 하느님이 보내신 게 뭔지, 성(性)이 뭔지, 지천사천(知天事天)이 뭔지 몰라요. 해와 달이 없는 곳에서, 영원한 아버지 속에서 환히 밝은 것이 참빛입니다. 이렇게 보이는 세상은 뾰족하게 나온 끄트머리입니다.

모든 말을 천천히 씹어봐요. 급히 삼키지 말아요. 천천히 꼭꼭 씹어보면 저 멀리 있는 게 여기도 있어요. 즉 성경에 있는 게 여기 유교에도 있습니다. 진리라는 게 모두 저마다 다르면 어떡해요?

들어서 있는 게 빠짐이 없으니 온 누리 사람으로 하여금 맘은 가지런히 갖고 몸은 말끔히 닦고 옷을 차려 입고 받들어 드림을 보게 합니다. 출렁출렁(洋洋乎), 그득 차인 듯 그 왼켠 또 오른켠에 계신 듯하다 하시니.*(《중용》 16장 해석)

부모의 제사를 정성껏 지내면 이런 마음을 갖고 해요. 또 예배도 미사도 정성껏 하면 이런 마음이 생겨요. 언제 오실지 모르니까 언제나 준비해 갖고 있으라는 것입니다. 제사(예배)는 그때만 그런 마음 갖자는 게 아니라 평시에도 늘 그런 마음 갖고 하자는 게지요. 그러지 않으면 요새 강조 주간밖에 못 되지요.

군자(君子)의 겉 행동은 물 밖에 나온 빙산 한 부분 정도에 불과합니다. 거죽에 나타난 게 그렇지요. 그 속에 있는 것은 나타난 것의 수천 배입니다. 하느님은 모르게끔 나타납니다. 하느님은 없이 계십니다. 사람이란 있이 없습니다. 즉 있긴 있는데 없이 여겨져요. 그러니까 우리는 이게 슬퍼서 어떻게 우리 아버지처럼 없이 있어볼까 하는 게 우리 노력입니다.

이 세상에는 참이 없어요. 거짓인 태양 밑에 참이 있을 리 없습니

---

* 使天下之人(사천하지인) 齊明盛服(제명성복) 以承祭祀(이승제사) 洋洋乎如在其上(양양호여재기상) 如在其左右(여재기좌우)

다. 참은 하늘에 있어요. 참이 있으면 하늘나라입니다.

"뜻이 하늘에서 이룬 것같이 땅에서도 이루어지이다." 하는 기도는 하늘에는 벌써 하느님 뜻대로 이루어졌다는 말입니다. 그런데 이 후절(後節)은 정말로 여기에 하느님의 뜻이 이루어지라고 하는 것이 아니에요. 이것은 이 땅에 들러붙지 말라고 한 기도예요. 여기에 붙어버리면 위로 올라갈 수 없습니다. 누리에 속하지 않으면 미움받아요. 내가 늘 하는 기도 중에는 이런 게 있습니다. "우리가 이 세상에 부닥친 몸이 되었사오나 오히려 님을 따르고 위로 솟아날 줄 믿습니다." 이것은 내 마음이 좀 더 깨라고 하는 기도예요. 성경에서 예수가 정말 긴한 말을 할 때는 진실로 너희에게 이르니라고 한 번이 아니고 두 번씩 거듭 말합니다. 하느님은 도무지 없이 계신데 이 천지가 분명히 참말로 지어졌습니다.

지성이면 감천이라 구(求)하면 주신다고 합니다. 참말로 성(誠)을 다하지 못해서 못 구해요. 진실로 구하면 주십니다. 인생이 자꾸 찾아가다가 자기 힘이 부족한 걸 알아서 좀 더 힘을 구하려고 노력하다가 전지전능한 자가 있겠지 하고 찾는 게 하느님을 찾는 겁니다. 이 세상에서 좀 완전한 것을 여기저기서 찾다가 암만해도 전지전능한 것은 저 위에 있겠다고 생각됩니다. 하느님을 찾으라고 우리를 내놓으셨습니다. 한 시간을 주는 것도 그 시간 동안에 당신을 찾으라고 주신 것입니다. 살았을 때 다 아는 게 아니에요. 불교에선 영겁 전부터 닦아 왔다고 합니다. 우리를 살리는 동안 그 가운데 다다라야 합니다.

풀이

다석은 1961년 6월 15일(목요일)에 서울 감리교신학대학의 초빙을 받아 유교를 강의하게 되었다. 다석은 송나라 성리학의 정자(程子)와 장횡거, 그리고 이어서 맹자까지 유교의 알맹이 진수를 밝혔다. 예수가 성령을 바람과 같다고 한 것을 인용하면서 성령을 '기(气)'라고 하였다. 다석은 얼의 기(气)와 물질의 기(氣)를 구분하였다. 무한대의 허공인 태허(太虛)의 허(虛)와 태허에 충만한 기(气)를 합해 내 마음에 온 것을 성(性)이라 한다는 것이다. 내 마음속에 하느님의 생명인 얼이 나타난 것이 성(性)이다. 그러니 예수와 하느님의 생명을 얼(프뉴마)이라고 한 것과 일치된 생각이다. 다석은 성(性)이란 하느님이 보내신 이가 내 마음속에 온 것이라고 말하였다.

우리가 이 세상에 나온 목적은 빔으로 온통이시며 얼로 충만하신 하느님을 알고 만나기 위함이다. 더 나아가서 나란 거짓이고 하느님이 참나임을 깨닫자는 것이다. 그러니 참나를 만나지 않을 수 없다. 왕자가 된 거지 톰 캔디가 할 일은 거지가 된 에드워드 왕자가 참 왕자임을 밝히고 자신은 사라지는 것이다. 그것이 거짓 왕자가 할 일이다. 그처럼 거짓나인 나가 나라면서 살아온 것을 황공하게 생각하고 하느님 앞에 나아가 "나는 거짓입니다. 하느님 아버지 당신만이 참나입니다." 하고 없어져야 한다. 그것이 하느님을 영광되게 함이다. 그런데 참나인 하느님은 찾아보지도 않고 없다고 하는가 하면 하느님이 아닌 것을 하느님이라고 그 앞에 엎드린다. 하느님이 없다고 하는 것보다 하느님이 아닌 것을 하느님이라 하며 엎드리는 것이 더 큰 잘못이다. 거짓나는 없어져야 하는데 거짓 하느님의 힘을 입어 좀 더 살자는 것은 잘못된 생각이다. 거짓나인 제나는 원천적인 멸망의 거짓 생명인데, 그 목숨을 어찌 좀 더 늘려보려고만 애쓰는 것은 우스운 노릇이요 어리석은 일일 뿐이다. 제나로는 죽고 하느님이 주신 얼나로 사는 것이 참삶이다. 그 참삶의 길이 "내 뜻대로 마옵시고 아버지 뜻대로 하옵소서."이다. 이를 장횡거는 '존오순사(存吾順事) 몰오넝야(沒吾寧也)'라고 하였다. 살아서는 하느님의 뜻대로 좇아 일하고, 죽으면 하느님과 하나 되어 평안한 것이다.

하느님은 온통이라 빔(허공)이시고 하느님은 영원이라 얼(성령)이시다. 또한 하느님은 물질은 내시되 물질로는 없다. 그러므로 다석은 하느님은 없이 계신다고 하였다. 따라서 하느님은 아니 계시는 데가 없다. 그와 같은 뜻의 말을 아래와 같이 여러 문헌에서 볼 수 있다.

출렁출렁 가득찬 듯 우로도 왼켠으로도 또 오른켠에도 계신다.(洋洋乎如在其上 如在其左右)(《중용》16장)

찾기를 깊이 한즉 왼켠으로 오른켠으로 그 으뜸뿌리(아버지)를 만난다.(資之深則取之左右逢其源)(《맹자》이루 하편)

참은 크시어라. 왼켠으로도 바른켠으로 이른다.(大道氾兮其可左右)(《노자》34장)

1961년 10월 27일

목숨 건 명상을 해야지,
지식으로는 깨닫지 못합니다.

般若波羅蜜多心經(반야바라밀다심경)

觀自在菩薩 行深般若波羅蜜多時 照見五蘊皆空

(관자재보살 행심반야바라밀다시   조견오온개공)

度 一切苦厄舍利子 色不異空 空不異色 色卽是空 空卽是色

(도 일체고액 사리자 색불이공 공불이색 색즉시공 공즉시색)

受想行識 亦復如是 舍利子 是諸法空相

(수상행식 역부여시   사리자   시제법공상)

不生不滅 不垢不淨 不增不減 是故 空中無色 無受想行識

(불생불멸 불구부정 부증불감   시고 공중무색 무수상행식)

無眼耳鼻舌身意 無色聲香味觸法 無眼界 乃至 無意識界

(무안이비설신의   무색성향미촉법   무안계 내지 무의식계)

無無明 亦無無明盡 乃至 無老死 亦無老死盡 無苦集滅道

(무무명 역무무명진   내지 무노사 역무노사진   무고집멸도)

無智亦無得 以無所得故 菩提薩埵 依般若波羅蜜多故

(무지역무득 이무소득고   보리살타   의반야바라밀다고)

心無罣碍 無罣碍故 無有恐怖 遠離顚倒夢想　究竟涅槃

(심무가애 무가애고　무유공포　원리전도몽상　　구경열반)

三世諸佛 依般若波羅蜜多故 得阿耨多羅三藐三菩提

(삼세제불　의반야바라밀다고　　득아뇩다라삼먁삼보리)

故知 般若波羅蜜多 是大神呪 是大明呪 是無上呪

(고지 반야바라밀다　시대신주　시대명주　시무상주)

是無等等呪 能除一切苦 眞實不虛 故說般若波羅蜜多呪

(시무등등주　능제일체고　진실불허　고설반야바라밀다주)

卽說呪曰揭諦揭諦 波羅揭諦 波羅僧揭諦 菩提娑婆訶

(즉설주왈 아제아제　바라아제　바라승아제　모디사바하)

제계 건넘 슬기 맘줄(반야바라밀다심경)

있다시 보이(觀自在) 보살이 반야바라밀다를 깊이 갔을 적에 다섯 꾸럼이(五蘊)를 비춰보니 다 비어 모든 쓴 걸림(苦厄)을 건 넜다. 눈 맑은 이야(舍利子)야 깔몬(色)이 비임(空)과 다르지 않고 비임이 깔몬과 다르지 않다. 깔몬이 바로 이 비임, 비임이 바 로 깔몬 받(受) 긎(想) 가(行) 알(識) 또한 다시 이 같으다. 눈 맑은 이야 이 모든 올(法) 비임 보기는 낳도 않고, 꺼지지도 않고, 때 끼지도 않고, 깨끗도 않고, 늘지도 않고 줄지도 않는다. 이러 므로 비임속엔 깔몬 없고 받·긎·가·알도 없고, 눈·귀·코·혀· 몸·뜻도 없고 빛깔·소리·냄새·맛·만짐·올도 없고, 눈계(眼 界)도 없고, 뜻알계(意識界)까지도 없고, 어둠(無明)도 없고, 또 어둠 다함도 없고, 늙어 죽음도 없고, 또 늙어 죽음 다함까지도 없다. 쓴·몸·끄·길(苦集滅道) 없고, 앎(智) 없고 얻(得)도 없다. 얻음이 없으므로써 보리살타가 반야바라밀다로 말미암아 마음의 걸림도 없고 걸림이 없으므로 무서움 있을 게 없어, 거꾸로 박힌 꿈꿍(夢想)에서 멀리 떠났다. 마지막 니르바나(涅槃) 셋계(三世) 모두 부처가 반야바라밀다가 이 크게 신통한 욈(呪)이, 크게 밝은 욈이 위없는 욈이, 댈 수 없는 욈으로 온갖 쓴(苦)을 저칠 수 있음이 참이고 거짓 아님을 앎으로 반야바라밀다 욈을 말하노니 곧 욈을 말하면 아제아제 바라아제 바리승아제 모디 사바하(류영모 옮김)

생각은 그리워서 하는 겁니다. 그…… 그…… 그가 영원한 님이 그리워서 자꾸 생각을 하게 됩니다. 물질 세계는 깔올(色法)이에요. 마음의 세계는 마음의 올(心法)입니다.

세례 요한 이후로 하늘나라는 들이치는 자가 얻는다고 하였습니다. 들이친다는 침략한다는 말입니다. 왜 제국주의적인 침략이란 뜻을 거기에 썼습니까? 니르바나님께 이르는 길은 목숨 건 명상을 해야지, 지식(학문)의 학습으로는 깨닫지 못한다는 말입니다.

유정(有情)은 아직 살 몸뚱이를 갖고 있습니다. 감각은 아직 있습니다. 보제(菩提)는 'Bodhi'의 음역으로 깨달음(覺)입니다. 살타(薩埵, sattva의 음역)는 구도의 사람입니다. 보살입니다. 아발로키테스바라(avalokitesvara)의 의역은 관세음자재라 합니다. 줄여서 관세음 또는 관음이라 합니다. 관음(觀音)은 완전하게 남의 말을 들으면 남의 사정까지를 알아주는 들음이 됩니다. 알아주니까 본다는 것입니다. 그 하는 말 좀 봐요. 우리말에도 이런 게 있지요. 관음보살 사상은 처음부터 생긴 게 아니고 중간에 생겼어요. 성모 마리아 사상도 사도 시대부터 있던 게 아니에요. 중세기에서부터 생겼지요. 아무래도 어린애는 아버지보다는 어머님이 더 만만해요. 이 백성이란 어린애 같아요. 아무래도 하느님에게 맞설 수 없는 것같이 생각이 돼요. 그래서 성모에게 의지해서 대신해 달라고 하는 거예요. 관음상도 보면 여성이에요.

'사리자(舍利子)'란 사리푸트라를 일컫는데, 석가의 제자 가운데 지혜로 으뜸이라 합니다. 사리(舍利, Sarira)란 말은 붓다의 유골을 뜻하는데 몸을 대표해요. 아마 사리자란 이는 지혜가 출중하다니 매우 총명하게 생겼나 봐요.

이 만물이란 허공을 보라는 건데 물(物)은 보고 허공은 못 봐요. 글쎄 꽃을 봐도 그 꽃과 허공의 마주치는 곳이 선을 이루는데 꽃만 보아요. 선 밖의 허공을 보라는 것입니다. 그런데 허공은 못 봤다니 삶의 목적을 바로 보는 정견(正見)을 얻지 못하였어요. 인도 사람은 '색즉시공 공즉시색(色卽是空 空卽是色)'을 알아냈어요. 물질도 빔(허공)에서 나왔으니 물질의 근원도 빔이지요. 그러니 다를 수가 없습니다.

'상(想)'은 생각입니다. 우리가 이치(理致), 진리(眞理)라고 하는 걸 불교에서는 다르마(法)라고 해요. '안계(眼界)'를 '눈계'라고 하는데, 계는 한자의 음을 취한 게 아니라 우리말의 '거기 그계'라는 계입니다. '무안계(無眼界)', '무의식계(無意識界)'까지 18계가 다 없다고 합니다. '무명(無明)'에서 '노사(老死)'까지 12인연(因緣)입니다. '무명(無明)'도 없지만 무명이 다함(盡)도 없다고 합니다. 이 상대가 이다음에 아예 없애주었으면 하지만, 이다음에 완전히 없애려면 여기 이렇게 있을 리가 없어요.

'원리전도몽상(遠離顚倒夢想)', 이게 구원을 얻는 길이에요. 전도된 몽상에서 떨치고 나오는 것이 참나의 깨달음입니다. '무소득'이라면 꿈꿈이에서 벗어나요.

예수도 간디도 무서운 것이 없다는 걸 가르쳤어요. 이 세상이 무서움 때문에 결딴이 나는 거예요. 얻을 게 없다면 두려울 게 없어요. 내가 고마운 건 이 세상이 꿈인 줄 알고 사는 거예요.

열반은 원적(圓寂), 적멸(寂滅)이라 하는데, 의역하면 침묵이란 뜻입니다. 니르바나(Nirvana)를 음역한 것이 열반입니다. 곧 하느님입니다. 원만, 해탈이라 보기도 합니다. '만트라(Mantra)'는 산스크리트로 깨려는 생각입니다. '트라(Tra)'는 그릇, 생각 그릇입니다. 사바하는 '성취하다'입니다. '주왈(呪曰)', 저리 저리 건너 저리 건너 모두 저리 가 깨달음을 성취하자, 죄다 함께 저리로(니르바나님께) 가서 깨달음을 성취하자라는 뜻의 산스크리트 원문을 그대로 외웁니다.

'삼매(三昧)에 들어가자'는 지성(至誠)에 들어가자는 것입니다. '삼매'를 번역하면 정려(참선), 고요히 생각함입니다. 《반야심경》을 자세히 알면 불교 일반을 알 수 있어요. 누구든지 생명을 생각하는, 정신을 생각하는 자는 이 심경(心經)을 분명히 알아야 해요. 생각하는 인간이 이쯤 갔다는 것은 정신적인 큰 보물입니다. 우리는 그저 얻으려 합니다. 여기 온 것도 무슨 소득을 바라고 왔지요. 그러나 얻는다는 데서 망해요. 무소득이라면서도 삼세 여러 붓다가 아눗타라삼막삼보디*를 얻었다고 해요. 우리말이란 할 수 없이 또 뒤집어야 해요. 어쩔 수 없이 보리(菩提)를 얻었다고 해야지 잃었다고는 안 해요.

풀이

《반야바라밀다심경》에서 '반야바라밀다'라는 뜻이 귀하다. 프라즈나(prajna)는 곧 지혜, 영지(靈智)를 뜻하는 산스크리트이다. j를 y로 발음하기도 한다. 이것을 한자로 음역해서 반야(般若)가 된 것이다. 지혜 말씀(로고스)의 뜻이다. 바라밀다는 '건너다'라는 뜻의 산스크리트 파라미타(paramita)에서 왔다. t를 l로 발음하니 바리밀다가 된 것이다. 니르바나님께 건너가는 지혜, 돌아가는 지혜의 말씀이란 말이다. 《반야바라밀다심경》의 맨 끝에는 만트라(만다라)라 하여 산스크리트를 원음으로 읽은 주문이 있다. "아제아제 바라아제 바리승아제 모디사바하"가 그것이다. 이를 우리말로 옮겨보자. "가자 가자 모두 함께 니르바나님께로 건너가서 얼나의 깨달음을 이루자." 이것이 《반야심경》의 핵심을 드러낸 것이다.

《팔만대장경》의 핵심이 《반야심경》에 있다면 《반야심경》의 핵심은 이것이다. "깨달은 이는 니르바나님께로부터 오는, 니르바나님께

---

* 뜻을 풀어서 무상정등정각(無上正等正覺), 정등각(正等覺)이라고 쓰기도 한다. 부처가 되는 지혜의 깨달음을 표현한 말이다.

다다를 지혜로 기뻐하여 마음에 거리끼지 않고 걸림이 없으므로 두려워하지 않는다. 나 자신을 빛의 니르바나님(얼나)으로 바꾼다(옮긴다). 삼세 동안에 머무른 잇따른 모든 붓다들이 니르바나님께 이르는 지혜로 니르바나님이 참나임을 깨달아 움직이지 않으니 온전한 붓다에 이르렀다."(박영호, 《반야심경》)

《반야심경》에서 사람들의 입에 가장 자주 오르내리는 말이 있다면, "색즉시공(色卽是空)이요 공즉시색(空卽是色)"이란 말일 것이다. 그러나 그 뜻을 분명하게 알고 쓰는 이는 드물다. 일본의 철학자 니시다 기타로(西田幾多郎)는 색(色)과 공(空)은 역접(逆接) 관계라고 말하였다. 역접이란 서로 반대이지만 서로 붙어 있다는 말이다. 서로가 밀접하게 정해 있는 것은 맞는데, 색(色)은 물질이란 부분이고 공(空)은 비물질로서 온통이며 모든 물질을 포괄한다. 그래서 공(空)은 모든 색(色)을 내면서 거두는 임자이다. 그러므로 주종(主從) 관계요 포괄 관계이다. 다시 말하면 색(色)은 거짓이고 공(空)은 참이다. 색(色)과 공(空)이 우리의 감각으로는 분명 다르게 느껴진다. 그러나 그 존재로는 색이 공의 변화요 공의 그림자라, 색즉시공이요 공즉시색이며 하나로 보아야 한다. 둘로 보아서는 안 된다는 것이다. 곧 있는 색을 없이 보라는 뜻이요, 없는 공을 있이 보라는 뜻이다. 그러므로 니르바나님만 뚜렷이 보여야 한다. 니르바나님만 뚜렷이 보이지 않으면 색이 공이요 공이 색이라는 말에 홀리게 된다. 말에 홀리면 반야바라밀다, 곧 니르바나님께 건너가는 말씀이 될 수 없다.

유교·불교·기독교를 서로 비춰 보아야
뭔가 알 수 있게 됩니다.

줄곧 뚫림(中庸)
하늘 뚫린 줄로 갈 것을 받할(바탈)이라 하고
받할대로 갈 것을 길이라 하고 길의 훤한 대로 갈 것을
가르침이라 하게 만 된 듯
(天命之謂性 率性之謂道 修道之謂敎)

오늘 오면서 학생들의 시가 행진을 보았는데 나는 그 구경을 하자
고 많이 모인 것을 보고 생각해보았어요. 사람이란 이런 때는 빠지지
않고 구경을 하려고 해요. 그건 사람이 뭔가 일치(一致)하는 것을 어
쨌든 보려고 해서지요. 겉으로 일치한 제복을 입고 일치한 행동을 하
는 무리를 보길 원해요. 그러나 난 그런 일에 도무지 흥미가 없어요.
그게 뭐란 말이에요? 공연히 하루를 헛되이 보내고 있어요. 속이 일
치해야지요. 그러면 천국일는지 모르겠어요. 시가 행진 때문에 교통
이 얼마나 불편하게 됩니까? 그렇게 한다고 무슨 재건이 되나요?
  어쨌든 이 세상엔 악한 게 더 늘어 가고 있는 거예요. 악한 거란 해

로운 건데 이게 자꾸 늘면 늘었지 줄어들진 않아요. 이 몸과 맘이 더
러운 이들이 모인 사회가 잘될 리가 있어요?

나란 속의 속입니다. 속의 속이 참나인 것 같아요. 중(中)이란 난
데, 나란 어데 있는 거냐 하면 내 속의 속에 있는 것 같아요. 쓸 '용
(用)' 자가 곧 중용(中庸)이지요. 줄곧 뚫린 구멍이 막혔다면 그건 구
멍을 잘못 본 거예요. 그렇다면 허공도 막혀버렸게요. 중용의 중이
곧 허공이요, 유교의 천(天)이 곧 허공이에요. 종당에 막힐 것 같으
면 이렇게 뚫어놨을 리가 없어요. 자기 스스로 풀어보지 못했다면 남
의 해석 갖고는 도무지 미치지 못해요. 어쨌든 천명지위성(天命之謂
性), 솔성지위도(率性之謂道), 수도지위교(修道之謂敎), 이것을 제 스스
로 할 수 있다면 인생의 길을 걸어갈 작정을 한 것이고, 그렇지 못하
면 인생의 길을 못 가본 거예요. 이 길을 남에게 이야기해준다는 게
자기의 보물을 내보이는 거예요. 천명(天命)이라면 아무래도 하늘의
명령 같아요. 목숨은 명령이라기 전에 먼저 목숨이에요. 하늘의 목숨
이지요. 나를 빼놓고는 하늘도 뭐도 없어요. 우리에게는 시간이 암만
해도 목숨줄같이 생각돼요. 공간은 무슨 바닥처럼 느껴져요. 또 뭔지
우리는 간다고 생각해요. 살아간다고 해요. '之'는 갈 '지' 자입니다.

'바탈(받할)'이란 받아놓은 그대로 그걸로 할 것을 하는 걸 말합니
다. 바탈이란 허공입니다. 여기 써놓은 게 생명의 본음(本音)입니다.
이걸 안 믿는다면 살기 싫단 말입니다.

뚫린 것을 막히지 않게, 환한 것 그대로 두는 그게 닦는(修) 거예
요. 새삼스럽게 새 길을 닦을 것 없어요. 길은 환한 거예요. 수도(修

道), 수신(修身) 다 닦아서 그런 게 아니에요. 그 길의 환한 그대로 가는 게 수도(修道)의 교(敎)입니다. 환한 길대로 갑시다! 같이 갑시다, 하는 그게 곧 가르치는 거예요.

신(神), 기(氣), 정(精)에 대해 생각해봅시다. 우리는 정신(精神)이라면 자꾸 신만 생각하게 돼요. 하늘에서 기가 나와 기의 일부분이 우리 하초에서 호르몬이 되어 있는 게 정(精)이에요. 이 정(精)과 신(神)이 합하여 정신입니다. 성신(聖神)이란 별 게 아니고, 기운이 동하는 게 성신이에요. 기즉명 명즉기(氣卽命 命卽氣)예요. 내가 요새 기운 빠져 못 살겠다고 하는 것은 성신이 빠져 못 살겠단 말과 같아요. 이걸 달리 생각하는 게 잘못이에요. '하늘 뚫린 줄(天命之謂性)'을 내놓고 어디 가서 찾아 물어요? 완전히 산 것은 죽은 거예요. 죽도록 살아야 바로 산 거예요.

진성치명 위지 성현지진전(盡性致命 爲之 聖賢之眞傳). 바탈을 다해 하느님의 계명을 다 이룬다. 여기서 훈련을 다 받는 게 '치명(致命)'입니다. 교련 받을 것 다 받고 제대하여 아버지 집에 가는 게 제계 가는 것입니다.

예수가 뚜렷이 이루어놨는데도 자꾸 구하는 건(요한 17장 참조) 뚫린 게 줄곧 뚫리게 하여 주시기를 구했어요. 영광이 뭐예요? 하도 세상에 들뜬 영광이 많아서 나는 영광이란 말 집어치우고 '뚜렷'이라 해요. 원(元) 맨 처음에 있는, 바로 우리 얼생명의 그 자리가 곧 영광 아니겠어요? 예수의 윤리로 하면 하느님 아버지가 뚜렷해야 한다는 거예요.

이렇게 서로 비추어 보아야, 유·불·기(유교·불교·기독교)를 서로
서로 비추어 보아야 뭔가 알 수 있게 됩니다. 요새는 정력(精力)을 발
산하라고 하지만 직접적으로 발산을 해선 못써요. 다른 데로 발산을
해야 돼요. 정욕(情慾)이 왕성한 청년기에 한창 길러지는 때에 학문이
나 예술이나 운동이나 한곳에 집중하면 뭐 하나 길러져요. 한곳에 집
중만 하게 되면 가장 왕성한 때에 쉽게 지낼 수 있어요. 정욕이 가장
강할 때가 곧 다른 방면에서도 크게 길러질 때예요. 그러니 이때 택
일해야지요. 학문에 열중하지도 않고 운동에도 예술에도 흥미가 없
으면 쓸데없이 여자만 쫓아다니게 돼요. 외(外) 호르몬이 방출되면
내(內) 호르몬이 생성될 여유가 없어요. 외 호르몬을 방출 안 하면 외
호르몬은 생성될 필요가 없고 안은 저절로 한없이 충족되게 돼요. 외
호르몬을 자꾸 방출하면 내 호르몬이 생성되지 못해요. 그러면 기운
이 쇠잔해져요. 살리거나 죽이거나 아버지 마음대로 하십시오 하는
게 아들의 마음입니다.

풀이

중용(中庸)이라면 대부분 아리스토텔레스의 《니코마코스 윤리학》
에 나오는 '중용'으로 생각한다. 예를 들면, 인색도 아니요 낭비도 아
닌 절제의 윤리 같은 것 말이다. 그런데 다석은 전혀 달리 새긴다.
'나'로 새긴다. 나도 여느 나가 아니라 '참나'로 본다. 곧 예수의 프뉴
마, 석가의 다르마와 같은 얼나로 보는 것이다. 참나는 속의 속인 속
알이다. 그래서 중(中)이라 한다. 다석은 '庸(용)'이 용(用)과 뜻이 같

다고 말하였다. 짐승인 제나(ego)를 물리치고서 하느님의 생명인 얼나로 사는 것이다. 그러니 예수, 석가의 사상과도 근원이 같다. 하느님의 얼을 받아서 짐승인 제나는 살아 있어도 죽어야 한다. 다석이 유교 경전 가운데서 《중용》만을 우리말로 옮긴 까닭을 짐작할 수 있다. 짐승인 몸을 지녔으나 짐승 노릇을 안 하는 게 《중용》의 핵심이다. "살리거나 죽이거나 하느님 아버지 뜻대로 하십시오라고 하는 게 아들의 마음입니다."라며 다석은 중용 강의를 끝맺었다.

석가는 얼나(다르마)를 깨달아 니르바나님께 이른다. 예수는 얼나 (프뉴마)를 깨달아 하느님 아버지를 안다고 말하였다. 그런데 유교의 삼강오륜에는 하느님과 사람 사이의 관계가 아예 없다. 그런데 《중용》에서는 하느님과 사람의 관계를 책의 앞머리에 "천명지위성(天命之謂性) 솔성지위도(率性之謂道)"라고 내걸어놓았다. 얼마나 시원한지 모른다. 다석은 이 구절을 걸어놓고 강의하였을 뿐만 아니라, 더 나아가 《중용》을 우리말로 다 옮기기도 하였다. 다른 유교 경전은 발췌해서 옮겼을 뿐 완역하지는 못하였다. 하느님 목숨(天命)이 곧 얼나 (性)이다. 얼나를 좇아가는 것이 사람이 나아갈 길이다. 다석은 이렇게 유교, 불교, 기독교를 서로 비춰 보면 하느님의 존재가 입체적으로 뚜렷이 나타나는 것 같아 마음으로 기쁘다고 했다. 예수만, 석가만, 공자만 주장하는 이들은 자신이 이야기하는 그분에 대해서 잘 모르는 사람이다.

1961년 11월 10일

네 속의 마음의 등불을 밝혀라,
그것밖에 없습니다.

얼얼 어룬 어른 뵙기 어려움
한굿 두금 세낯에 엎치락 뒤치락 되는 몸
하늘 뚤린 줄로 받은 받할조차 들숭날숭
어풀사 속알 어둘손 갈 바르 몰라

속으로 속으로 아홉속 깊은 얼골 속으로
늘 밤낮 밝은 속알 밝은 대로 밝히는 님을
들러봐 맞나게 되면 참 반갈가
(1961. 11. 4. 《다석일지》)

누가복음 11장, 이게 퍽 요긴한 데예요. 예수교를 분명히 알 수 있
는 뎁니다. 그러나 또 수십 번 보아도 의심밖에 안 나는 부분이 있습
니다. 내가 퍽 좋아하는 것을 또 힐티(Carl Hilty)가 퍽 좋아했어요. 35
절, 36절 여기에서 마음의 빛이란 걸 분명히 했습니다.

말이 다 쓸데없어요. 듣는 사람이 들을 줄 알아야 해요. 귓구멍이

바로 뚫리지 않으면 보살, 천사, 하느님이 말해도 소용없어요. 저도 사람이니까 바로 들을 수도 있긴 하지만 자꾸 욕심이 그걸 막아요. 예수도 이 세상은 먹고 마시고, 사고 팔고, 장가가고 시집가고 그러다가 멸망하고 마는 데라고 했습니다.

어쨌든 겉으로 나오지 말고 속으로 들어가야 합니다. 그런데 우리가 뭐 한다 하고 떠드는 소리가 어떻게 많은지 태양이 거짓 빛이에요. 그러므로 난 하느님에게 영광을 드린다는 소리 안 해요. 내가 영광이 뭔지 모르는데 어떻게 드려요? 보통 영광이라는 게 다 거짓이에요.

'굿', 생각의 시작은 굿입니다. 그림과 글씨가 생각의 시작이에요. 사람이란 불평이 있다면 한정이 없어요. 실낙원이나 에덴동산도 우리 속에서 우러나온 거예요. 맨 처음에는 어쨌든 즐겁고 평안했을 것 같아요.

생각은 그리워서 하는 거예요. 그리워서 그리고 글 쓰고 하는 거예요. ㅅ(시옷)은 살았다는 생명을 의미하는 것입니다. ㄱ+ㅅ=굿. 모든 굿의 굿은 산다는 나예요. 굿의 굿, 원점의 원점은 나예요. 모든 게 내게서 나와요. 맨 첫 번째 시작은 나예요. 굿(点)은 없는 거예요. 자리뿐인데 부득이 '·'을 찍습니다. 내가 점이에요. 나의 자리는 안이라 속이라 하지만 도무지 자리가 없어요. 어디 내가 있나요? 하면 어느 것도 아니에요. 모든 점 중의 정말 한 점은 나예요.

다음 '금'이란 획입니다. 선(線)입니다. 이 세상은 모두 3차원의 세계에서 살아가고 있어요. 밤낮 남의 얼굴 제 얼굴만 보고 살아요. 우주는 남이 체(體)라는 생각도 안 해요. 제 낯만 내려고 해요. 4차는 무엇이냐. 명령이에요. 아인슈타인(Albert Einstein)이 시간은 4차원이라고 했는데, 시간을 안다면 명령을 알 거예요. 생명을 알 거예요. 우리가 생각하는 하늘과 아인슈타인의 4차원이 일치하는 게 무슨 뜻이 있을 거예요. 4차원은 천명(天命)이지요. 나는 과학은 몰라요. 내 사는 느낌을 그저 이야기해봤을 뿐이에요. 나라는 게 왜 됐는지, 이 긋이 어떻게 생겼는지 몰라요. 어떤 때는 이런 생각이 나다가도 또 어떤 때는 온종일 가도 이런 생각 하나 안 떠올라요. 오늘도 그 길 가자는 겁니다. 나는 예수, 석가도 이걸 느끼고 외친 거라고 생각해요. 네 속의 마음의 등불을 밝혀라, 그것밖에 없다 하고 외친 거예요. 예수는 이 긋을, 사람의 생명을 제 노릇 한다고 했어요. 세상엔 보통 제 얼굴 들고 남의 얼굴 보고 살아요.

예수는 이 긋이 이스라엘 12지파를 다스린다고 했는데, 이게 무슨 뜻이에요? 12지파란 되려다 못 된 거예요. 무슨 단군의 자손이니 하는 게 다 되려다 못 된 거예요. 다스리는 얼빔은 아홉 속 깊은 데 있지 얼굴같이 밖에 나오는 게 아니에요.

우리가 밝은 것을 요구하는 것은 지평선 넘어가버리면 그만인 것을 요구하는 게 아니에요. 밤낮 한결같이 있는 마음속의 빛이에요. 우리가 늘 밝은 것을 요구하는 것은 거짓 빛을 심판하는 겁니다.

보기 좋은 선악과는 함부로 따 먹지 말아야 해요. 맛은 좋은 것 같긴 해도요. 이런 좋은 날 집에 앉아 있을 수 있나요? 꽃에, 여자에, 네온사인에, 촛불에 빠지는 것도 다 태양의 유혹을 받는 거예요. 달

빛에 유혹받는 것은 말할 것도 없습니다. 이태백 같은 똑똑한 이가 달빛에 홀려 강물에 빠져 죽었다고 하잖아요. 늘 밝은 속알 밝히는 님은 얼골 속에 있어요. 얼님이지요.

觀相〔谷神不死〕(관상〔곡신불사〕)

空相莊嚴物現象(공상장엄물현상)

色相好惡我隱惑(색상호악아은혹)

小見渾盲鬼出晝(소견혼맹귀출주)

大觀分明神運谷(대관분명신운곡)

(1961. 11. 4.《다석일지》)

없이 계시는 하느님 관상

허공(한늘)의 모습은 장엄하다. 만물이란 허공을 나타냄/ 얼굴 모습이 좋고 나쁜 건 나에게 하느님을 숨기고 미혹케 한다./ 내다봄이 좁으면 멍텅하고 어두워 대낮에 귀신이 나온다./ 큰 내다봄은 똑똑하게스리 우주의 하느님을 느끼나니라. (박영호 새김)

生心

生心未達身世情(생심미달신세정)

盡性聊致天命曲(진성료치천명곡)

有身無病小康健(유신무병소강건)

太空委物大和穆(태공위물대화목)

(1961. 11. 6.《다석일지》)

마음 내나 다다르지 못함이 이 몸의 세상 실정이고/ 바탈을 다하면 애오라지 천명에 겨우 이른다./ 몸 두고서 병이 없으면 작은 건강이랄 것이요./ 태허공에 만물을 맡겨 두면 대화목이 될 것이다. (박영호 새김)

'장엄(莊嚴)'은 정말이지 허공이 장엄해요. '허공의 얼굴(空相)'이 장엄해요. 꽃을 볼 때 그 안만 보고서 꽃이라 하고 그 곡선의 밖은 안 봐요. 만물은 선을 나타낸 붓끝 같은 거예요. 이 우주는 허공을 나타낸 것입니다. 이 만물이 전부 동원돼서 겨우 허공을 나타내고 있어요. 그런데 붓끝 같은 물만 보고 허공을 못 보다니, 제가 좀팽이 같아서 물(物)밖에 못 보는 겁니다.

'소견혼맹(小見渾盲)', 조그마한 뭘 하나 보면 그밖의 것에는 죄다 장님이 돼요. 소견이 그렇게 작으면 낮에도 귀신이 나와요. 귀신이 날 유혹해서 그렇지, 그렇지 않으면 다른 걸 못 볼 리가 없어요.

'대관(大觀)'은 크게 본다는 것입니다. '곡신(谷神)'은 공(空)의 얼굴, 우주 얼굴이지요. 노자가 한 말입니다. 허공을 보면 크고 작은 모든 게 분명해져요. 예수의 아버지란 다른 게 아니라 이거예요. '공상(空相)'은 장엄합니다. '곡신(谷神)'이 운행하는 그게 하느님이에요. 다 이 마음속에서 나오는 거예요.

'생심(生心)'은 해야지만 바로 내야 해요. 섣불리 생심하다간 날마다 도깨비가 되고 말아요. 도깨비 노름밖에 못해요. '료(聊)'는 겨우, 애오라지의 뜻입니다.

몸 하나 가졌으니 편할 수 없습니다. 몸 없는 데 가서 무슨 걱정이냐(老子)고 했습니다. 그러니 이 몸뚱이부터가 병(病)이에요. 그러니 몸이 있어 병이 없는 상태가 '소강(小康)'이에요. 감사하려면 이걸 감사해야 해요. '태공(太空)'은 만물에 맡겨 뒀으니(委任) 참으로 화목합니다. 평화를 하려면 태공심(太空心)을 품어야 해요. 내버린다고 해서 쓰레기통에 내버리는 게 아니에요. 허공에 만물을 턱 맡겨 두면 허공이 만물을 다 포용하고 있는 거예요.

分覺嶺(분각령)
타난 듯 깨일어 더 자란지 하루 해 지이면
죽은 듯 잠드는 밤 보람 깨 갈림 마루태길
넘을지 움츠릴지는 ㅎ이금에 달린걸
(1961. 11. 10.《다석일지》)

깨서 저쪽으로 갈 수도 있는데 이쪽으로 넘어와서 오늘 아침에 깬 거예요. 크게 말할 것 없이 이 할딱할딱 숨쉬는 게 분각령(分覺嶺)이에요. 깸을 가르는 분수령(分水嶺)이지요. 이리 넘어오면 압록강, 두만강이요, 저리 넘어가면 송화강이지요. 이렇게 할딱할딱 하다가 딱 그치면 저쪽으로 넘어가버려요. 이쪽으로 넘어오니까 이렇게 모였지요. 숨이 분각령입니다.

나무는 푸른 건데 거죽은 퍼렇게 나타내는데 불을 속에 쌓아놓은 거예요. 태양 에너지를 품고 있어요. 청(靑)은 생단(生丹)의 회의문자입니다. 붉은 것을 낳는다는 것이에요. 생단할 마음이 청이에요. 불을 뿜을 만큼 돼야 청이에요. 연애를 해도 정사할 만큼 돼야 인정해요. 이만큼이라도 불을 못 뿜는다면 그것은 못된 장난에 불과한 거예요. 정조(情操)는 정을 꼭 붙잡고 가는 것입니다. 교육의 목적은 정조를 바로 갖는 인간이 되라고 하는 것이에요. 생심(生心)을 하되 무주착심(無住着心)으로 원(元)을 그리워해야 합니다. 하늘에서 준 그대로 받아서 해야 소(小)건강이에요. 대건강(大康健)은 이 몸뚱이를 벗어버리고서야 얼로 돌아가서 됩니다.

풀이

사람은 누구나 짐승으로 태어난다. 그 살몸이 짐승이고 그 성질이 짐승이다. 그런데 그 나이는 일정치 않으나 짐승이기를 거부하고 이제 더는 짐승으로 살고 싶지 않다고 이 우주의 임자인 하느님께 죽기로 매달리는 이들이 나섰다. 그때 하느님께서는 기다리고 찾았던지라 그 사람에게 하느님의 생명인 얼을 주어, 몸나(제나)에서 얼나로 솟나게 한다. 이를 얼나의 깨달음이라고 한다. 그 얼나를 예수는 바람에 비기고 샘물에 비기고 빛에 비겼다. 빛에 비기는 것이 가장 보편적인 예가 되었다. 그 대표적인 이가 예수와 석가이다. 다석은 예수의 말 중에서 누가복음 11장 35절과 36절을 들었다. 다석은 스위스 철학자요 법학자요 종교가인 힐티가 누가복음 11장 35~36절을 좋아한다는 것을 기억하고 있었다. 누가복음에 나오는 빛의 구절은 이러하다.

"네 몸의 등불은 눈이라 네 눈이 성하면 온몸이 밝을 것이요 만

일 나쁘면 네 몸도 어두우리라. 그러므로 네 (맘)속에 있는 (얼의) 빛
이 어둡지 아니한가 보라. 네 온몸이 밝아 조금도 어두운 데가 없으
면 등불의 광선(빛)이 너를 비출 때와 같이 온전히 밝으리라"(누가
11:34~36)

　다석은 내게 온 얼나를 얼의 긋이라고 말하였다. 마하트마 간디는
얼빛의 한 올이라고 말하였다. 마하트마 간디는 말하였다. "사람을
하느님으로 숭배하지 마라. 사람은 하느님의 거룩한 빛 한 올을 간
직할 뿐이다." "사람의 맘이 하느님의 빛으로 가득할 때 그의 앞길에
모든 장애가 사라진다." "그가 하느님의 거룩한 불꽃을 지니면 그것
으로 죽지 않는다." "우리는 맘속의 빛으로 정화되지 않고는 아무것
도 바르게 할 수 없다."(간디, 《날마다 한 명상》)

　다석은 이날 YMCA 금요 강좌에서 자신이 지은 시조 두 수와 한
시 두 수를 교재로 칠판에 내걸었다. 우리말 시조에 한문 시제(詩題)
를 다는 것은 드문 일이다. 분수령(分水嶺)이란 낱말에서 생각을 얻
은 것이다. 빗물이 추풍령 고갯마루에서 남쪽으로 기울어지면 낙동
강으로 흐르게 되고 북쪽으로 기울어지면 한강으로 흐르게 된다. 그
것은 마치 자다가 이 세상으로 깨면 세상살이가 되고 저쪽으로 깨면
하느님 나라로 가게 되는 것과 같다는 뜻이다. 그 결정은 하느님의
흐이금(시키심)에 있다는 것이다. 자다가 길이 잠드는 이도 적지 않
다. 분각령 마루터기에 떨어지는 빗물인 듯 살아가야 한다는 뜻이다.
그러다가 조만간에 어느 날 하느님 나라로 넘어간다.

　〈얼얼 어룬 어른 뵙기 어려움〉을 보자. 다석은 요한복음을 가장 좋

아하였다. 요한복음에 공관복음에는 실리지 않은 영성의 말씀이 실려 있기 때문이었다. 영성적인 얘기가 많지 않은 공관복음에도 깜짝 놀랄 영성의 말씀이 실려 있다. "사람의 모든 죄와 무릇 훼방하는 훼방은 사하심을 얻되 누구든지 성령을 훼방하는 자는 사하심을 영원히 얻지 못하고 영원한 죄에 처하느니라."(마가 3:28~29) 사람은 누구나 하느님의 생명인 얼(성령)을 받아 제나로 죽고 얼나로 솟나, 얼로 하느님과 교통하는 것이 예배(기도)이고 얼로 얼 사람과 사귀는 것이 인교(仁交)이다. 하느님께 얼로 기도(예배)하는 이가 하느님 아들이고 얼로 이웃과 사는 이가 어진 사람인 어른이다. 그 '어른(大人)'을 뵙기가 어렵다는 탄식이다. 본디 어른이란 말은 혼인을 하여 남녀가 얼린다고 어른이라 하였는데, 다석은 글자 그대로 사람끼리 얼 사귐을 해야 어른이 된다고 한 것이다. '한긋(點) 두금(線) 세낯(面)'으로 낯을 보고 예쁘니 안 예쁘니 엎치락뒤치락 하는 마음이 경망스럽다. '아홉속'이란 아주 만나기가 어렵다는 구중(九重) 궁궐 속이란 말을 활용한 것이다.

〈관상〉이라는 한시를 짓게 된 계기가 있었다. 다석은 한복 차림에 고무신을 신고 집에서 천으로 지은 손가방에 성경과 붓글씨를 쓴 종이를 고이 접어 넣어서 들고 머리는 깎고 흰수염을 길렀다. 그런 모습으로 구기동 집에서부터 종로 YMCA까지 1시간 20분 걸려 걸어왔다. 겉모습은 관상과 사주를 보는, 한학을 한 늙은이로 보일 만하였다. 길을 걸어오는데 어떤 젊은이가 앞에 서더니, "어르신네 관상 보십니까?"라고 물었다. 다석은 태연히 "관상을 보지요."라고 대답하였다. 그러자 젊은이가 자기 관상을 보아 달라고 하였다. 다석은 관상을 보기는 보는데 사람 관상은 안 보고 하늘 관상만 본다고 말하였다. 그러고는 걸어오면서 즉흥적으로 이 한시를 지어서 그날 교재로 삼은 것이다.

사람의 생각은 형이하에서 형이상으로, 외부에서 내면으로 향하면서 하느님 나라를 여는 지혜를 얻게 된다. 그래서 예수가 하느님 나라는 너희 안에 있다고 한 것이다.

그 다음 한시에서는 병이 없는 것은 작은 건강에 지나지 않고 몸뚱이를 벗어버리는 것이 대건강이라는 말이 참으로 시원하다.

1961년 11월 17일
우주 혁명이란 인간 혁명입니다.

재건국민운동 중앙위원 위촉 공문(公文)을 받았어요. 공(公)은 왜 공입니까? 국민은 난데 내가 내 일 하는데 공이 무슨 공(公)이에요? 참으로 하려면 다 각기 공이 돼야지요. 인생이란 재건해야 되는 데예요. 참 교육자란 성현으로, 다 재건위원이에요. 이 우주가 뭐 어떻게 돼서 그러는지 몰라도 어쩐지 자꾸 재건위원을 보내요. 새삼스레 재건이 뭐예요? 우주 혁명이라고 하는데 우주 재건이라고도 해야 해요. 석가나 예수는 우주 재건을 가르친 이들이지요. 이 우주 자체는 자연입니다. 그러니 이건 내버려 두고, 이 나부터 혁명해야 해요. 우주 혁명이란 인간 혁명이에요. 뚜렷함이란 분명한 것입니다. 하느님의 아들의 자각이 뚜렷해야 해요. 뚜렷한 생명이라고 깨달아야 해요. 미륵이라거나 부처라거나 똑같은 말이에요. 불경을 보는 이는 불성이란 뚜렷한 거라고 느껴요. 아들이라는 나, 불성이라는 나가 뚜렷할 것 같으면 인생 혁명이 돼요. 뚜렷하기만 하면 돼요.

자기가 자기에게 맞는 말씀을 외워야 해요. 처음에는 물론 모방이지요. 그러나 좀 지나서는 자기에게 긴한 말씀을 외워야 해요. 요새는 내가 시간이 점점 늘어 가는 게 있는 게, 외우는 것과 운동(요가와 냉수마찰)을 하는 데 한 시간 반은 걸려요. 내가 좋아서 매일 외워도 또 자꾸 새로운 맛이 나요. 외울수록 다른 맛이 나요. 스님들이 식사 전에 외우고 식사를 하는 〈오관게(五觀偈)〉입니다. "손에 손이 많이 가고 힘에 힘도 퍽은 들어 곱게도 지고 지며 바로도 되고 되어 온 이 밥을……." 밥을 앞에 두고 이렇게 외워요. 곱게도 지며 결국 곱게 지어야 해요. 요기(療飢)한다는 것은 시장함을 치료하는 좋은 약이에요. 시장도 병입니다.

五觀偈(오관게)

計功多小　量彼來處(계공다소 양피래처)
忖己德行　全缺應供(촌기덕행 전결응공)
貪等爲宗　防心離過(탐등위종 방심이과)
正思良藥　爲療形姑(정사양약 위료형고)
爲成道業　應受此食(위성도업 응수차식)

손에 손에 많이 가고
힘에 힘도 퍽은 들어 곱게도 지고 지며
바로도 되고 되어 온 이 밥을 우리 지은 노릇으로
굳이 이걸 받을 수 있으리까마는
탐욕 등을 마루로 하여 또 과실을
범할까 하여 과실을 떠나 마음 막아서

오직 바르게 생각함이 좋은 약이라
뼈꼴의 주림을 낫게 하고자
우리 맡음(얼나를 깨달음)을 마치기까지
몸에 이바지어 이에 이 먹이를 받들렵니다.
(류영모 옮김)

이건 비단 밥 먹을 때만 외울 게 아니라 언제나 이런 생각을 해야
합니다.
(〈서명(西銘)〉을 외우면서 이야기하심.)

　말 붙일 데 없는 이들이 저 사람이면 말이라도 붙여볼까 하고 생각
이 드는 건 분명 그에게 하느님 아들의 살림을 하는 점이 있어서 그
래요. 같은 이란 게 대단한 대접입니다. 집에 든다면 그 집은 남의 집
일지 몰라도 이 천지 하늘땅은 내 거예요. 새삼 달에 가서 영토권 주
장하는 건 우스운 일이에요. 부끄럼 없고 게으름 없는 생활을 해야
해요. 부끄럼을 몰라 해방 후 15년이 되어도 이것밖에 못 되었어요.
남이 안 보는 데서도 부끄럼 없고 게으름 없는 생활을 해야 해요. 님
이 안 보는 데서도 게으르고 부끄러운 짓 않는 씨알이라야 해요. 이
것이야말로 민주주의의 자치입니다.
(〈서명〉을 다 외우고 나서)

　하나도 힘 없는 글이 없어요. 하나도 힘 없는 글자가 없음은 그 속
에 생명의 성령이 충만해 있기 때문이에요. 우리가 자꾸 외움은 그
속 성령을 받는 거예요. 생명의 성령을 받으면 춥지가 않아요. 자꾸

외워야 해요. 그런데 잘 안 외워지지요. 내가 한 20년 외우는 게 있습니다. 외우면 외울수록 그 속에서 힘이 나오지요. 외우기 싫다, 그만하자는 생각이 나지 않아요. '계'라는 한 말만 해도 그 자체의 뜻을 그대로 하면 기도예요. 길(道), 참(眞), 거룩이라, 말씀이라고 한마디만 해도 힘이 나와요. 이게 기도예요. 참! 하면 참에 이르려는 거예요. 참에 이르려는 노력이에요.

우리가 이 세상에 부딪친 몸이 되었으나 오히려 님을 따르고 위로 솟아날 줄 믿습니다. 우리가 이 땅에 있을 동안은 어쩔 수 없이 땅에 부딪쳐요. 그러나 예수가 위로 오르신 것처럼 나도 올라감을 믿어요. 예수와 나는 이 점에서만 관계가 있어요. 그밖에 속죄니 하는 건 믿지도 않고 상관도 없습니다.

"하늘로 계신 아바께 이름만 거룩길 참말씀이니이다. 이에 숨쉬는 우리 밝은 속알에 더욱 나라 찾음이여지이다. 오늘날 우리에게 먹이를 주셨사오니 내 하루 삶은 한웋님의 뜻이 우리의 먹이가 되게 하시며 정말 사람 사람이 바껴 생각을 깊이 할 수 있게 하시며 고루 사랑을 널리 할 줄 알게 하여 주시옵소서. 아버지와 님께서 하나가 되사 늘 삶에 계신 것처럼 우리 모두 하나가 될 수 있는 성언을 가지고 참삶에 들어갈 수 있게 하여 주시옵소서. 거룩하신 뜻이 위에서 되신 것과 같이 땅에서도 이루어지이다. 아멘." (주기도문, 류영모 옮김)

사랑은 넓어야 해요. 남녀의 연애는 깊은지는 몰라도 넓지는 못해요. 사랑은 고루 널리 해야 해요. 넓고 깊은 사랑, 완전한 사랑은 하느님밖에 못 해요. 섣불리 깊이 사랑하려고 하다가는 미혹해요. 거룩하신 뜻을 위에서 이룬 것같이 땅에서도 이루어지다, 이것을 20년을 더 외워도 싫증이 아니 나는 건 분명히 성령이 통하니까 그렇지요. 그렇지 않으면 곧 싫증이 나요. '바꿔 생각을'은 우리에게 '죄지은 자를'을 대신한 것이에요. 주기도문의 그 말은 대단히 알아듣기 힘들어요. 바꿔 깊이 생각하면 똑같아져요. 아버지와 님(예수)께서 하나가 되시와 우리도 모두 늘삶(참삶)에 들어감, 이 두 개를 믿어요. 이게 내가 예수 믿는 거예요. "거룩하신 뜻이······" 이건 맨 처음에 있는 건데 난 끝에 부치기도 해요. 하느님은 산 자의 하느님입니다. 산 자의 증명이 되어야 합니다.

내가 인생을 경험해보니 아까도 말씀드렸지만 제 속에서 우러나오는 기도, 늘 외우는 말씀이 있어야 해요. 외우는 것도 몇 년 가면 잊어버리는 게 있어요. 그러나 몇 년 가도 잊지 않는 게 있습니다.

풀이

다석은 일본에 대학 공부를 하러 갔다 입시 자격을 얻고자 동경 물리학교를 2년이나 다니고서 대학 시험도 안 본 채 집으로 돌아왔다. 그 까닭은 몸나의 행복을 추구하는 넓은 길로 가지 않고 얼나의 깨우침을 얻으려는 좁은 길로 가기 위함이었다. 사람들에게 섬김을 받는 삶이 아니라 사람들을 섬기는 삶을 살고자 함이었다. 그리하여 귀농하여 이마에 땀 흘리며 일하여 살기로 결심하였다. 그 고뇌가 가득한 결심으로 위대한 씨알의 탄생이 이루어진 것이다. 광복 직후에 주민들의 간청에 못 이겨 은평면 자치위원장을 할 수밖에 없었고, 도

우(道友)라 할 수 있는 김교신의 애제자인 류달영의 간청을 뿌리치지 못하여 재건국민운동 중앙위원을 맡을 수밖에 없었다. 그러나 다석은 얼나의 깨달음밖에 없다는 것을 여기서 밝히고 있다.

"새삼스레 재건이 뭐예요? 우주 재건이라고도 해야 해요. 석가나 예수는 우주 재건을 가르친 이지 이 우주 자체는 자연입니다. 그러므로 이건 내버려 두고 이 나부터 혁명해야 해요. 우주 혁명이란 인간 혁명이에요. 뚜렷함이란 분명히 하느님 아들의 자각이 뚜렷해야 합니다."

다석은 1961년 11월 21일에 구기동 집에서 새로 지은 양옥 현관 계단을 어린 외손녀를 데리고 내려오다 낙상하여, 중상을 입고 의식을 잃은 상태로 서울대 대학병원에 입원하였다. 그 나흘 전인 11월 17일 금요 강좌에서 기도문 암송의 효과에 대해서 말하면서 스스로 암송하였다. 불교에서 외우는 〈오관게〉를 비롯하여 예수가 가르쳐준 주기도문, 그리고 장횡거의 〈서명〉까지 외웠다. 물론 가장 이상적인 기도는 하느님께서 일러주신다고 할 수밖에 없는, 영감이 떠오르는 것이다. 자신도 모르게 순간적으로 떠오르는 영감이 더없이 값진 것임을 누구보다 다석 스스로 알고 있었다. 그렇지 않을 때 가만히 기도하면 잡된 생각이 떠오르는데, 그때는 차라리 기도문을 외우거나 읽는 것이 내 마음속을 거룩히 간직하는 데 이롭다는 것이다. 그래서 가톨릭의 삼종기도, 불교의 〈오관게〉를 비롯해 유교 경전의 경구를 우리말로 옮겨 외우기도 하였다.

불교에서는 스님들이 식사 전에 〈오관게〉를 외운다. 한자로 된 것을 다석이 순우리말로 옮겼다. 밥 먹을 때는 다음과 같은 다섯 가지 관점에서 살피고 생각한다 하여 '오관게'라 하였다. ① 공이 얼마나 든 것인가를 헤아려 음식을 지은 이들의 노고를 생각함, ② 자신의 덕행이 공양을 받을 만한가 반성해봄, ③ 삼독의 유혹이 마음에 들어옴을 막아 삼악에 끌려가지 아니함, ④ 밥 먹는 것은 몸의 굶주림병에 좋은 약으로 먹음, ⑤ 얼나를 깨닫는 도업을 이루어야 함.

다석 씨알 강의

2015년 3월 20일 초판 1쇄 발행

■ 지은이 ———— 류영모 강의, 주규식 기록, 박영호 풀이
■ 펴낸이 ———— 한예원
■ 편집 ———— 이승희, 조은영, 윤슬기
■ 펴낸곳   교양인
　　　　　우 121-888 서울 마포구 포은로 29 신성빌딩 202호
　　　　　전화 : 02)2266-2776 팩스 : 02)2266-2771
　　　　　e-mail : gyoyangin@naver.com
　　　　　출판등록 : 2003년 10월 13일 제2003-0060

이 도서의 국립중앙도서관 출판시도서목록(CIP)은 e-CIP홈페이지(http://www.nl.go.kr/ecip)와
국가자료공동목록시스템(http://www.nl.go.kr/kolisnet)에서 이용하실 수 있습니다.
(CIP제어번호 : CIP2015006356)